행복한 노후 매뉴얼

소중한 나를 위한 최고의 선물
행복한 노후 매뉴얼

정재완 지음

모아북스
MOABOOKS

노후 생애 설계(Life Portfolio Design) 구성 및 프로세스

노후를 앞두고 행복하게 즐겁게
나에게 맞는 노후를 위해 궁금했던 모든 것

노후에 대한 관점의 대전환과 자기 선언
노후는 한 번뿐인 내 인생에서 가장 멋지고 행복한 시기다

노후에 대한 삶의 가치와 비전 설정
노후에 이루고 싶은 비전과 목표를 정한다

자신에 대한 이해와 성찰
자아 성찰 　 타고난 성향 / 기질, 흥미와 재능 파악 　 **자기 이해**

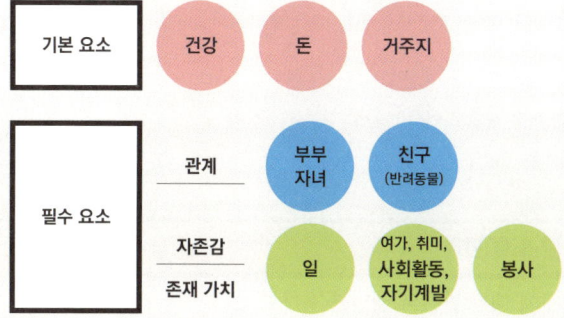

생애 마지막 준비하기

행복한 노후 만들기 워크북

차례

들어가는 글 …… 11
행복한 노후 생활로 이끄는 가장 친절한 길잡이

1 행복한 노후 만들기

1. 노후에 대한 관점의 대전환과 자기 선언 …… 21
기다려지는 노후 / 100세 인생, 저주가 아닌 선물 / 설레는 마음으로 인생 후반의 문을 열며 / 행복한 노후 만들기 설계 요소 및 과정 / 행복한 노후를 위한 자기 선언

2. 잠시 멈추고 지나온 삶 정리하기 …… 39
일단 잠시 멈추고 인생의 쉼표를 제공하라! / 스스로에게 질문하라! / 나의 지나온 삶을 평가해보기 / 내 인생의 대차대조표를 작성해보기

3. 자신에 대한 이해와 성찰 …… 45
나를 알고 이해하기 / 나의 '잠재 탁월성' 이끌어내기 / 남들의 눈에 비친 나의 모습은? / 검사를 통해 나를 알기 / 나를 이해하기 총정리

4. 행복한 노후 만들기 실천 …… 60
행복한 노후는 준비된 사람만이 누릴 수 있는 권리이자 혜택 / 행복한 노후 만들기(노후 비전 설정) / 인생 후반의 목표와 비전 분명히 하기 / 내가 바라는 단계별 행복한 노후의 모습은? / 은퇴 후 희망하는 노후의 라이프스타일 그리기 / 노후에 달성할 목표와 확언 및 달성 핵심 전략 세우기

2 행복한 노후의 출발은 건강부터

1. 행복한 노후는 건강한 몸과 마음이 기본 …… 83

2. 노화 현상을 인정하고 받아들이자 …… 86
   노화의 원인 3가지 / 노화로 인한 신체적 변화

3. 장수하는 사람들의 공통 습관 6가지 …… 89
   신체 활동을 활발하게 한다 / 적어도 7시간 이상 푹 잔다 / 소식을 한다 / 긍정적 태도가 충만하다 / 사람들과 소통하고 교류한다 / 사소한 일에 구애받지 않고 즐겁게 보낸다.

4. 장수하는 생활 습관 갖추기 …… 99
   죽음을 부르는 생활 습관병 / 생활 습관 개선 방법

5. 정신 건강 …… 116
   스트레스를 해소하는 방법 / 5분 이내로 스트레스를 해소하는 방법

6. 노인 의료·복지 정책을 적극적으로 활용한다 …… 122
   정기적인 건강검진 활용 / 노인 장기요양보험제도 활용

7. 생활 습관 개선 방안 도출과 실천 …… 128

8. 건강관리를 위한 셀프 코칭 …… 130

3 어디서 누구와 함께 살 것인가?

1. 어디서 누구와 함께 사느냐가 행복한 노후를 결정한다 …… 133

2. 노후 거주지 선정 시 고려 사항 …… 136
   건강관리가 최우선 조건 / 누구와 함께 교류하면서 살 것인가 / 경제적 요인 고려 / 전문직 및 재취업 시 활동이 가능 지역인지 고려 / 기타 고려할 요소

3. 노후 거주지 선정 및 활용 방법 …… 143
   내 집에서 건강한 노후 보내기(기존 주택 활용) / 부부만 남는 집을 다운사이징을 하여 활용하라 / 노후 라이프 스타일에 맞추어 선택

4. 거주지 선택(누구와 어디서 살 것인가) …… 160

4 노후 자금 설계

1. 충분한 자금은 풍요한 노후의 근간 …… 165
2. 노후 자금 계획 수립 시 고려 사항 …… 167
   월급 형태의 현금 흐름을 만들어라 / 노후 자금 계획은 100세까지 단계별로 준비하라 / 은퇴 리스크를 사전에 예방하라 / 노후 자산의 포트폴리오를 구축하라 / 건강할 때 마음껏 즐기자
3. 노후 자금 유형 및 운용 방법 …… 187
   연금 / 금융상품 활용 / 보험상품 활용 / 부동산 자산의 활용
4. 은퇴 재무 설계 …… 211
   은퇴 시점 정하기 / 희망하는 은퇴 후 라이프스타일 그리기 / 은퇴 후 소요 자금 산출하기 / 빅데이터를 통해 살펴 본 노후 소비 패턴
5. 나의 은퇴 자금 준비 자가진단 …… 224
6. 희망하는 라이프스타일에 맞는 노후 자금 설계 …… 226
7. 노후 자금 인출 시 기본 원칙 …… 228

5 평생 현업 만들기

1. 퇴직 이후에 일을 갖는 것의 중요성(평생 현역 되기) …… 233
2. 퇴직 후에 할 수 있는 일의 유형 …… 236
   재취업 / 전문가, 프리랜서의 성공 포인트 / 은퇴 후 창업, 대박과 쪽박의 갈림길
3. 평생 현역 되기 프로세스 …… 288
   내가 좋아하고 잘할 수 있는 일을 선택하라 / 자기가 누구인지 알아야 한다(자기 이해를 기반으로) / 조하리의 4가지 창을 통해 나를 알기 / 나의 타고난 성향과 기질 이해하기 / 나를 이해하기 총정리 / 나의 직무 전문성 파악하여 정리하기 / 나의 직업 가치관 탐색하기 / 평생 현역 만들기(종합)

6 좋은 관계는 행복한 노후를 위한 축복이다

1. 부부 관계 …… 309
은퇴 후 달라진 부부 생활 제대로 알기 / 노후에 행복한 부부가 되는 방법 / 좋은 부부 관계 만들기 (사랑의 5가지 언어)

2. 자녀와의 관계 …… 342
자녀와의 관계를 재정립하라 / 상황별로 적절하게 대응하라

3. 친구와의 관계 …… 361
퇴직 후 겪게 된 사례 두 가지 / 노후에 특히 친구가 중요한 이유 / 노후 친구에 관한 남성과 여성의 차이 / 노후에 좋은 친구 만드는 방법 / 노후에 '좋은 친구' 만들기

4. 반려동물과의 관계 …… 375
반려동물이 노후의 삶에 미치는 긍정적 영향 / 노인 건강에 큰 도움을 주는 동물 매개 치료 / 동물 매개 치료견 치로리 스토리 / 반려 동물 입양 전 체크리스트 / 반려동물과 좋은 관계 만들기

7 여가, 취미, 자기계발 및 사회활동

1. 여가 잘 보내기를 통한 풍요로운 노후 만들기 …… 385

2. 여가의 어원과 의미 …… 388

3. 여가 활동의 실태 …… 390

4. 여가 활동의 유형 …… 393
휴식 활동 / 취미, 오락 및 스포츠 활동 / 사회 참여 활동 / 자기계발 활동 / 여가 활동 계획 수립

8 봉사 활동(재능기부)

1. 봉사를 통한 보람과 행복감 느끼기 …… 413

2. 노후 생활에서의 봉사 활동과 기대효과 …… 416

3. 자원봉사 활동의 구성 요소 …… 419

4. 자원봉사 활동의 범위(자원봉사 활동 기본법 제7조) …… 422

5. 자원봉사 활동 관리 체계(자원봉사 활동 연결) …… 425

6. 자원봉사 활동의 실천 방법 …… 427

7. 자원봉사 활동 실천 계획 수립 …… 429

8. 자원봉사 활동 실천 방안(5W 1H) …… 430

9 생애 마지막 준비하기

1. 아름답게 삶을 마무리하기 …… 433

2. 재산 정리하기 …… 435

　재산 목록 기록하고 보관하기 / 노후관리를 위한 임의후견인 제도 활용 / 상속과 증여의 사전 설계 / 재산 목록 정리와 유산 분배

3. 삶의 정리(존엄하게 죽을 권리) …… 447

　웰다잉 / 장례 절차 미리 정해두기 / 존엄하게 죽을 권리 / 자신의 장례식 장면 상상하기&생애 마지막 준비하기 / 유서 작성하기

10 행복한 노후 만들기 종합 워크북

참고 문헌 …… 488

일자리 정보 …… 493

귀농·귀촌 정보 …… 494

'행복한 노후 만들기' 교육 과정 소개 …… 495

들어가는 글

행복한 노후 생활로 이끄는 가장 친절한 길잡이

우리나라는 2025년에 UN이 정한 '초고령사회(超高齡社會: 65세 이상 인구가 전체 인구의 20% 이상)'에 진입한다. 즉, 국내 인구 5명 중 1명이 65세 이상이 된다는 것이다. 또, 노후를 생각하고 준비해야 하는 45~64세까지 포함한다면 국민의 50%로, 실로 대한민국 인구의 반 이상의 성인이 이미 노후 생활을 보내고 있거나 준비를 하고 있다는 것을 의미한다. 이와 같이 노인과 노후 생활 문제는 이미 우리 사회에서 큰 이슈로 자리 잡았다.

미래 노후 생활을 관통하고 있는 핵심은 우리가 상상한 것보다 더 오래 산다는 것에 있다.

이제 바야흐로 100세 시대다. 그러나 철저한 준비 없이 맞이하는 100세는 축복이 아니라 저주가 될 수 있다. 오죽했으면 "재수 없으면 100세까지 산다"는 말까지 나오겠는가.

우리가 맞이할 미래는 은퇴 혹은 정년이라는 개념은 없어지고, 경제적 필요는 물론 다양한 이유로 80세까지도 일을 해야 한다. 즉, 이전 세대와는 전혀 다른 삶을 살게 된다는 것이다. 데이비드 엘리스 박사(Dr. David Ellis)는 "이제 우리 사회는 60대가 아니라 80대에 은퇴하는 것을 현실로 받아들여야 한다"고 말하고 있다. 국내에서도 고령층(55~79세)을 대상으로 한 통계청의 2021년 조사 결과를 보면 79세까지 일하고 싶다는 비율이 68.1%로 이미 이러한 추세가 반영되고 있다.

심지어 미래학자들은 경제력과 실력을 갖춘 베이비부머 세대들이 블록체인과 메타버스 등의 혁신기술을 인프라 삼아 생산인구로 재등장할 것이라고 예견을 하고 있다.

그렇다고 미래의 노후 생활이 계속 일만 해야 하고 어렵기만 할 것인가? 아니다, 오히려 인생 중 가장 풍요롭고 행복한 시간이 노후이다. 칼 구스타프 융은 "젊은 시절에는 생업과 성취에 대한 억압으로 열심히 일하느라 잊고 있었던 자아를 되찾고 진정한 삶의 목적이나 가치를 재발견하는 시점이 노년기이다"라고 했다. 따라서 사회적인 책임에서 오는 각종 스트레스에서 벗어나 여유를 갖게 되는 노후의 삶은 자신에 대한 진정한 성찰과 발견을 통한 삶의 의미와 가치를 찾는, 정말 소중하고 풍요로운 축복의 시기인 것이다.

문제는 준비다. 한국경제비즈니스의 '퇴직 이후의 삶에 대한 준비 상태'에 대한 조사 결과 직장인의 85%가 제대로 준비가 안 되어 있다는 것이다. 또한 퇴직을 앞둔 직장인에게 퇴직 이후의 하루 생활 계획표를 작성하라고 했는데 절반 이상이 '등산'이라고 답을 했다고 한다. 퇴직 이후의 그 긴 시간을 산에만 다닐 수는 없지 않은가. 편안할 때 위태로움을 생각해야 하듯 한 살이라도 더 젊을 때 노후를 생각해야 한다. 매사에 사전 준비가 제일이지만, 이와 같이 한 번도 겪어보지 못한 새로운 미래 환경하에서의 노후는 더 그렇다. 즉, 유비무환(有備無患)이다.

유비무환은 행복한 노후 생활을 위해 갖추어야 할 절실하게 필요한 덕목이다. 한창때야 무슨 준비가 좀 덜 되어 있은들 몸이 건강하고 시간이 충분하니 어떻게든 먹고사는 길이 있지만, 청춘을 다 보낸 노년에는 그나마도 어려운 일이다. 만약 노후에 닥쳐서도 준비가 없으면 반드시 곤경에 처할 수밖에 없으니, 유비무환은 바로 노후를 앞둔 사람들에게 당부하는 말이다.

역사 속에서 유비무환에 대한 가장 위대한 선례를 보여 준 이순신 장군은 모든 열세와 불리한 조건을 오로지 철저한 사전 준비로 극복해 냈다. 이순신 장군의 완벽한 승리는 우연도 행운도 아니었다. 사전에 기획된 신중하고 치밀한 준비가 낳은 당연한 결과였다. 우리 노후도 그렇게 준비할 수 있다. 즉 풍요롭고 행복한 노후 생활은 당연히 준비된 자만이 누릴 수 있는 혜택이자 권리이다.

이 책은 노후에 대한 낡은 시각을 새롭고 희망이 가득한 관점으로 재창조했으며, 노후 생활에 대한 관점의 대전환과 철저한 준비로 풍요롭고 행복한 삶을 살게 함으로써 한 번뿐인 소중한 인생을 잘 마무리할 수 있도록 도움을 주고자 준비 하였다.

이미 나온 노후에 관한 책들을 살펴보면 재무와 비재무로 나눌 수 있다. 재무는 주로 공공 및 금융 관련 기관에서 집필하고 내용도 매우 상세하게 구성되어 있다. 행복한 노후는 돈만 있다고 되는 것이 아니기 때문에 비재무적인 요소도 매우 중요하다. 하지만 비재무적인 요소를 다룬 책들은 대부분 에세이 형태로 되어 있어 읽는 동안에는 자극이 되지만, 구체적으로 계획을 수립하는 데는 한계가 있었다. 이 책에는 행복한 노후를 만드는 데 필요한 요소별로 실질적인 실천 계획을 수립할 수 있도록 장마다 워크시트가 구성되어 있다. 그러한 의미에서 이 책은 행복한 노후 생활 준비를 위한 안내서이자 실천 매뉴얼이다.

나도 동시대에 노후를 사는 사람으로서 직접 체험하고 공감하고자 하는 부분은 정성 들여 세심하게 기술했고, 경험하지 못한 부분은 주위 경험자에게 조언을 얻고 개인적으로 공부를 통하여 보완했다. 따라서 이 책은 행복한 노후를 꿈꾸는 모든 노후 준비자들은 물론이고 이미 노후에 들어선 사람들도 실제적이고 구체적으로 편리하게 활용할 수 있도록 매뉴얼로 꾸몄다. 특히 노후에 피해갈 수 없는 10가지 핵심 주제를 선별하여 실생활에 곧바로 적용할 수 있도록 다양한 사례와 함께 구체적·실증적으로 기술했다.

노후를 앞두고 있거나 노후를 살고있는 분이 이 책을 통해 더 나은 노후의 삶을 꾸리시기를 간절히 바란다.

이 책의 구성과 개요

이 책은 노후 생활에 대한 관점의 대전환과 자기 이해와 성찰 그리고 행복한 노후를 만드는 데 필요한 요소 즉, 건강, 최적의 거주지 선택, 노후 자금설계, 평생 현업 만들기, 좋은 관계(부부, 자녀, 친구, 반려동물) 짓기, 여가·취미·자기계발 및 사회활동, 봉사 활동(재능 기부)과 생애 마지막 준비하기 등에 대하여 철저하게 준비함(워크시트 작성)으로써 풍요롭고 행복한 노후의 삶을 살도록 설계되어 있다. 모두 10개의 장으로 이루어져 있으며 주요 내용은 다음과 같다.

〈제1장 : 행복한 노후 만들기〉에서는 노후에 대한 관점의 대전환과 자기 선언, 잠시 멈추고 지나온 삶 정리하기, 자신에 대한 이해와 성찰, 행복한 노후 만들기의 실천에 대해 알아본다.

〈제2장 : 행복한 노후의 출발은 건강부터〉에서는 노후를 맞는 마음가짐에서부터 장수의 비결, 생활 습관병에서 벗어나는 방법, 노인 의료·복지 제도를 활용하는 요령, 건강 관리를 위한 셀프 코칭까지 다룬다.

〈제3장 : 어디에서 누구와 함께 살 것인가〉에서는 노후에 거주지를 고를 때 고려할 사항을 친절하게 안내한다. 그리고 누구와 함께 사느냐에 따라 맞춤한 주거 주택 양식을 안내하고, 그 주택을 재정적으로 활용하는 방안까지 알려준다.

〈제4장 : 노후 자금 설계〉에서는 노후 자금 마련 및 사용 계획에서부터 노후 자산의 유형에 따른 관리 및 운용 방법까지 노후에 자금 곤란을 겪지 않도록 친절하게 안내한다.

〈제5장 : 평생 현업 만들기〉에서는 퇴직 후 제2의 직업으로 삼을 수 있는 일에 관해 알아보고, '평생 현역'으로 살기 위한 과정을 안내한다.

〈제6장 : 좋은 관계는 행복한 노후를 위한 축복이다〉에서는 인간관계를 다룬다. 가장 중요한 부부 관계부터 자녀와의 관계, 친구와의 관계 그리고 반려동물과의 관계까지 다룸으로써 직장에서 은퇴한 노후에도 외롭지 않게, 나아가 생기를 잃지 않고 사는 노하우를 실생활의 경험과 풍부한 사례를 곁들여 소개한다. 부부 관계에서는 은퇴 후 달라지는 부부 생활을 짚어주고, 노후에 더욱 행복한 부부 관계 만드는 비결을 알려준다. 자녀와의 관계에서는 본인의 은퇴와 더불어 자녀가 장성한 후에는 왜 부모 자녀 간의 관계를 재정립할 필요가 있는지 알아보고, 자녀가 처한 상황에 따라 대처하는 요령, 자녀와 좋은 관계를 만드는 비결까지 안내한다. 친구와의 관계에서는 퇴직 후 겪게 되는 친구 사이의 변화에 대해 짚어주고, 노후에 좋은 친구 사귀는 방법을 안내하면서 좋은 친구를 만드는 실습까지 해본다. 이어 반려동물과 관계에서는 반려동물이 노후의 삶에 미치는 영향을 짚어보고, 반려동물의 입양에서부터 함께 살아가는 법까지 상세히 안내한다.

〈제7장 : 여가, 취미, 자기계발 및 사회활동〉에서는 먼저 '여가'의 의미를 짚어보고, 여가 활동의 다양한 형태를 안내하는 한편으로 내게 적합한 여가 활동 계획 수립에서부터 지속하는 방법까지 알려준다. 또 취미와 자기계발을 연계하여 노년에도 성취감을 만끽하며 사는 삶을 소개한다. 게다가 자기계발을 바탕으로 삼은 다양한 사회활동으로 인생 2모작, 3모작을 일구는 노하우를 알려준다.

〈제8장 : 봉사 활동(재능기부)〉에서는 평생 살면서 입은 은혜를 사회에 돌려주고 자기가 가진 것을 나누는 봉사 활동에 관해 말한다. 봉사야말로 노후 생활의 피날레를 가장 멋지게 장식하는 일이다. 그런 봉사도 알아야 잘할 수 있다. 자신에게 잘 맞는 봉사 활동 내용과 방법은 무엇인지 알 수 있도록 안내한다.

〈제9장 : 생애 마지막 준비하기〉에서는 아름답게 삶을 마무리하는 데 필요한 준비와 그 과정을 말해준다. 그리고 구체적인 사항으로 들어가 재산 정리하기, 상속과 증여 마무리하기, 존엄하게 죽을 권리를 누리기 위한 장례 준비하기, 유서 작성하기 등에 관해 상세하게 기술한다.

〈**제10장 : 행복한 노후 만들기 종합 워크북**〉에서는 위 9개 장의 핵심 과정을 실제로 작성해보도록 하여 자기 것이 되도록 했다.

행복한 노후 준비를 위한 내용을 총체적으로 제시해보려 욕심을 부려보았고, 충실한 내용을 위해 혼신을 기울였지만, 아직 연륜이 짧아서인지 미흡한 부분이 많다. 계속 연구하여 부족한 부분을 보완할 각오이니 너그럽게 양해해주시길 바라며 완성도 높은 책을 만들기 위해 계속 노력할 것을 약속합니다.

본서가 출간되기까지 많은 분의 도움이 있었다. 귀한 자료를 제공하신 은항재 교수님, 집필기간 동안 관심과 격려를 해주신 김태곤 목사님과 정지영, 최병원 친구에게도 이 자리를 빌려 고마움을 전하며, 인터뷰에 응해주신 강대성 이사장님, 권세진 이사장님, 박광성 총장님, 신철호 대표님, 이광호 위원님께도 고마움을 전합니다. 또 함께 밤을 새우며 고생한 모아북스 이용길 대표님을 비롯한 실무자들께도 심심한 감사를 드립니다. 그리고 나이가 들수록 더욱 더 소중한 가족들, 기도로 격려해주신 어머님과 장모님, 사랑하는 아내 영조와 유진, 지훈, 광준, 손주 연호에게도 사랑한다는 말을 전하며 하나님께 이 책을 바칩니다.

아무쪼록 본서가 행복한 노후를 만드는 데 더 많은 사람에게 작으나마 도움이 되기를 간절히 바랍니다.

2022년 2월

정재완

1장

행복한 노후 만들기

1 ── 노후에 대한 관점의 대전환과 자기 선언

기다려지는 노후

우리는 누구나 자기 의지와는 아무 상관 없이 이 세상에 왔다가 때가 되면 떠난다. 하루하루가 경험해보지 않은 새로운 날이며, 오늘도 한 걸음 한 걸음 끝을 향해 가고 있다. 모든 생물이 그러하듯이 인간도 탄생과 성장 그리고 성숙기를 지나 한 줌의 재로 사라지는 것이다. 아무리 청년기와 장년기를 잘 살아왔더라도 삶을 마무리하는 노년기에서 어려움과 고통을 겪는다면 그 사람의 삶 전체가 한순간에 나락으로 떨어질 수 있다. 따라서 한 번뿐인 삶에서 마무리라고 할 수 있는 노후 생활은 그런 의미에서 더 의미 있고 소중하다.

　은퇴 이후의 노후 생활에 대한 관점의 전환과 철저한 준비로 풍요롭고 행복한 노후의 삶을 살도록 함으로써 인생을 잘 마무리할 수 있도록 돕고자 한다.

의학의 발달로 도래한 100세 시대에서 은퇴 이후의 삶은 생각보다 엄청 더 길다. 부모님 슬하에서 성장한 20년을 빼면, 은퇴 이후의 삶은 전체 삶에서 절반(40년)이나 차지한다.

'은퇴 한 뒤 이렇게 긴 노후 시간을 과연 어떻게 보낼 것인가?'

이렇게 스스로 진지하게 질문해보는 것만으로도 의미가 크며, 풍요롭고 행복한 노후 준비를 시작하는 순간이 된다. 이런 자문과 함께 이 책을 펼치는 독자 여러분을 환영하며, 여러분의 풍요롭고 행복한 노후의 삶에 대해 미리 축하드린다.

이 책은 은퇴 이후의 삶에 대한 낡은 시각을 새롭고 희망이 가득한 관점으로 재창조했다. 심리의학자 칼 융(Carl Gustav Jung)은 "인간은 태어나서부터 죽음에 이르기까지 끊임없이 성장하는 존재"이기에 젊은 시절에는 생업과 성취에 대한 억압으로 열심히 일하느라 잊고 있던 자아를 되찾고 진정한 삶의 목적이나 가치를 재발견하는 노년기가 되어야 한다고 했다. 《100세를 살아 보니》의 저자 김형석 교수도 "100세 중에 가장 전성기는 노년이었다"라고 하는 고백도 같은 맥락이라고 하겠다.

따라서 사회적 책임감으로 인한 스트레스에서 벗어나 여유를 갖게 되는 은퇴 이후의 삶은 자기 성찰과 자아 발견을 통해 인생의 의미와 가치를 찾는 소중한 시기다. 이제 우리는 길고도 긴 은퇴 이후의 소중한 시간을 선물로 받았다. 이 선물을 어떻게 사용할 것인가?

"기다려지는 노후."

얼마나 멋진 슬로건인가? 당신은 지금 노후가 기다려지면서 설레는가? 아니면 부담으로 작용하여 스트레스가 되고 있는가? 이제 선택해야 한다. 나의 멋진 노후를 설레는 마음으로 기다릴 것인가? 아니면 '어떻게 되겠지' 하는 마음으로 아무런 준비 없이 노후를 맞을 것인가?

문제는 인생 후반을 살아가는 사람들 스스로 고정관념의 노예가 되어버린다는 점이다. 이대로 주저앉지 말고 스스로 능력이 있음을 보여줘야 한다. 세상은 도전하는 자의 것이며, 그것은 나이와 관계없이 영원한 진리다.

지금부터는 "누구나 겪는 은퇴 이후의 시간이 내 삶에서 가장 복된 시간이며 가장 풍요롭고 행복하게 보낼 수가 있다"고 인식을 대전환해야 한다. 인식의 대전환을 했는가? 그러면 설레는 마음으로 하나씩 하나씩 차분하게 그리고 철저하게 준비해가면 된다. 풍요롭고 행복한 노후는 당연히 준비된 자만이 누릴 수 있는 혜택이자 권리다.

100세 인생이라는 드라마에서 주인공의 행복과 불행은 총감독인 자신에게 달렸다

100세 인생, 저주가 아닌 선물

이 책은 은퇴 이후의 삶에 대해 새롭고 희망이 가득한 관점으로 재창조했다. 첫째, 누구나 겪게 되는 은퇴 이후의 시간이 나의 삶에서 가장 복된 시간이며 가장 풍요롭고 행복하게 보내야 한다고 인식을 대전환하는 것이다. 둘째, 향후 맞이할 100세 시대의 특징을 잘 이해하고 나에게 맞는 맞춤 노후 생애를 설계하며 이를 실행하기 위한 철저한 사전 준비가 있어야 한다.

런던 경영대학원의 린다 그래튼과 앤드루 스콧 교수가 함께 쓴《100세 인생-저주가 아닌 선물》에 보면 향후 맞이할 100세 시대의 특징과 준비사항이 잘 나와 있다. 장수 시대는 생각보다 빠르게 다가오고 있다. 지난해 서구권에서 태어난 아이들의 절반은 평균 예상수명이 105세다.

구글 생명연장 프로젝트에 따르면 지난 2000년 동안 의료 분야는 근본적으로 예방책이라기 보다는 치료책이었기 때문에 조기에 발견하거나 예방을 하면 150세까지 생명을 연장할 수 있다는 것이다. 더 나아가 구글의 바이오 자회사 칼리코(Calico)는 인간의 수명을 500세까지 늘리는 장수 프로젝트를 진행하고 있다.

국내에서는 고려대학교 통계학과 박유성 교수팀이 통계청 자료를 바탕으로 의학의 발달까지 감안한 신개념 기대수명을 계산한 결과를 발표했다. 연구 결과에 따르면 1971년생 남성은 현재 살아있는 사람의 절반(47.3%)가량이 94세 생일상을 받고, 같은 해 태어난 여성은 더 높은 비율(48.9%)로 96세 생일상을 받을 것으로 나타났다.

그러므로 1980년 이후에 태어난 사람은 100세 넘게 살 가능성이 다분하다. 최근 국내 광고 카피를 보더라도 150세까지 산다는 말이 자연스럽게 나오기도 한다. 말 그대로 '100세 시대'다.

새롭게 경험할 100세 시대에 어울리는 준비가 필요하다. 그동안 노

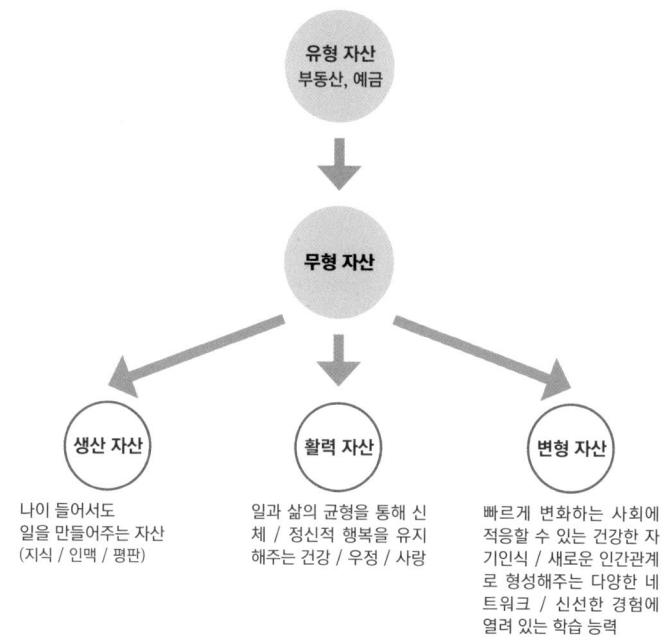

후 준비는 현금이나 부동산 등 유형 자산에만 너무 치우쳐 있었다. 이제는 유형 자산 외에 다양한 무형 자산도 함께 준비해야 하는 시대가 된 것이다. 무형 자산이란 생산 자산, 활력 자산, 그리고 변형 자산이다.

생산 자산은 나이가 들어서도 계속 일을 만들어주는 자산으로 지식과 기술, 인맥 그리고 평판이다. 노후에도 계속 일을 하려면 사회가 요구하는 새로운 지식 및 기술 습득과 경험 쌓기, 수준 높은 관계를 통한 다양한 네트워크 구축과 성실 그리고 성과 창출 경력은 필수다.

활력 자산은 일과 삶의 균형을 통해 신체 및 정신적인 행복을 유지하게 해주는 자산으로 건강한 식습관과 규칙적인 운동, 스트레스 관리, 사랑, 우정 및 일과 삶의 균형 등이다.

마지막으로 **변형 자산은** 빠르게 변화하는 환경에 유연하게 적응할 수 있는 건강한 자기 인식, 삶에 대한 유연한 태도, 새로운 환경과 경험에 대한 개방적인 태도 등이다.

"재수 없으면 100세까지 산다"는 자조적인 말도 자연스럽게 회자되고 있다. 정말이지 철저한 계획과 준비 없는 노후는 생각만 해도 끔찍하다.

학교 졸업 후 20~30년간 열심히 일하고, 은퇴 후 부족한 퇴직금과 자녀가 주는 용돈으로 소소하게 노년을 보내는 모습, 즉 배우고(교육) → 써먹고(직업) → 퇴직(은퇴)로 이어지는 전통적인 일회성의 3단계 삶은 이미 역사 속으로 사라졌다.

살아가야 할 삶이 길어질수록 노후 자금만으로는 감당할 수 없기 때문에, 자금을 충족시키는 활동을 지속해야 한다. 이를 위해 계속 일을 하거나 부족한 노후 자금으로 겨우 살아가야 한다. 앞으로는 은퇴 혹은 정년이라는 개념은 없어지고, 70세 혹은 80세까지도 일을 해야 한다. 즉, 이전 세대와는 전혀 다른 삶을 살게 된다는 것이다.

데이비드 엘리스 박사는 "이제 우리 사회는 60대가 아닌 80대에 은퇴가 이루어지는 것을 현실로 받아들여야 한다"고 말한다. 인생을 사는 동안 '배우기 → 써먹기 → 놀기'의 3단계를 최소한 2~3번 이상을 경험하게 된다는 것이다.

이러한 실태는 각종 지표에서도 잘 나타나고 있다. 통계청이 발표한 2021년 5월 경제활동인구조사의 고령층(55~79세)을 대상으로 한 결과를 보면 현재 고령층의 경제 활동참가율은 58%였으며, 향후 장래 근로 희망자 비율이 68.1%로 70%에 가깝다. 아울러 이 비율의 증가 추세는 계속 확대되고 있다. 따라서 지금부터라도 노후에 무엇을 배우고 써먹고 즐겁게 놀 것인지 준비를 철저히 해야 한다.

지금부터라도
무엇을 배우고, 써먹고, 즐겁게 놀 것인지
철저하게 준비해야 한다

설레는 마음으로 인생 후반의 문을 열며

인생 후반의 문을 열기 전에 반드시 해야 할 일이 있다.

첫째, 그동안 사회인으로서, 한 집안의 가장으로서 열심히 살아온 자신에게 스스로 수고했다고 인정해주고 포근하게 자신을 안아주자. 또, 온갖 역경을 이기고 지금 여기까지 올 수 있게 한 모든 것에 감사하자. 감사의 대상들에게 감사를 표현하는 시간을 별도로 가져보는 것도 특별한 의미가 있을 것이다. 그러고는 잠시나마 아무 상념 없이 평안한 휴식을 즐겨보자.

둘째, 노후에 대한 관점을 확 바꾸어야 한다. 은퇴는 열심히 일한 것에 대한 보상이며 희망 차고 새로운 삶에 대한 목표를 설정할 수 있는 중요한 전환점이다. 노후에는 심신의 여유를 갖고 지난날의 자기를 정리해보고 미래의 자신에 대해 집중함으로써 새로운 희망과 가능성을 탐색하고 이루어갈 또 다른 기회를 갖는 것이다. 따라서 노후는 '한 번뿐인 나의 삶에서 가장 풍요롭고 행복한 전성기를 위해 새 출발을 하는 축복의 시기'라고 생각을 바꾸는 것이다.

셋째, 잠시 멈춰 서서 지나온 삶을 냉철하게 돌아보고 인생의 대차대조표를 작성한다. 이를 통해 지나온 삶을 성찰하고 평가함으로써 현재 자기가 처한 상황을 객관적으로 인식하고 아울러 인생 후반을 전망하는 시간을 갖는다.

끝으로, 자신에 대한 이해를 기반으로 인생 후반의 목표와 계획(Life Portfolio Design)을 세운다. 퇴직은 중요한 삶의 변화이므로 적절한 준비와 계획이 요구된다. 생애를 설계할 때 고려할 핵심 사항은 퇴직 이후에도 삶은 계속된다는 것이다. 변화된 삶에 적응함은 물론 자아성취를 통해 행복한 노후를 완성하는 것이다. 미국의 사회학자 애칠리(Atchley)는 "은퇴의 궁극적인 목표는 장기적으로 보람되고 보상이 있는 새로운 패턴을 만드는 것"이라고 했다. 따라서 은퇴 이후에 맞게 될 새로운 생활 패턴을 만들려면 인생 후반의 삶에 대한 목표 설정과 달성 전략이 필요하다.

이 부분은 풍요롭고 행복한 노후 설계에서 매우 중요하다. 인간이 불행해지는 것은 다른 사람들과 비교하면서 느끼는 상대적 빈곤감 때문이다. 풍요롭고 행복한 노후가 어떤 노후인지는 일률적으로 정해진 답이 있지 않다. 저마다 원하는 자기만의 노후가 있어서, 풍요롭고 행복하다는 느낌도 저마다 다르다.

도달해야 할 자기만의 풍요롭고 행복한 노후에 대한 명확한 목표가 설정되면 구체적인 계획과 실천이 가능해지므로 더 쉽게 달성할 수 있다. 아울러 불필요하게 상대방과 비교할 필요가 없게 되므로, 자기만의 풍요롭고 행복한 노후에 대한 만족감을 충분하게 느낄 수 있다.

은퇴 후에 이어지는 40년 안팎의 노후는 젊었을 때보다 스트레스가 비교적 덜하므로 더 창의적으로 상상의 날개를 펼칠 수 있다. 여가를 즐기면서 충분한 휴식과 삶에 대한 성찰과 지혜의 깊이를 더할 수 있다. 아울러 사랑하는 사람들과의 관계의 질을 높이면서 진정한 행복감을 충만하게 느낄 수도 있다. 게다가 평생 배우고 익힌 재능과 지식을 사회에 환원하는 기회도 얻을 수 있다. 참으로 인생 중에 가장 축복받은 특별한 보너스의 기간임에 틀림이 없다.

물론 철저한 사전 준비가 전제되어야 한다. 이제부터 축복의 기간인 인생 후반의 문을 설레는 마음으로 활짝 열어가는 것이다. 설레는 마음으로 출발한다는 것 자체만으로도 충분히 행복할 수 있다.

축복과 행복한 노후 만들기를 위한 문을
설레는 마음으로 활짝 열어가보자

행복한 노후 만들기 설계 요소 및 과정

먼저, 은퇴 이후에 맞는 노후에 대해 자기 선언을 한다.

"내 삶에서 가장 축복받은 시간이며, 내 삶 전체에서도 가장 풍요롭고 행복하게 보내야 한다."

그리고 설레는 마음으로 이 책의 행복한 노후 만들기(Life Portfolio Design)를 참조하여 자발적이고 주도적으로 삶을 디자인하고 설계한다. 행복한 노후 만들기는 기본 요소 3가지와 필수 요소 5가지, 생애 마지막 준비하기와 워크북으로 구성되어 있다. 이 요소들을 균형 있게 설계하고 실천하는 것이 행복한 노후 만들기의 핵심이다.

행복한 노후를 위한 자기 선언

자, 이제 행복한 노후 만들기의 첫걸음이다. '시작이 반'이요, '첫 단추를 잘 끼워야 한다'는 말은 첫 출발의 중요성을 강조한다.

먼저, 다가오는 노후를 대하는 생각부터 과감하게 바꾸자. 긍정적인 생각을 가지고 희망 차고 설레는 마음으로 노후를 맞는 것이다. 노후는 그동안 청춘을 바쳐 일한 당신에게 주는 보상이자 축복의 선물이기 때문이다.

일체유심조(一切唯心造)라, 모든 것은 마음먹기에 달려 있다고 하지 않은가.

노후에 대해 이미 긍정적인 사고와 실천을 하는 세대들이 있다. 이들

액티브 시니어 특징

구분	기존 시니어	액티브 시니어
세대특징	수동적, 보수적	적극적, 미래지향적
경제력	경제적 보유층이 적음	경제적 보유층이 두터움
노년의식	인생의 황혼기	새로운 인생의 시작, 인생의 전성기
가치관	본인 스스로를 노년층으로 인식	실제보다 5~10년 젊다고 인식
소비관	검소함	합리적인 소비생활, 자신을 위해 투자
취미활동	취미가 없거나 소극적	다양한 여가, 취미에 적극적
노후준비	자녀 세대에 의존	스스로 노후 준비에 만전을 기울임
보유자산	부동산 위주, 자녀에게 상속	포트폴리오 구축, 자신을 위해 사용

출처 : 산업연구원(2016), NH투자증권 100세시대연구소

은 '액티브 시니어'(Active Senior: 시간적, 경제적 여유를 기반으로 노후를 열정적으로 보내는 세대), '골든 에이지'(Golden Age: 70~80대가 인생 중에 가장 행복한 연령대라고 여기며 열정적으로 보내는 세대), '신(新)중년'(노후를 준비하는 과도기 세대로 활력 있게 중년을 보낸다는 긍정적 의미로 사용), '디지털 꽃 중년'(소비, 여가, 사회활동을 적극적으로 하는 중년), 'No 老족'(늙음을 거부하면서 '명품 노후' 생활을 보내는 세대)등으로 표현이 된다.

이제 우리도 액티브 시니어의 반열에 당당하게 올라서기만 하면 된다. 다가올 노후는 "한 번뿐인 나의 삶에서 가장 축복받은 시간이며, 나의 삶 전체에서도 가장 풍요롭고 행복한 시기"라고 생각을 전환해야 한다. 그리고 이 생각을 자기 자신은 물론 남들 앞에서도 당당하게 선언해야 한다.

이것은 선택이 아니라 행복한 노후 만들기를 위한 필수 과정이다.

자, 이제 멋지고 당당하며 행복한 노후 만들기를 위한 자기 선언을 해보자.

행복한 노후 만들기를 위한 자기선언문

퇴직 이후 삶에 대한 준비의 현실

한국경제비즈니스에서 직장인 1,000명을 대상으로 퇴직 이후의 삶에 대한 준비 상태를 묻는 설문 조사를 실시했다. 그 결과를 보면 아래와 같다.

퇴직 이후 삶에 대한 준비 상태

- 매우 충분: 3.5%
- 괜찮은 수준: 11%
- 그저 그렇다: 27.7%
- 약간 부족하다: 24%
- 준비가 전혀 없다: 33%

매우 충분(3.5%)과 괜찮은 수준(11%)을 제외하고 그저 그렇다(27.7%), 약간 부족(24%), 준비가 전혀 없다(33%)를 합치면 직장인의 85%가 퇴직 이후의 삶을 준비하지 못하고 있는 현실이다. 퇴직을 앞둔 직장인에게 퇴직 이후의 하루 생활계획표를 작성하라고 했는데 절반 이상이 '등산'이라고 답했다. 퇴직 이후 그 긴 세월을 산에만 다닐 수는 없지 않은가?

작자 미상이지만 SNS에서 회자되고 있는 '대한민국 노인 백수들의 하루 노는 법'과 강석규 박사의 '어느 95세 노인의 후회'를 소개한다. 노후에 대한 철저한 준비의 필요성에 대해 시사하는 바가 크다.

대한민국 노인 백수들의 하루 노는 법 (작자 미상, SNS에서 발췌)

주야장천 배낭에 막걸리 한 병 넣고 청계산에서 북한산으로
핸드폰에 미스 트롯 뽕짝 백곡 깔아 볼륨 맥스로 올려놓고
무릎 연골 남아 있을 때까지 심마니 흉내 내며 살아가기
손자가 좋아 죽겠다고 카톡 프로필까지 손주 사진으로 도배를 해놓고 할아버지가 외계인으로 보이기 시작하는 7살이 될 때까지 보육원장 놀이 하기, 30만 원 들여 방통대에 중국어과 등록하여 뭔가 좀 남달리 학구적으로 보여 친구들 앞에서 공부한다고 떠벌리며 장가게 패키지 여행 다시 열릴 날 기다리기, 장학금 받기 위해 에어컨 잘 나오는 동네 도서관에 가서 기말시험 공부하며 치매 극복하기, 말죽거리에서 종일 만 원짜리 쓰리쿠션 치다가 저녁에 영동족발에서 막걸리 마시고 〈59년 왕십리〉 읊으며 집으로 가기, 지하철 경로우대석에서 만난 사람들끼리 지하철 공짜로 왕복하면서 하루 만 원으로 알차게 보낼 수 있는 정보 귀동냥하기
옆집 눈치보며 색소폰 대가리에 뮤트 끼워 자뻑 예술하다가
비 오는 날 양재천 다리 밑에서 소리 없이 빽빽거려 보기
저 푸른 초원 위에 전원주택 짓고 좋은 공기 마시며
내 입에 들어갈 풀 쪼가리는 유기농으로 내가 키워서 먹겠다고
인터넷으로 온갖 씨앗 봉다리는 다 사서 남새밭에 뿌리고

주말이면 친구들 불러서 장작불에 삼겹살 구워 먹을 생각으로
TV 프로그램 〈삼시세끼〉처럼 살아가기

그것도 성에 안 차서 아예 '자연인' 되겠다고 태백산 골짜기로 입산하기

이미 한물 간 큼직한 DSLR 카메라에 묵직한 접사 렌즈까지 달고, 뒷산에 흔하게 핀 야생화 앞에 안쓰럽게 쭈그리고 앉아서 열심히 눌러대어 자기가 봐도 정말 잘 찍었다며 SNS에 올려 은근히 자랑질하며 지내기, 실업자들에게 국비 지원으로 공짜로 해주는 바리스타 교육받고, 집에서 커피콩 볶다가 휘슬러 프라이팬 다 태우기

폼나게 살기 위해 만화 《신의 물방울》 44권 다 마스터하고
이마트 5천 원짜리 와인으로 디캔팅하여 맹물 만들거나 하면서
클래식과 재즈까지 곁들여 마이가리 품격 Life 즐기기

종교적 신념으로 (이건 뭐라고 쓰고 싶지만 클레임 들어올 것 같아서 포기)
하느님과 부처님 모시고 살아가기

그냥 낚시터에서 찌만 쳐다보며 평생 살기

배달되는 조선일보 처음부터 사설까지 혼잣말로 대통령 욕 곁들여가며 완독하고 '삼식이'로서의 당연한 의무인 분리수거를 마치고

마누라 이마트 갈 때 짐꾼 겸 기사 노릇으로 뿌듯함을 만끽한다.
디지털 청첩장 받아 유행이 살짝 지난 기장이 약간 길고 헐렁한

양복 걸치고 간 예식장에서 오랜만에 만난 그렇게 친하지 않은 친구들과 뷔페 퍼나르면서

정치와 코로나 이야기로 입에 거품 좀 내고 지하철 타고 집에 가기, 존재감 없는 단체 카톡방에서 남이 퍼올린 글 읽어보다가 공감이 가면, 또 퍼다가 다른 데 옮기면서 남들도 분명히 좋아할 거라고 확신하며 핸드폰을 닫는다

가끔 약속도 없고 심심하면 밀리터리캡 쓰고 황학동 벼룩시장에서부터 모란역 5일 시장터까지 기웃거리며 근처 칼국수집에서 한 끼 때우며 한나절을 지운다

물론 코로나가 끝나면 그림이 달라지겠지만 딱히 뭐가 맞는지 잘 모르겠지만 은퇴 생활의 핵심은 나만의 여유로움을 즐기는 것이다

어느 95세 노인의 후회 (호서대학교 설립자 고 강석규 박사)

나는 젊었을 때 정말 열심히 일했습니다.
그 결과 나는 실력을 인정받았고 존경을 받았습니다.
그 덕에 65세 때 당당한 은퇴를 할 수 있었죠.
그런 지금 95번째 생일에 얼마나 후회의 눈물을 흘렸는지 모릅니다.
내 65년의 생애는 자랑스럽고 떳떳했지만,
이후 30년의 삶은 부끄럽고 후회되고 비통한 삶이었습니다.
나는 퇴직 후 이제 다 살았다. 남은 인생은 그냥 덤이다.
그런 생각으로 그저 고통 없이 죽기만을 기다렸습니다.
덧없고 희망이 없는 삶… 그런 삶을 무려 30년이나 살았습니다.

30년의 시간은
지금 내 나이 95세로 보면…
3분의 1에 해당하는 기나긴 시간입니다.
만일 내가 퇴직을 할 때 앞으로 30년을 더 살 수 있다고 생각했다면 난 정말 그렇게 살지는 않았을 것입니다.

그때 나 스스로가 늙었다고,
뭔가를 시작하기엔 늦었다고 생각했던 것이 큰 잘못이었습니다.

나는 지금 95세지만 정신이 또렷합니다.
앞으로 10년, 20년을 더 살지 모릅니다.
이제 나는 하고 싶었던 어학 공부를 시작하려 합니다.

10년 후 맞이하게 될 105번째 생일날!
95세 때 왜 아무것도 시작하지 않았는지
후회하지 않기 위해서입니다.

2 ─── 잠시 멈추고 지나온 삶 정리하기

일단 잠시 멈추고 인생의 쉼표를 제공하라!

행복한 노후 만들기를 위해 두 번째로 할 일은 일단 멈춰서는 것이다. 과거에 몸담았던 현대 조직의 시스템은 승진하고 그 자리를 유지하기 위한 실적 창출에 모든 것을 걸고 앞만 보고 달려가도록 설정되었다. 그러다 보니 조직에서 성공하면 할수록 자기 성찰이 부족해지고 따라서 삶을 진지하게 돌아보고 주변을 살피며 미래를 꿈꾸는 일에는 소홀할 수밖에 없었다.

또, 은퇴 후 창업에 실패하는 이유를 살펴보면, 퇴직하고 나서 당장 뭔가를 해야 한다는 조바심과 초조감에 사로잡혀 자기 자신을 객관적으로 바라보는 시간, 즉 잠시 멈춰서서 성찰하는 일을 소홀히 했기 때문이다. 이처럼 잠시 멈춰서는 것을 윌리엄 브릿지스(William Bridge, 〈월스트리트저널〉이 미국에서 가장 영향력 있는 컨설턴트 10인 중 1명으로 선정)는 저서 《내 삶에 변화가 찾아올 때》에서 '삶의 중립지대'로 표현했다.

　삶의 중립지대에 들어서면 과거의 직업이나 경험에서 완전히 자유로워져 진정한 자신을 발견하기 쉬워진다. 그렇게 일단 멈춰서서 자신은 물론 자신을 둘러싼 주위를 살펴야 한다. 지금까지 살아온 삶을 어떤 형태로든 되돌아보고 정리해야 한다. 그리고 남은 인생 후반에 대해 스스로 성찰을 통해 재조명함으로써 행복하고 풍요로운 삶, 즉 행복한 노후를 만들기 위한 희망을 품고 설계해야 한다. 바로 이것이 이 책의 존재가치이자 이유다.

스스로에게 질문하라!

자신을 발견하는 좋은 방법은 자문자답, 즉 스스로 질문하고 스스로 답하는 것이다. 질문은 타인에게만 하는 것이 아니고 자기에게도 할 수 있다. 스스로 하는 좋은 질문은 미래의 목표와 계획을 세울 수 있게 하고 그것을 성취할 지혜를 준다. 게다가 자신을 점검할 기회를 주어 더욱 풍성한 삶을 살도록 이끌어준다. 잘못된 질문은 삶을 후회와 절망으로 이끌 것이고 좋은 질문은 삶을 행복하고 위대한 길로 이끌 것이다.

　모든 일의 시작이자 끝은 바로 나 자신이다. 그러므로 행복과 성공을 향해 자신에게 질문하는 것은 무엇보다 중요하다. 나를 찾고 올곧게 나를 세우기 위해 스스로에게 어떤 질문을 할 것인가?

- 지금 나에게 가장 중요한 것은 무엇인가?

- 나는 무엇을 하고 싶고, 무엇을 잘할 수 있는가?
- 나는 지금 최선을 다하고 있는가?
- 나의 타고난 성격/재능/흥미는 무엇인가? 어떻게 활용할 것인가?
- 나는 사랑하는 사람들을 위해 무엇을 할 수 있고, 어떻게 실천할 것인가?
- 내가 롤모델로 삼고 싶은 사람은 누구인가? 그 이유는?
- 내 인생의 목표는 무엇이며, 원하는 것을 이루고 난 결과는 무엇인가?
- 어떠한 상황에서도 내가 결코 양보할 수 없는 신념과 가치관은 무엇인가?
- 나는 나를 위해 무엇을 할 수 있으며 어떻게 할 것인가?
- 나는 내가 속한 커뮤니티와 사회에 무엇을 공헌하고 있는가?
- 나는 가족과 지인에게 어떤 인물로 기억되기를 원하는가?
- 나는 무엇을 하려고, 무엇을 남기려고 이 세상에 왔는가? 이 세상에 왔다가 가는 이유가 무엇인가?
- 삶의 마지막 순간에 '내가 이것 하나는 잘하고 가네"라고 할 수 있는 것은 무엇인가?

나의 지나온 삶을 평가해보기

맨 먼저 할 일은 잠시 멈추고 지금까지의 삶을 중간점검 해보는 것이다. 청년은 미래에 살고, 중년은 현재에 살며, 노인은 추억에 기대어 산다는 말이 있다. 과거에 이룬 멋진 성취, 보람을 느꼈던 도전, 간절했던 꿈의 실현 등 좋은 기억은 노후의 삶에 활력소가 된다. 지금까지 살아오면서 가장 보람 있었던 것은 무엇이었나? 직장생활을 하면서 가장 크게 이루

타임머신을 활용한 자존감 높이기

지금까지 경험한 것 중 가장 중요한 성취 3가지는? 성공의 원동력은?

스스로 가장 자랑스러웠던 때는 언제였나요?

성취감에 불타서 열정적으로 했던 것은 무엇이었나요? 그 결과는?

지금까지 성취한 성공의 원동력을 삼고, 앞으로의 삶에 어떻게 적용하고 싶은가요?

자기 존중감은 성공을 낳는 열쇠다

어낸 업적은 무엇이었나? 일생을 통틀어 가장 행복했던 때는 언제였던가? 스스로 가장 뿌듯하게 여기는 사건은 무엇이었나?

이렇게 좋은 감정을 느꼈을 때와 존재감을 느꼈던 시간을 떠올리면서 그때의 감정으로 되돌아가보자. 살아가면서 자신을 존중하는 것은 매우 중요하다. 그 어떤 고난이 와도 다시 일어설 힘이 될 뿐 아니라 자신이 하는 일에 행복감을 느끼면서 넓은 마음으로 다른 사람들도 사랑할 수 있기 때문이다.

내 인생의 대차대조표를 작성해보기

내 인생의 대차대조표를 작성해보자

지나온 삶에 100점 만점에 몇 점을 주고 싶은가? 그 점수를 준 이유는?

지나온 삶에서 이룬 플러스 요소는?

지나온 삶에서 버려야 할 마이너스 요소는?

지나온 삶을 평가해본 결과
행복한 노후를 위해 계속 활용해야 할 것과 개선 / 보완해야 할 것은?

_____
_____
_____
_____

지나온 삶을 정리한 결과 남은 삶(노후)은 어떻게 보내고 싶은가?

_____
_____
_____
_____
_____
_____
_____
_____
_____
_____

3   자신에 대한 이해와 성찰

나를 알고 이해하기

사람들은 자신을 많이 아는 것 같지만, 실은 아주 일부만 알고 있다. 오죽하면 대중가요에서도 "내속엔 내가 너무도 많다"고 했을까. 자신을 발견하고 이해하는 것은 행복한 노후 만들기의 기초를 세우는 데 매우 중요한 과정이다.

  이 책에서는 자신을 인식하고 훈련하는 데 널리 사용되고 있는 'JoHari' 모델인 '조하리의 창'을 활용한다. 조하리 창은 열린 창(open area), 숨겨진 창(hidden area), 보이지 않는 창(blind area), 미지의 창(unknown area)의 4가지 영역으로 구성되어 있다.

구분	내용 - 1,2는 스스로 작성 - 3,4는 타인 피드백 / 검사 후 작성
1. 열린 창 (Open area) 나에 관하여 스스로 알고 있고 이를 남들도 아는 영역	
2. 숨겨진 창 (Hidden area) 나에 관하여 스스로 알고 있지만 오픈을 하지 않기 때문에 남들은 모르는 영역	
3. 보이지 않는 창 (Blind area) 나에 관하여 자신은 잘 모르나 남들이 알고 있는 영역	남들에게 비춰진 나의 모습에 대한 피드백을 통해 알아간다. 이 책에서는 탁월성 경청, 탁월성 질문을 시행한다
4. 미지의 창 (Unknown area) 나에 관하여 자신도 잘 모르고 남들도 잘 모르는 영역	객관적인 검사를 통해 알아가는 노력 을 해야 한다. 이 책에서는 DISC, MBTI, Holend, 재능 검사 등의 4가지를 시행한다

나의 '잠재 탁월성' 이끌어내기

사람은 저마다 탁월성(excellence:남보다 두드러지게 뛰어남)을 가지고 있다. 살아가면서 자신의 탁월성을 발견하고 잘 사용하는 것은 성공과 행복을 추구하는 데 핵심 요소이며 당연한 귀결이다. 그러나 많은 사람이 자신의 탁월성을 잘 알지도 못하고 제대로 사용도 못 해보고 삶을 마감한다.

따라서 행복한 노후를 만들기 위한 자기 이해의 첫걸음으로 탁월성을 발견하는 것은 매우 중요한 절차다. 다음 두 가지 방법으로 탁월성을 발견한다.

탁월성 질문

다음 두 가지 질문에 답한다. 답은 많을수록 좋으니 세세한 부분까지 진솔하게 작성하는 것이 중요하다. (최소 7개 이상 작성)

질문 1. 지금까지 살아오면서 화가 났을 때를 떠올려보라. 화를 밖으로 표현하면서 상대방과 다투었던 경험이나 화를 표출하지 않았지만 마음속으로는 분노나 화가 치밀어올랐던 경험을 떠올려보라. 화를 내거나 분노한 이유는 무엇인가? (최소 7개 이상 작성)

질문 2. 지금까지 살아오면서 존경하거나 좋아하는 사람들을 떠올려보자. 위인이 될 수도 있고 주변의 지인들 중에도 있을 것이다. 존경하는 대상에 대해 존경하는 이유를 적어보자. (최소 7개 이상 작성)

탁월성 질문의 해석

이 두 가지의 질문을 통해 알 수 있는 것은 '**사람들은 자기의 탁월성 때문에 화를 내기도 하고, 존경하거나 좋아한다는 것**'이다. 예를 들어, 약속을 안 지키는 사람을 보면 화가 나는 것은 자신이 약속을 철저히 지키는 탁월성이 있기 때문이다. 갑질을 하거나 배려를 하지 않는 것에 대한 분노 등도 마찬가지다.

또, 누군가를 좋아하거나 존경하는 이유를 들어보면 사람들은 대개 상대방의 탁월성이 자기에게는 없기 때문이라고 생각한다. 그런데 자기는 잘 모르겠지만, 본인의 탁월성 때문에 그 부분을 존경하거나 좋아하는 것이다. 누군가를 존경하거나 좋아하는 이유는 곧 자기의 탁월성이 되는 것이다.

> 탁월성 질문 1, 2에 나온 탁월성을 단어로 표시하여 모두 아래에 옮겨 작성한다.

_____

_____

_____

_____

남들의 눈에 비친 나의 모습은?

조하리의 창에서 보이지 않는 창(blind area)은 나에 관하여 자신은 잘 모르겠지만, 남은 어느 정도 알고 있는 영역을 의미한다. 즉, 남의 눈에 비친 자신의 모습이다. 남에게 평소 내가 해왔던 말과 행동을 보고 느낀 것에 대한 피드백이다. 본인이 수긍하든 안 하든 간에 분명코 나의 모습인 것은 확실하다.

나를 잘 알고 있다고 생각하는 지인들(가족, 친구, 직장동료 등) 10명에게 '나를 보면 직감적으로 떠오르는 이미지'를 3개의 단어로 보내달라고 부탁한다.

나를 보면 직감적으로 떠오르는 단어 3가지를 보내주세요
(가족, 친구, 직장 동료 등 10명 이상)

탁월성 질문 1, 2와 지인들에게 받은 단어 중에서
노후를 살아가는 데 가장 중요하다고 생각하는 탁월성 3가지는?

탁월성 3가지를 선택한 이유는? 노후에 어떻게 활용하고 싶은가?

검사를 통해 나를 알기

조하리 창에서 마지막 4번째 창은 미지의 창이다. 나에 관하여 자신은 물론 남들도 잘 모르는 영역이다. 그래서 객관적인 검사를 통하여 알아야 한다. 이 책에서는 행동유형(DISC) 검사, 성격유형(MBTI) 검사, 흥미(Holland) 검사, 재능 검사 4가지 검사를 다룬다.

강아지 한 마리가 반갑다는 표시로 꼬리를 세워서 흔들면서 고양이에게 다가갔다. 이후 고양이는 어떤 행동을 보였을까?

고양이는 반갑다고 다가오는 강아지에게 위 사진처럼 바로 공격을 한다. 왜 그럴까? 꼬리를 세우는 것은 강아지에겐 반갑다는 표시이지만 고양이에게는 싸우자는 표시이기 때문이다.

사람은 저마다 생김새가 모두 다르듯, 각자의 생각과 행동유형도 다르게 태어난다. 우리가 이 세상에 나온 것이 본인의 의지가 아닌 것처럼 생각과 행동성향도 본인의 의지와는 무관하게 타고난 것이다.

타고난 성향과 기질 등을 알 수 있는 검사는 행동유형(DISC) 검사, 성격유형(MBTI) 검사 등이 있다. 이러한 객관적인 검사와 해석을 통해 자신의 성격과 성향을 이해함으로써 행복한 노후 만들기에 필요한 기본정보를 얻을 수 있다.

행동유형 검사 및 활용

행동유형 검사는 환경에 대한 인식과 그 속에서 개인의 기질에 대한 인식을 바탕으로 인간 행동유형을 4가지로 구분한 진단이다.

DISC를 검사하는 방법에는 설문지를 통한 방법과 오링 테스트에 의한 방법이 있다. 설문지에 의한 검사 결과는 자기가 처한 환경과 상황에 따라 약간의 차이가 있을 수 있기 때문에 오링 테스트를 병행해보고 최종적으로는 오링 테스트의 결과를 따르는 것이 좋다.

DISC 검사는 http://www.disc.or.kr의 검사지에 사지 선다형 중 자신에게 적합하다고 생각하는 문항에 4점을 주고 가장 적합하지 않다고 생각하는 문항에 1점을 주는 식으로 입력하여 각각 합계를 내면 된다. 상위 점수 2가지 유형이 자신에게 해당되는 유형이므로 DISC 특징을 파악하여 자신을 이해하는 데 참조한다.

심리유형 검사 및 활용

나를 이해하는 하나의 도구로 사람의 섬세한 심리적인 측면을 이해하고 대응할 수 있도록 도와주는 MBTI 심리유형 분석이 있다. MBTI(Myers Briggs Type Indicater)는 칼 구스타프 융(G. G. Jung)의 심리유형론을 근거로 하여 캐서린 쿡 브릭스(Katharine Cook Briggs)로부터 무려 3대에 걸친 70여 년 동안 연구 개발하여 완성한 성격유형 검사이다.

DISC 유형별 특징

외향성(빠른 성향)

일 중심 — **관계 중심**

D (Dominance : 주도형)
지도력이 있다. 활동적이며 결과를 빨리 만든다. 매사에 주도적이며 자신감이 충만하다. 성취욕이 강하고 도전적이고 모험적이다. 솔직 단순하고 결론 위주로 소통한다.

I (Influence : 사교형)
매사에 낙천적이고 열정적이다. 풍부한 상상력이 있다. 말 솜씨가 좋아 설득력이 뛰어나다. 매너가 좋고 사교적이다. 분위기를 이끄는 능력이 탁월하다.

S (Steadiness : 안정형)
일관성과 꾸준함으로 예측 가능, 협조적이며 상대방 배려심이 높다. 성실하고 안정적이며 온화하다. 남의 말을 잘 들어주며 경청을 잘 하며 갈등보다는 평화와 안정을 추구한다.

C (Conscientiousness : 신중형)
원칙과 기준을 잘 지킨다. 완벽을 추구하고 매사에 신중하다. 일을 정확하고 유능하게 한다. 논리적이고 객관 / 분석적이다. 도덕성이 높고 예의 바르다.

내향성(느린 성향)

참조 : 김나위(2017), DISC 행동유형 비교연구, 인문사회21, 저자 재구성

MBTI의 4가지 선호 경향은 자신이 좋아하는 기능이나 태도를 자주 사용하려는 경향에서 에너지 방향, 인식 기능, 판단 기능, 생활양식으로 분류한 것이다.

김정택 외(2007)에 따르면 선호 경향에는 양극이 존재하며, 첫 번째는 에너지 방향으로 외향성(E)과 내향성(I)이 있으며, 두 번째는 인식 기능으

로 감각형(S)과 직관형(N)이 있다. 세 번째는 판단 기능으로서 사고형(T)과 감정형(F)이 있으며, 마지막은 생활양식으로 판단형(J)과 인식형(P)으로 구분된다. MBTI 선호 경향 분류와 결정은 다음 페이지 그림과 같다.

https://www.16personalities.com에서 간이 성격유형 검사를 무료로 하거나 다음 페이지의 MBTI의 4가지 선호 경향 중 자기와 근접한 유형을 골라 서로 조합하면 4개의 알파벳으로 이루어진 나의 MBTI 성격 유형을 알 수 있다.

MBTI 검사 결과에 나온 4개의 알파벳을 서로 조합하면 다음 16가지 타입 중 하나로 결정된다.

ISTJ 소금형	ISFJ 권력형	INFJ 예언자형	INTJ 과학자형
한번 시작한 일은 끝까지 해내는 성격	성실하고 온화하며 협조를 잘하는 사람	사람에 관한 뛰어난 통찰력을 가진 사람	전체를 조합하여 비전을 제시하는 사람
ISTP 백과사전형	ISFP 성인군자형	INFP 잔다르크형	INTP 아이디어형
논리적이고 뛰어난 상황 적응력	따뜻한 감성을 가지고 있는 겸손한 사람	이상적인 세상을 만들어가는 사람	비평적인 관점을 가진 뛰어난 전략가
ESTP 활동가형	ESFP 사교형	ENFP 스파크형	ENTP 발명가형
친구, 운동, 음식 등 다양함을 선호	분위기를 고조시키는 우호적인 성격	열정적으로 새 관계를 만드는 사람	풍부한 상상력으로 새로운 것에 도전
ESTJ 사업가형	ESFJ 친선도모형	ENFJ 언변능숙형	ENTJ 지도자형
사무적, 실용적, 현실적인 스타일	친절, 현실감을 바탕으로 타인에게 봉사	타인의 성장을 도모하고 협동하는 사람	비전을 갖고 타인을 활력적으로 인도

심리유형(MBTI) 선호 경향과 결정(자기기입식)

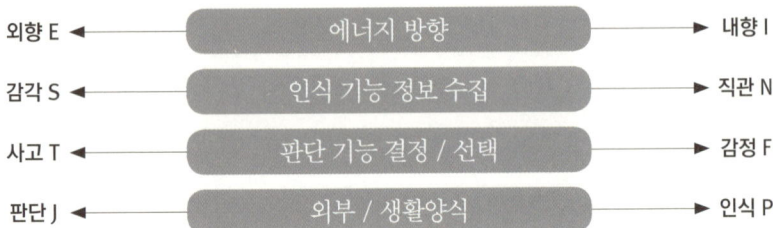

당신의 에너지는 어디로 향하고 있는가?

외향형(E) Extraversion
활동, 내뱉는 말 등
외부세계로
↓
폭넓은 대인관계를 유지
열정적이며 활동적이다

자기 외부에 주의 집중,
외부 활동 활발, 적극성
정열적, 활동적, 말로 표현,
경험한 다음 이해

내향형(I) Introversion
활동, 내뱉는 말 등
내부세계로
↓
깊이 있는 대인관계 유지
조용하고 신중하다

자기 내부에 주의집중
내부활동과 집중력
조용하고 신중, 글로 표현
이해한 다음에 경험

어떻게 정보를 처리하는가?

감각형(S) Sensing
알려진 사실, 친숙한
단어들의 형태로
↓
오감에 의존하여 실제
경험을 중시

지금 현재에 초점, 실제의
경험, 정확하고 철저한 일 처리,
사실적 사건 묘사
나무를 보려는 경향, 추수

직관형(N) Ntuition
가능성, 잠재력, 직관의
형태로
↓
육감, 영감에 의존하여
미래지향적

미래 가능성에 초점
아이디어, 직관, 신속
비전, 비유적, 암시적
묘사, 숲, 씨 뿌림

어떻게 결정을 내리는가?

사고형(T) Thinking
논리와 객관성에 기초
↓
진실과 사실에 주된 관심
논리적이고 분석/객관적

진실, 사실에 주된 관심
원리와 원칙, 논거,
분석적, 맞다, 틀리다
규범이나 기준 중시
지적 논평

감정형(F) Feeling
개인적 가치에 기초
↓
사람과 관계에 주된 관심
상황적이며 정상을 참작

사람, 관계에 주된 관심
의미와 영향, 상황적,
포괄적, 좋다, 나쁘다
나에게 주는 의미 중시
우호적 협조

삶을 어떻게 꾸려나가는가?

판단형(J) Judging
현 위치 파악, 체계적으로
↓
분명한 목적과 방향
철저하게 계획, 체계적

정리정돈, 계획, 의지적
추진, 신속한 결론, 통제와
조정, 분명한
목적의식과 방향 감각,
뚜렷한 기준과 자기 의식

인식형(P) Perceiving
살아가면서, 융통성 있게
↓
변화 가능한 목적과 방향
자율적이고 융통성

상황에 맞추는 개방성
이해로 수용, 유유자적한
과정, 융통과 적응
목적과 방향의 유연성
개방성, 포용력

흥미유형 검사 및 활용

흥미(interest)는 흥을 느끼는 재미로 어떤 대상이나 활동을 할 때 마음속으로부터 우러나오는 즐거움을 뜻한다. 우리가 일하는 순간이 즐겁다면 얼마나 행복할까. 이 또한 타고난 것으로, 억지로 바꿀 수 없기 때문에 자신이 타고난 흥미를 이해하고 퇴직 후 일을 선택할 때 연결하는 것은 매우 중요한 요소다.

최근 들어 '덕후'가 회자되고 있다. 일본어 '오타쿠(御宅)'를 한국식으로 발음한 '오덕후'의 준말이다. 오타쿠의 의미로도 사용되지만, '어떤 분야에 몰두해 마니아 이상의 열정과 흥미를 가진 사람'이라는 긍정적인 의미로도 쓰인다. 여기에 덕업일치, 즉 '덕질과 직업이 일치했다'는 의미로, 덕후 중에서도 관심사를 자신의 직업으로 삼은 사람들을 일컫는다. 자신이 좋아하는 취미를 일로 한다면 당연히 만족도가 높아질 뿐 아니라 무엇보다 일하는 순간순간이 즐겁기 때문에 퇴직 후 일을 선택할 때 반드시 고려해야 할 부분이다.

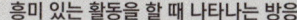

흥미 있는 활동을 할 때 나타나는 반응

- 이거 재미있네, 빨리 시작했으면 좋겠어
- 이것만 계속 했으면 좋겠어, 내 천직 같아
- 한번 시작하면 다른 일을 못 하겠어

- 열정적인, 강력한, 흥분 되는, 정말 행복한
- 자연스러운, 진정한, 자신감, 열광적인, 쉬운
- 순조로운, 시간 가는 줄 모르는

- 좀 더 잘할 수 있는 방법을 찾고 싶다
- 좀 더 배우고 싶다. 잘하는 사람과 교류 희망
- 고수를 만나 배우고 싶다

(출처: 《긍정심리학》, 마틴 셀리그만)

홀랜드 흥미유형별 특징

예술형(A)
- 예술작업에 직접 참여하거나 관객이 되는 것을 선호. 예술적 창조와 표현, 다양성 선호
- 틀에 박힌 것을 싫어하고 자유롭고 상징적인 활동에 흥미, 자유롭게 표현하는 환경 선호
- 예술적인 직업을 갖거나 예술과 관련된 것을 여가 활동으로 하는 경우가 많음(정서 풍부)
- 건축가, 작가, 화가, 작곡가, 큐레이터, 배우, 사진작가, 실내장식가, 카피라이터, 리포터

사회형(B)
- 타인의 문제를 경청하고 이해하면서 잘 도와주고 봉사하는 것을 선호
- 상담과 치료 및 양육하는 활동 선호
- 집단적으로 일하는 것 선호(기계적 약함)
- 친절하며 책임감이 강하고 갈등보다는 평화와 안정감을 선호(지도, 훈육)
- 심리 상담가, 사회복지사, 목사, 교사, 유치원 교사, 보육 교사, NGO 활동가

탐구형(I)
- 정보를 토대로 하여 새로운 사실이나 이론을 밝혀내고 해석하는 것을 선호
- 관찰적, 탐구적이며 과학적인 성향이 강함
- 학구적이며 연구 분위기 선호(학위 도전)
- 복잡한 문제일수록 흥미를 더 느끼고 문제를 자기 방식으로 해결하는 데 성취감 느낌
- 과학 계열 연구자, 의사, 물리학자, 생물학자 심리학자, 연구개발 관리자, 통계학자

현실성/실재적 유형(R)
- 현장에서 직접 신체를 움직이는 활동이나 공구나 기계를 다루는 업무 선호
- 분명하고 질서정연하며 체계적 활동 선호
- 섬세한 손재주, 기계 작동에 소질이 있음
- 생각하기보다 행동하는 것을 좋아함
- 모호함보다 구체적/현실적인 것 선호
- 자동차 수리, 방사선 기술자, 항공기 정비사, 공학자, 엔지니어, 전기전자 기술자

진취형(E)
- 조직적 목적과 경제적 이익을 얻기 위해 타인을 지도하고 통제/관리에 흥미
- 성과로 얻어지는 명예/인정/권위를 선호
- 리더십이 있고 대인관계 기술이 탁월함
- 자기주장이 강하며 야망, 모험심, 위험 감수
- 대중 연설, 법/정치, 판매, 조직관리에 관심
- CEO, 세일즈맨, 정치가, 법조인, 사업가

관습형(C)
- 권위나 정해진 규칙에 순응하며 계획에 따라 자료를 기록, 정리하는 일을 선호하며 성실함
- 비즈니스 실무 능력이 뛰어나며, 비구조화되고 창조적인 일에는 스트레스를 받음
- 매우 꼼꼼하며 참을성, 조심성이 있고 보수적
- 자료관리, 컴퓨터 작업, 사무 활동에 관심
- 은행원, 비서직, 회계사, 일반 사무직, 공무원

흥미 유형을 알아보는 직업흥미검사(Holland Career Seraching Test)는 미

국 심리학자인 홀랜드(Holland)가 개발한 검사이다.

검사는 워크넷(www.work.go.kr)에 접속하여 직업심리검사 중 성인용 심리검사(S형)을 선택하여 검사를 실시하면 된다. 검사 결과로 나온 자기의 흥미 유형에 대한 각 유형별 특징을 참조하여 자기의 타고난 흥미에 대해 이해한다.

나의 재능 징후 찾기 및 활용

재능(talent)은 어떤 일을 하는 데 필요한 재주와 능력. 개인이 타고난 능력과 훈련에 의하여 획득된 능력을 아울러 이른다. 이 책에서는 훈련에 의해 획득된 능력은 직무 전문성으로 구분했기 때문에 여기서 말하는 재능은 선천적으로 타고난 것을 의미한다. 많은 사람이 자기가 타고난 재능에 대해 잘 알지 못하기 때문에 충분하게 발휘하는 기회도 많지 않다. 다양한 시도와 도전을 하는 가운데 재능이 발견되어 늦은 나이에 대성하는 사례도 주변에서 흔히 볼 수 있게 되었다. (출처:《긍정 심리학》, 마틴 셀리그만)

나의 잠재능력 찾기(활동할 때 나타나는 반응)

- 이거 재미있네
  - ⋯▶ 발휘하는 순간 흥분과 희열에 휩싸인다.
- 이것만 했으면 좋겠어
  - ⋯▶ 처음 습득한 이후부터 급속하게 발전한다.
- 나한테 딱이야

- ⋯ '진짜 나답다'라는 자신감이 생긴다.
- 빨리 시작했으면 좋겠어
  - ⋯ 제어하기 힘들고, 피곤하기는커녕 의욕이 넘친다.
- 내 천직이야
  - ⋯ 그 강점을 밑천 삼아 창업이나 개인 사업을 전개하고 싶다.
- 그 강점을 활용할 수 있는 방법을 자발적이고 주도적으로 이모저모 궁리를 한다
- 꾸준히 개발하기 위해 새로운 방법을 계속 익히고 싶다.
- 열정적인, 흥분되는, 정말 행복한, 열광적인, 내겐 쉬운, 자신감 있는, 자존감이 높아짐

위 사항에 해당되는 나의 재능 5가지를 작성해보시오

나를 이해하기 총정리

나의 탁월성과 나를 객관적으로 알기 위한 4가지 검사 결과(특징)를 정리하여 보고 향후 행복한 노후 만들기에 활용할 방안을 생각해 보자.

구분(검사)	검사 결과 / 특성
탁월성	
DISC	
MBTI	
흥미(Holland)	
재능	

검사 결과를 자신의 행복한 노후 만들기 계획 수립 시 활용 방안은?

4 ─────── 행복한 노후 만들기 실천

행복한 노후는 준비된 사람만이 누릴 수 있는 권리이자 혜택

우리 인생은 크게 초년, 중년, 말년의 3단계로 나누어 볼 수 있다. 인생 3단계가 모두 좋으면 더할 나위 없겠지만, 대개는 각 단계별로 다양한 굴곡을 경험한다. 각 단계별로 의미도 다르고 중요하지만 한 번뿐인 삶을 잘 마무리한다는 점에서 보면 말년이 가장 행복하고 아름다워야 하지 않을까. 아무리 중년까지 화려한 인생을 살았더라도 말년이 비참하면 인생 전체가 비참하게 되어 건강과 자존감이 급격하게 허물어지면서 고독하게 삶을 마감하는 모습을 주변에서 쉽게 볼 수 있다.

이제 홀로 외롭게 삶을 마감하는 독거노인 문제는 이미 사회 문제로 부각되고 있는 안타까운 현실이다. 누군들 그렇게 생을 마감하고 싶겠는가만 사회나 남을 탓하기 전에 본인 문제도 적지 않다. 그런 비참한 노년을 맞게 된 가장 큰 이유는 어쨌든 행복한 노후를 맞을 준비가 없었

거나 부족했다는 것이다.

    그러면 행복하고 풍요한 노후를 보내려면 무엇을 어떻게 해야 할까? 초년과 중년은 사전 준비가 조금은 부족해도 극복할 수 있는 체력과 시간 여유가 있을 뿐만 아니라 넘어져도 다시 도전할 여러 기회가 열려 있다. 그러나 은퇴 이후의 노년기에는 체력과 시간도 부족하거니와 기회도 좀처럼 맞기 어렵다.

    따라서 행복한 노후를 보내기 위해서는 철저한 사전 준비가 필수 조건이다. 즉, 풍요롭고 행복한 노후는 사전에 철저하게 준비한 사람만이 누릴 수 있는 당당한 권리이자 혜택이다.

    풍요롭고 행복한 노후 준비는 하루라도 빨리 시작하는 것이 좋겠지만, 그렇다고 조급하게 서두르는 것도 바람직하지 않다. 늦었다고 생각할 때 행동에 옮기는 것이 가장 빠르다. 지금 처한 상황과 연령대에 맞추어 차분하게 각각의 연령대별로 자기 상황에 가장 적합한 맞춤 준비가 필요하다. 또, 너무 한쪽으로만 치우치지 말고 행복한 노후를 위해 필요한 다양한 요소를 균형 있게 종합적으로 준비해야 한다. 자, 이제 나의 행복한 노후를 위한 준비를 설레는 마음으로 시작해보자.

행복한 노후 만들기 (노후 비전 설정)

나의 존재 이유와 존재 가치 정하기

    TV 드라마 〈명성황후〉 OST에는 "내가 이 세상을 왔다 간 그 이유를 눈 감을 때야 알겠지"라는 가사가 나온다. 이 세상에 왔다 가는 그 이유가 바로 나의 존재 가치이자 존재 이유인 것이다. 존재 가치는 행복한 노후 만들기 설계를 하는 데 있어서 궁극적으로 도달하고자 하는 방향을 제시해준다.

스스로 깊게 성찰하면서 아래의 양식을 활용하여 자신의 존재 가치를 정해보자.

나는 지금까지 어떤 존재가 되기 위해 전념(노력)해 왔는가?

내가 지향하는 인생의 목적과 목표를 한 문장으로 적어본다

나는 어떤 사람(존재)으로 기억되기를 원합니까? 그 이유는?

⬇

난 ------한 사람이 될 것이다. 그래서 남은 삶을 -------- 살 것이다

나의 미션과 역할 정하기

이 세상을 살아가는 가장 중요한 존재 이유를 규정한다고 할 수 있는 사명(使命), 즉 미션(Mission)은 자신이 살아가야 하는 방향과 근본적인 존재 이유를 제공한다는 의미에서 후반기 삶을 준비하는 사람들은 반드시 작성해야 한다.

아래 양식을 참조하여 스스로 미션을 작성하고 나와 함께 관계를 나누며 살아가는 대상별로 나의 역할을 정해본다.

나의 사명 선언문(Mission Statement)
나의 사명 → "나는 ~해서(로서) ~을 기여(제공)하겠다."

_____
_____

위 사명을 수행하기 위해 사랑하는 사람들과 나의 역할 정하기
(부부/부모/자녀/친척, 동료, 친구, 이웃, 사회인, 신앙인, 동호회, 단체/기타)

대상	역할
부부	
부모 / 자녀	
친척	
직장(업)인	
이웃 / 친구	
동호 / 사회	
종교 / 기타	

출처: 《성공을 바인딩 하라》, 강규형, 지식의 날개

사례) 필자의 미션 프레임(Missoin Frame)

깨달음을 통해 새로이 정리한 콘텐츠를
책과 강의 및 코칭을 통해
많은 리더와 후학들에게 선한 영향력을 주고
살아가는 동안 맺은 소중한 인연(가족/지인)들과의 좋은 관계를 통해
행복하고 여유 있는 삶의 여행을 잘 마치고
하나님의 영광을 나타내는 삶

- 일 : 강의 + 제자 + 컨설팅 + 고문 + 집필 + 코칭 + 멘토링
- 봉사 : 청소년 비전 스쿨, 시니어 은퇴학교, 멘토링, 강의, 주례, 고문, 컨설팅, 강연

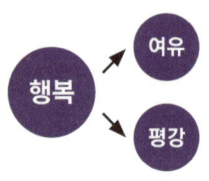

- 건강 : 만보 걷기(1일), 소식(꼭꼭 씹어서), 물, 아침 사과, 명상 / 호흡, 반신욕, 오메가3 / 비타민, 신앙 / 산책 평강
- 부부 / 가족 : 자동차 여행(맛 집 / 그림), 댄스, 둘렛길 / 꼬미
- 친구 : 합창단, 학사장교, 숭문고, 순남초, 신우회, 용수, 남사모, SBW, 전문가, 지인, 새바람, 성삼회, 교회, GWU, 석/박사
- 재정 : 주택, 연금, 건물, 수익, 비용
- 취미 : 당구, 바둑, 독서, 산책, 여행

내가 바라는 행복한 노후는?
내가 바라는 행복한 노후의 목표는? 노후 목표를 달성한 후의 나의 모습은?

행복한 노후의 목표가 달성되었을 때 하루 일과표를 작성하여보시오

시간	하는 일 & 모습
오전 06시 ~ 12시	
오후 13시 ~ 18시	
저녁 19시 ~ 24시	

인생 후반의 목표와 비전 분명히 하기

흔들의자의 삶과 자동차의 삶

뭔가 뜻대로 이루지 못해 방황하고 있는 은퇴자들을 볼 때마다 나는 그들이 목적지 없이 길을 나선 조각배 같다는 생각을 지울 수가 없다. 오랜 기간 직장생활을 하다가 은퇴를 한 사람들은 이구동성으로 "직장생활을 할 때는 속박된 삶이 몹시 싫었는데 막상 직장을 나오니 나의 정체성과 존재감을 잃어버린 것 같았다"라고 털어놓는다.

해군사관학교를 우수한 성적으로 졸업하고 해군 제독으로 퇴직한 지인이 아무런 계획 없이 1년을 보내다가 의기소침한 표정으로 "군대에서 28년을 보내면서 틀에 꽉 짜인 생활이 무척 싫었는데, 지금은 충성을 바칠 대상이 없다는 사실이 나를 힘들게 한다"라고 고백한다.

우리는 항상 지금보다 나은 삶을 살기 위해 노력을 한다. 평소와 다르게 새로운 목표를 세우고 당찬 각오로 열심히 실천한다. 그러나 어느 정도 시간이 지나면 "이거는 아닌데 내가 왜 이러지"라고 후회하면서 좌절하곤 한다. 이러한 삶을 인생의 근본은 변하지 않으면서 그 자리에서만 흔들거리는 '흔들의자의 삶'이라고 한다. 우측에 있는 자동차는 원하는 방향으로 언제든지 갈 수 있는 멋진 스포츠카다. 그러나 이 멋진 스포츠카도 가야 할 방향이 없다면 단 한 발자국도 움직일 수 없다. 즉 삶의 목적과 비전을 명확하게 설정해야만 흔들의자의 삶에서 멋진 '자동차의 삶'으로 바꿀 수 있다.

은퇴자들에게 후반생이라는 영토는 이제까지 한 번도 밟아본 적이 없는 전인미답의 황무지와 같다. 성공하는 기업은 명확한 비즈니스 목표를 가지고 추진해가는 과정에서 철저하게 점검을 한다. 우리의 후반 삶도 이와 다를 바 없다. 행복한 노후 만들기를 위한 핵심은 무엇보다 먼저 자기가 원하는 행복한 노후가 어떤 것인지 명확하게 설정하는 것이다.

비전 설정을 위한 가이드

간절함

스티븐 스필버그(Steven Spielberg) 감독은 16세 때 유니버셜 스튜디오에 찾아가 빈 방 하나를 차지하고 아무도 오라고 하지 않았는데도 무조건 영화 촬영 현장에 가서 밑바닥 허드렛일부터 시작했고, 현장의 조감독을 거쳐 우리에게 수많은 주옥같은 영화를 선물한 영화계의 거장이 되었다. 훗날 이 사실을 안 기자들이 스필버그 감독에게 16세의 어린 나이인데 어디서 그런 용기가 났느냐고 질문했다. 이에 스필버그 감독이 대답했다. "저는 영화가 너무너무 하고 싶었어요." 영화에 대한 간절함이 용기의 원천이라고 한 것이다.

이처럼 우리가 꿈을 꾸고 그 꿈을 이루는 데 있어 가슴을 울렁이게 하는 간절함이 있을 때 더욱 효과적이다.

달성 시기

짐 캐리(Jim Carrey)는 캐나다 출신으로 영화배우라는 청운의 꿈을 품고 미국 할리우드로 온다. 이때 짐 캐리는 햄버거 하나로 며칠을 버티는 생활을 하는 가난한 청년에 불과했다. 그러나 어느 날 할리우드가 내려다보이는 언덕에 올라가 5년 후에 1,000만 달러의 자기앞수표를 발행하겠다고 스스로에게 비전을 선포했다. 실제로 5년 후 계약금만 1,000만 달러를 받는 영화배우가 되었다. 이처럼 꿈을 구성하는 데 달성 시점을 명확하게 하는 것은, 모든 에너지를 집중하는 시점을 정하는 것으로 매우 중요한 요소다.

달성했을 때의 모습(꿈을 꾸는 자는 보인다)

우리는 주변에서 "내게도 꿈이 있어. 나는 부자가 되고 싶어"라고 하는 사람들을 보게 된다. 이것은 꿈이 아닌 단순한 '바람'이라고 한다. 단순한 바람이 아닌 진정한 꿈이 되기 위해서는 부자가 되었을 때의 모습이 명확하게 설정되어 있어야 하고 그 모습이 영상으로 그려져야 한다. 본인이 원하는 부자의 모습이 흐릿한 꿈은 달성해야 할 정확한 목표(눈으로 볼 수 있는 것)가 없기 때문에 자연히 달성 방법도 흐릿해져서 이루기 어렵다. 따라서 부자가 되고 싶은 사람은 먼저 본인에게 부자는 무엇인지에 대한 명확한 정의(예를 들어 "내게 부자란 돈 걱정 없이 하고 싶은 일을 할 수 있는 것")와 달성했을 때의 모습을 명확히 하는 것이 꼭 필요하다.

빌 게이츠(Bill Gates)는 마이크로소프트를 창업할 때 "전 세계 가정과 사무실에 퍼스널 컴퓨터를 한 대씩 놓겠다"는 비전을 제시했다. 당시에는 대다수의 사람들이 미쳤다고 비웃었지만 꿈을 꾼 빌 게이츠에겐 이러한 달성 모습이 명확히 보였으므로 이를 당당히 선언하고 동업자들과 공유함으로서 멋지게 그 모습을 실현한 것이다.

올랜도의 디즈니월드 개장식을 할 때 기자들이 월트 디즈니(Walt Disney) 2세에게 질문했다. "얼마 전에 돌아가신 월트 디즈니 1세가 이 모습을 보셨다면 얼마나 기뻐하셨을까요?" 이에 월트 디즈니 2세는 이렇게 대답했다. "제 아버지는 이 모습을 미리 보셨습니다. 아버지가 미리 보셨기 때문에 지금 우리가 이 모습을 보고 있는 것입니다." 따라서 달성 가능한 꿈이 되기 위해서는 달성 모습을 구체적으로 그려내고 이를 굳게 믿는 것이다. 이처럼 꿈을 달성했을 때의 모습을 생생하게 그리는 것을 심상화(心相化)라고 한다. 심상화란 잠재의식이 목표를 이룰 수 있도록 뇌를 활성화하는 것으로 꿈을 이루는 데 결정적인 역할을 한다.

비전을 글로 쓰고 선언을 해야 하는 이유

부와 명예를 가진 상위 3%의 비밀!

미국 하버드대학교에서 졸업생을 기준으로 30년간의 삶을 추적한 결과를 발표한 적이 있다. 졸업생의 60퍼센트는 그럭저럭 살고 있지만, 27퍼센트는 남들에게 도움을 받아야 하는 구호 대상자가 되어 있었다. 10퍼센트는 사회적으로 어느 정도 인정받으며 살고 있었고, 단 3퍼센트만이 자신이 꿈꾸던 삶을 살면서 부와 명예를 가진 사람이 되었다. 그런데 이렇게 구분이 되는 요소로는 87%는 앞에서 언급했던 단순한 바람은 있었지만, 비전의 구성 요소를 갖춘 명확한 꿈은 없었다는 것이다. 10%는 명확한 꿈은 있었지만, 마음속으로만 간직했고, 부와 명예를 가진 상위 3%는 비전을 명확히 했고 이것을 글로 썼으며 남 앞에서 당당히 선언을 한 사람들이었다는 것이다.

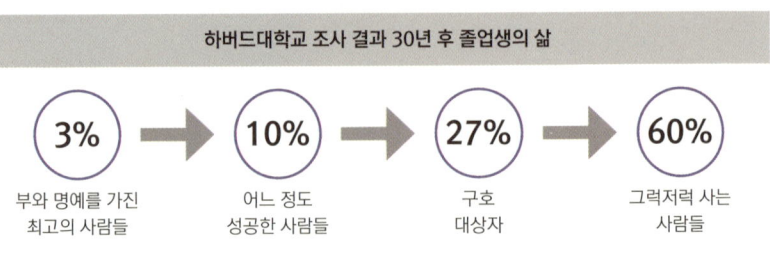

종이 위의 기적, 쓰면 이루어진다

미국의 철강왕 앤드류 카네기(Andrew Carnegie)는 인생 전반부에 본인이 정한 원칙을 고수하면서 누구보다 더 많은 돈을 벌었다. 또 인생 후반부에는 "돈은 사용하지 않으면 썩는다"는 원칙으로 누구보다 더 많은 돈을 필요한 곳에 기부했다. 카네기는 다음과 같이 본인이 원하는 것을 종이 위에 명확히 썼고 이를 실천했다.

1. 원하는 돈과 액수를 명확하게 정한다.
2. 그 돈을 얻기 위해서 무엇을 할 것인가를 결정한다.

3. 그 돈이 내 손에 들어오는 날짜를 분명하게 정한다.

4. 그 돈을 벌기 위한 구체적인 계획을 세우고 즉시 행동에 들어간다.

5. 위의 네 가지 원칙을 종이에 적는다.

6. 종이에 적은 것을 매일 두 차례, 아침에 일어났을 때와 잠들기 전에 큰 소리로 읽는다.

(출처:《종이 위의 기적, 쓰면 이루어진다》, 헨리에트 앤 클라우저, 한언출판사)

미래가 궁금한가?
지금 내가 창조하는 모습이
나의 미래의 모습이다.

비전 3요소

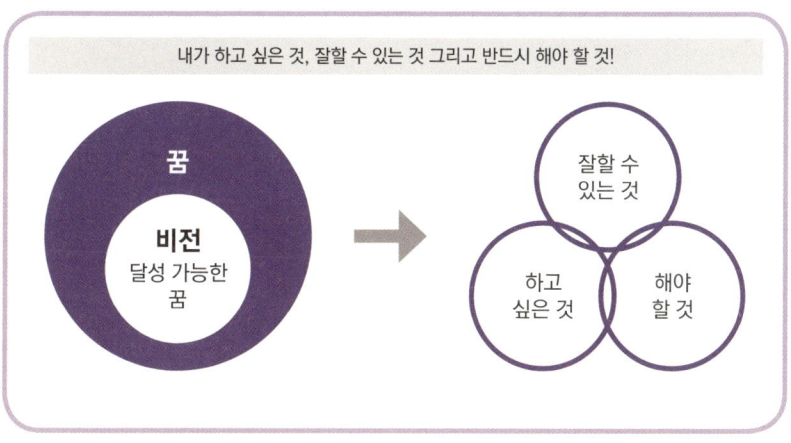

꿈 중에서 달성 가능한 꿈을 비전(Vision)이라고 한다. 비전 달성을 위해서는 내가 하고 싶은 것을 먼저 찾아내야 하며, 그중에서 내가 잘할 수 있는 것을 구분하고 난 후 결정된 비전을 이루기 위해 반드시 해야 할 것을 정해 실천해야 한다.

하고 싶은 것을 먼저 해야 하는 이유

스롤리 블로트닉 연구소에서는 '부를 축적하는 법'을 연구하기 위해 1,500명을 두 그룹으로 나누고 20년에 걸쳐 이들을 추적, 조사한 적이 있다. A그룹은 자기가 하고 싶은 일을 나중으로 미루고 우선 당장 돈에 주안점을 두고 직업을 선택한 사람들로 전체 조사 대상의 83퍼센트를 차지했다. 나머지 17퍼센트의 사람들은 돈은 나중 문제이고, 하고 싶은 일을 최우선으로 두고 직업을 선택한 경우로 이들은 B그룹으로 분류했다. 마침내 발표된 조사 결과는 놀랄 만한 것이었다.
20년 후 1,500명 중 101명만이 백만장자가 되었다. 그리고 그 101명 중 단 한명을 제외한 100명이 B그룹에서 나왔다.

— 디팩 초프라 연구소 —

내가 바라는 단계별 행복한 노후의 모습은?

| 내가 바라는 단계별 행복한 노후 모습은? |
| 행복한 노후의 목표는? |

단계	달성 목표/모습
1단계 활동 왕성기 (60~75세)	
2단계 자아 성찰기 (76~85세)	
3단계 간병 정리기 (86세~)	

은퇴 후 희망하는 노후의 라이프스타일 그리기

구분(검사)	희망하는 은퇴 후 라이프스타일(달성 모습)
건강 (내가 바라는 건강 상태는?)	
재무 (원하는 노후 생활 수준은? 필요한 자금은?)	
거주지 (어디서 누구와 어떤 집에서 살고 싶은가?)	
부부 관계 (내가 바라는 배우자와의 관계는?)	
자녀 관계 (내가 바라는 자녀와의 관계는?)	
친구 관계 (내가 바라는 친구/반려동물과의 관계는?)	
여가 활동 (무엇을 하면서 시간을 보낼 것인가?) – 취미 – 사회생활 – 자기계발	
봉사 (의미있는 봉사 활동은?)	

내가 바라는 행복한 노후(모습)는?

노후에 달성할 목표와 확언 및 달성 핵심 전략 세우기

노후에 달성할 목표, 확언 & 핵심 전략 정하기

후반기 삶에서 반드시 이루고 싶은 3대 목표는?

가장 간절한 목표 1 선택 → 선택 이유는? / 달성 모습은?(심상화)

목표 달성은 나에게 어떤 의미가 있는가?

확언 (목표 달성 모습을 현재 완성된 상태로 진술)하기

목표 달성을 위해 지금부터 무엇을 해야 하는가?

(달성 방법 20가지 작성 → 핵심 전략 3가지 작성)

노인 실태 현황 (2020년 노인실태조사 결과 요약)

개요	**조사 기간** : 2020년 3~11월 **조사 대상** : 전국 969개 조사구의 거주노인 1만 97명 대상, 면접조사 **조사 내용** : 가족 및 사회적 관계, 건강상태, 경제상태, 여가 및 사회활동 등
경제 상태 및 경제 활동	**소득 변화** : 노인 개인 소득은 계속 증가로 경제자립성이 높아지고 있음 **자산 부채** : 노인가구 96.6%가 부동산 소유, 규모는 2억6,182만원, 금융자산 77.8%가 보유(3,212만원), 부채 27.5%(1,892만원) **소비** : 식비(46.6%), 주거비(22.3%), 보건의료비(10.9%) 순으로 지출 **경제활동 참여** : 65~69세 경제활동 참여율 (55.1%) 계속 증가 **경제활동 실태** : 단순노무직(48.7%), 농어업(13.5%), 서비스(12.2%), 고위임원직(8.8%), 판매종사자(4.7%)의 순이며 41.5%는 주5일 근무를 하며, 47.9%가 월 150만원 이상 근로소득 **경제활동 이유** : 생계비(73.9%), 건강(8.3%), 용돈(7.9%), 시간(3.9%), 고학력, 고소득일수록 능력발휘, 사회기여 등 비경제적 이유, 농어촌(79.9%), 독거노인(78.2%)은 생계비 마련 이유 **노인일자리** : 공익활동(71.9%), 취창업형 사업단(13.9%), 서비스형(5.9%)
건강 및 기능 상태	**주관적 건강 상태** : 좋다(49.3%)가 나쁘다(19.9%)보다 많고 증가 추세, 매우 건강(4.5%), 그저 그렇다(30.8%), 매우 나쁨(2.3%) **우울증상** : 2017년 21.1%에서 2020년 13.5%로 감소, 85세 이상 24%로 연령이 높아질수록 심함, 남자(10.9%), 여자(15.5%)가 높음 **만성질환** : 1개 이상 (84%) 평균 1.9개, 고혈압(56.8%), 당뇨병(24.2%), 고지혈증(17.1%), 골관절염(16.5%), 요통/좌골신경통(10%)순 **건강행태** : 흡연율(11.9%)은 큰 변화가 없고, 과음주율(6.3%)와 영양 개선(8.8%)는 개선되었고 운동실천율(53.7%)는 저하됨 **건강검진** : 수진율은 77.7%로 낮아졌으나 치매검진은 42.7%로 증가함

가족 사회적 관계	**가구형태** : 노인 단독 가구(독거 + 부부가구)가 78.2%로 증가했고 자녀동거가구는 20.1%로 감소, 자녀와 동거를 희망하는 비율도 12.8%로 감소하고 있어 향후 노인 단독 가구의 증가 추세 지속 **단독가구 이유** : 노인의 자립적 요인(건강, 경제, 개인화)에 따라 증가(62%) **자녀 동거 이유** : 기혼자녀와의 동거는 외로움과 노인 수발 등 노인의 필요성(48%), 미혼자녀와 동거는 규범적(38.8%), 자녀의 필요(34%) **사회관계망** : 자녀와의 연락과 왕래는 감소, 친구와 이웃과의 연락은 증가
여가 및 사회 활동	**여가 활동** : 노인의 80.3%가 여가문화활동에 참여, 휴식 활동(52.7%), 취미 오락활동(49.8%), 사회 및 기타활동(44.4%), 스포츠(8.1%)의 순 **휴식 활동** : 산책(37.1%), 음악감상(5.2%), 기타(13.4%), 코로나로 증가 **여가문화시설 이용** : 경로당(28.1%), 노인복지관(9.5%), 사회복지관(6%) **이용현황** : 식사서비스 이용이 경로당(62.5%), 노인복지관(45.9%)로 증가 **사회활동** : 평생교육 참여율(11.9%,9시간/월), 자원봉사(2.9%, 6시간/월) 현재의 삶에서 가장 중요하다고 생각하는 활동은 취미, 여가 활동이 37.7%, 경제활동(25.4%), 친목활동(19.3%), 종교활동(14.1%) **정보화 실태** : 스마트폰 보유(56.4%), 연령이 낮을 수록 활용이 높다
생활 환경	**주거형태** : 자가(79.8%), 아파트(48.4%), 단독주택(35.3%), 다세대주택(15.1%)의 순이며, 83.8%가 건강할 때 현 주거지에 거주 선호 56.5%는 재가서비스를 받으며 현 거주지, 31.3%는 시설 이용 **교통수단** : 71.2%는 외출 시 대중교통 이용, 운전(21.9%) 계속 증가
노후 생활 인식	**연령 규범** : 71.4%가 노인의 연령 기준을 "70세 이상"으로 생각 **좋은 죽음** : 고통 없는 죽음(90.5%),스스로 정리하는 임종(89%) **연명의료** : 85.6%가 무의미한 연명의료 반대 **죽음 준비 및 희망** : 수의, 묘지, 상조회(79.6%), 화장(67.8%)/매장(11.6%)
삶의 만족	49.6%는 삶의 전반에 걸쳐 매우 만족 또는 만족했으며 삶의 영역별 만족은 건강(50.5%), 경제(37.4%), 여가(42.6%)의 순, 배우자 관계(70.9%), 자녀관계(73.3%), 친구/지역사회 관계(58.9%) 만족

당신은 지금 몇 살입니까?

소크라테스의 원숙한 철학은 70세 이후에 이루어졌습니다.
철인 플라톤도 50세까지 학생이었습니다.
르네상스의 거장 미켈란젤로가 시스티나 성당 벽화를 완성한 것은 90세 때였습니다.
파테레프스키는 70세 때도 피아노 연주회를 가졌습니다.

베르디는 오페라 〈오셀로〉를 80세에 작곡했고 〈아베마리아〉를 85세에 작곡했습니다.
미국의 부호 밴더빌트는 70세 때 상업용 수송선 100척을 소유했는데 83세로 죽기까지 13년 동안 1만 척으로 늘렸습니다.
문호 괴테는 대작 〈파우스트〉를 60세에 시작하여 82세에 마쳤습니다.

미국의 현대 화단에 돌풍을 일으킨 해리 리버맨은 사업에서 은퇴하고 장기나 두려던 차에 어떤 아가씨의 충고를 받아들여 단 10주간 그림 공부를 한 후에 그림을 그렸는데 그때가 81세였습니다.
그는 101세에 스물두 번째 개인전을 가졌는데, 평론가들은 그를 "원시적 눈을 가진 미국의 샤갈"이라고 극찬했습니다.

모세는 80세에 하느님의 부름을 받아 민족 해방의 일선에 섰습니다.
피터 드러커는 자신의 인생의 전성기는 90세부터였다고 했습니다.

자신에게 주어진 마지막 순간까지 최선을 다해 살았던 사람들은 결코 후회하지 않았습니다.
닳아 없어지는 것이 녹슬어 없어지는 것보다 낫지 않을까요?

지금 당신은 몇 살입니까? (김태호 수필가/고령신문)

2장

행복한 노후의
출발은 건강부터

1 ── 행복한 노후는 건강한 몸과 마음이 기본

100세 시대에 삶의 질을 결정하는 가장 기본적이고 중요한 요소는 단연코 건강이다. 그래서 옛말에도 그랬다. "돈을 잃으면 조금 잃는 것이요, 명예를 잃으면 조금 더 잃는 것이고, 건강을 잃으면 다 잃어버린 것이다."

그만큼 건강을 지키는 것은 아무리 강조한다 해도 지나침이 없다.

실제로 60세가 넘어가면서부터 사람들이 만나면 건강을 주제로 대화하는 횟수와 양이 급격히 증가한다. 몸이 예전과 같지 않다는 동병상련(同病常鱗)의 공감대가 있기 때문이다. 그러면서 대화는 서로 "9988(99세까지 팔팔하게 살자) 하자"는 덕담으로 마무리한다.

WHO(세계보건기구)는 "건강이란 단지 허약하지 않고 질병이 없는 상태뿐 아니라 신체적·정신적·사회적으로 안녕한 상태"라고 정의한다. 즉, 건강하다는 것은 신체적으로 통증이 없고 제때 식사를 맛있게 하면서 쾌적한 배변을 보며, 정신적으로는 스트레스를 받지 않아 즐거움이 가득 차 충분한 숙면을 취하고, 가정과 사회생활을 원만하게 할 수 있는 최적의 상태를 말한다.

우리는 모두 이 세상에 혼자 왔다가 혼자 간다는 사실을 진솔하게 인정해야 한다. 즉 질병으로 인한 고통과 아픔은 아무도 대신할 수 없다는 것이다. 지금 이 순간 내 몸과 마음의 건강 상태를 스스로 진단해보자.

지금 나의 건강 상태는 어떠한가?		
건강 상태	점수(100점 만점)	점수를 준 이유는?
신체적 상태		
정신적 상태		
사회적 상태		

	2020년 노인 실태 조사(보건복지부 주관, 건강 관련)
주관적 건강상태 평가	• 평소 자신이 건강상태에 대한 평가 - 좋다(49.3%), 그저 그렇다(30.8%), 나쁘다(19.9%)

만성질환 평가	• 1개 이상 만성질환을 앓고 있는 비율은 84%로 평균 1.9개 보유
	• 만성질병 1개(29.2%), 2개(27.1%), 3개 이상(27.8%)
	  - 고혈압(56.8%), 당뇨(24.2%), 고지혈증(17.1%)
	  - 골관절염, 류마티스 관절염(16.5%), 요통 및 좌골신경통(10%)의 순

우울증상 평가	• 우울증상 비율 감소 추세(2008년 30.8%에서 2020년 13.5%) • 남자(10.9%)보다 여자(15.5%)가 높다 • 연령이 높을수록 심해진다 - 65~69세(8.4%), 85세 이상(24%)
건강행태 평가	• 과음주율(2017년 10.6%에서 2020년 6.3%), 영양 개선 필요 비율(2017년 19.5%에서 2020년 8.8%)은 개선됨 • 흡연율은 2020년 11.9%로 큰 변화가 없음 • 운동실천율은 2020년 53.7%로 다소 저하 • 건강검진 수진율은 2017년 82.9%에서 2020년 77.7%로 다소 저하 • 치매검진 수진율은 2017년 39.7%에서 2020년 42.7%로 증가함

2 ─── 노화 현상을 인정하고 받아들이자

노화의 원인 3가지

노화는 시간이 흐름에 따라 생물의 신체기능이 점진적으로 퇴화하는 현상이다. 세포의 노화는 세포가 점차 분열 능력을 잃어가는 것이다. 노화의 특징은 스트레스 대처 능력 저하, 항상성 유지능력 저하, 질병에 걸릴 위험 증가로 나타난다.[1]

　노화는 나이가 들어가면서 누구나 몸속에서 서서히 진행된다. 특정인에게 외부 요인에 의해 갑자기 나타나는 질병과는 다르다.

　그러면 노화의 원인은 무엇일까? 노화의 원인을 알면 노화의 속도도 늦출 수 있을 것이다. 과학자들은 인간의 노화를 초래하는 복잡하고 정교한 메커니즘을 부단히 연구해왔으며, 그 결과 다양한 가설과 이론이 제시되었다. 그 가운데 가장 보편적인 원인은 다음 세 가지다.

1) 위키백과 출처

노화의 원인 3가지	
프로그램 이론	• 노화의 수명은 유전적으로 타고난다. 　- 사람의 유전자 속에 노화와 수명에 관한 모든 정보가 미리 입력되어 진행된 다는 '운명(運命)' 이론 　- 유전자 발현을 인위적으로 조정(후성유전학:Epigenetics)하면 프로그램 된 운명을 어느 정도 조정이 가능하다.
텔로미어 단축 이론	• 텔로미어가 길어지면 다시 젊어질 수 있다. 　- 텔로미어의 남은 길이는 수명을 비교적 정확하게 예측하는 중요 지표로 활용이 가능 　- 텔로미어의 길이를 인위적으로 늘려 수명을 연장시킬 수 있다는 가정하에 많은 연구와 실험이 진행되고 있다.
활성산소 이론	• 활성(유해)산소를 잡으면 노화를 막을 수 있다. 　- 호흡이나 대사과정에서 불완전하게 연소되어 나오는 산소가 과다하게 나오면, 세포의 구성에 손상을 주어 노화가 발생 　- 활성산소를 제거하는 방법은 소식(小食), 자기에게 맞는 꾸준한 운동, 영양제(비타민C, E) 섭취다.

출처: '노화의 3대 비밀을 풀다', 월간 헬스조선 2014년 7월호

노화로 인한 신체적인 변화

노화는 시간의 흐름에 따라 신체기능이 점차 퇴화하는 현상으로, 이로 인해 신체 변화가 일어난다. 따라서 신체의 변화를 자연스럽게 받아들이고 변화의 속도를 늦추기 위한 노력을 병행하여야 한다.

	노화로 인한 신체적 변화
세포의 변화	• 세포가 노화됨으로 죽거나 기능이 저하된다 　- 오래된 세포는 제한된 횟수만큼만 분열을 하고 죽는다 　- 세포가 분열할 때마다 텔로미어의 길이가 짧아진다
감각기관 (눈,귀,코,구강) 변화	• 노화를 제일 먼저 느끼는 것은 눈과 귀 　- 근시, 더 밝은 빛 필요, 색 인지 변화, 안구건조증 발생 　- 고음 소리에 약하고 발음이 잘 이해가 안 되는 노인성 난청 　- 미각 저하, 구강 건조, 잇몸 약화, 치아 마모
피부/모발 변화	• 탄력섬유 배열이 깨지면서 건조하고 거칠어지며 주름 증가 　- 자외선 차단, 물 자주 마시기, 보습제, 실내 습도 유지, 심리적 안정 및 적절한 운동으로 피부 노화 지연 　- 모발은 색소 감소로 하얗게 변하며 얇아져 탄력이 떨어진다
근골격계 변화	• 뼈와 근육량의 감소로 추간판이 얇아지고 척추가 단축 　- 키가 작아지고 허리가 굽는 현상 골다공증 발생 빈도 증가 　- 평형감각이 둔화되면서 골절(주요 사망원인)의 가능성이 높아지며, 퇴행이나 염증으로 만성적인 통증을 야기한다.
심혈관계 변화	• 심장과 혈관의 탄력성이 줄어들고 혈관 내 노폐물 증가 　- 흡연, 지방, 짠 음식, 비만, 좌식, 스트레스, 심리요인을 관리하는 등 규칙적이고 건강한 생활 습관의 유지가 중요
소화기관 변화	• 침의 분비량과 위산 분비가 줄어들어 소화기능 저하 　- 식도 근육 약화, 위장 및 대장에서의 이동 속도 저하(변비)
호르몬 면역 체계 변화	• 내분비선에서 생성된 일부 호르몬의 수치와 활동 감소 • 면역체계가 둔화됨에 따라 자기면역 질환의 저하
뇌 변화	• 뇌 신경세포 수가 일부 감소하나 스스로 보완이 된다

출처 : Richard W. Besdine, MD, Warren Alpert Medical School of Brown University, https://www.msdmanuals.com에서 발췌

3 ── 장수하는 사람들의 공통 습관 6가지

미국 보스턴대 의과대학 연구팀에서 100세 이상 장수하는 사람들을 분석하여 장수하는 비결 7가지를 오버피프티앤피트닷컴을 통해 발표했다. 장수 비결의 핵심은 평소의 생활 습관을 꾸준히 실천하는 것이었다.

(필자가 장수 비결 6가지로 재구성)

신체 활동을 활발하게 한다

신체 활동을 활발하게 하면 맥박수가 올라가고 혈액 순환이 잘 되며 체온이 올라감으로써 신진대사가 활발해진다. 이로 인해 기분이 좋아지고 근육과 뼈의 건강은 물론 균형 감각을 향상시킨다. 신체 활동을 하면 즉시 효과가 나타난다.

의학의 아버지로 불리는 히포크라테스는 건강에 관한 최고의 명언을 남겼다.

"지나친 모든 것은 자연을 거스르는 행위다. 우리 삶에서 가장 귀한 것은 건강이다. 최고의 운동은 걷기이고 최고의 약은 웃음이다."

자신에게 맞는 운동을 즐겁고 꾸준하게 하는 것이 장수의 핵심 비결이라는 것이다.

나이를 먹으면서 자연스럽게 신체의 노화가 찾아온다. 이로 인해 신체 활동이 줄어들게 되고 계속 사용을 안 하다 보니 근력의 감소로 갈수록 움직이기 힘들어지는 악순환의 고리에 빠질 수 있다. 따라서 운동을 생활 습관으로 만들어 꾸준히 하는 것이 중요하며, 꾸준하게 지속하기 위해서는 즐거운 마음으로 할 수 있어야 한다.

장수하는 사람들은 강도 높은 운동보다는 그저 동네를 걷거나 가벼운 체조나 스트레칭, 요가 등 하루 30분 이상은 반드시 규칙적으로 신체 활동을 했다. 이 과정에서 소일거리를 찾아 하면서 보람을 느끼고, 다른 사람들과 함께 대화하는 것을 즐거워했다. 혼자보다는 사람들과 함께하는 것 자체를 좋아하며 이러한 관계 증진이 신체 활동을 지속하는 활력소가 되었다.

적어도 7시간 이상 푹 잔다

옛날부터 '잠이 보약'이라고 했다. 실로 그렇다. 활동하면서 긴장했던 근육이 잠자는 동안 충분하게 이완이 되며 내부 장기들도 휴식을 취하게 된다. 잠은 이와 같이 신체를 회복시키며, 신체 활동에 필요한 에너지를 보존한다.

또 우리 몸에 필요한 호르몬을 분비하고 기억을 저장하는 역할도 한다. 잠은 신체뿐 아니라 마음도 휴식을 취하게 한다. 괴롭기만 했던 고민과 기억은 잠시 중단되고, 꿈을 통해 욕구를 발산하기도 한다. 따라서 장기간 제대로 된 숙면을 취하지 못하게 되면 고혈압, 당뇨병, 뇌졸중 같은 질환의 위험이 높아지고 비만도 유발한다. 수면이 부족하면 뇌를 손상시켜 알츠하이머 치매 등을 유발시키는 등 신체적·정신적으로 심각한 문제가 발생한다.

대개 나이가 들면 잠이 없어진다고 하소연한다. 나이가 들수록 수면 유도 호르몬인 멜라토닌의 분비가 일찍 끊기기 때문이다. 또 수면을 방해하는 만성통증, 과민성 방광, 우울증, 불안장애, 수면무호흡증 같은 질병이 노년기에는 더욱 증가하기 때문이다. 노년기에는 불면증을 치료하기 위해 무작정 수면제를 복용하는 것은 문제를 더욱 악화시킬 수 있기 때문에 불면의 원인을 잘 파악한 후 전문가를 통한 상담과 치료를 병행하는 것이 바람직하다.

그러면 어떻게 하면 불면증을 극복하고 양질의 꿀잠을 잘 수 있을까? 꿀잠을 자기 위해서 가장 먼저 해야 할 것은 숙면을 취할 수 있도록 생활 습관을 개선하는 것이다. 일단 잠자는 시간과 기상하는 시간은 항상 규칙적이어야 한다.

그리고 잠자기 전에는 야식 및 과식을 피하고 충분한 수분을 섭취하며 수면에 도움이 되는 우유, 바나나, 양파 등을 먹는 것이 좋다.

저녁에 잠을 유도하는 호르몬인 멜라토닌 분비가 일어나도록 오전 (10~12시 사이 15분 정도)에 햇볕을 쬐어준다. 가능한 한 낮잠은 피하는 것이 좋지만, 자더라도 15~20분 이내로 제한하는 것이 좋다. 규칙적인 운동은 수면에 도움을 주지만, 잠자기 전 과도한 운동은 오히려 숙면을 방해한다. 잠자기 전에 따뜻한 물로 반신욕을 하면 숙면에 도움을 준다.

최근 많이 사용하는 스마트폰, 노트북, TV에서 나오는 블루라이트(Blue Light, 화면의 선명도를 높이기 위한 목적으로 사용하는 380~500nm(나노미터)의 가장 강한 파란색 계열의 빛으로 장기간 노출 시 망막 손상을 일으킴)는 뇌가 햇빛으로 인식해 수면을 방해하므로 이를 사전에 제거하는 등 수면 환경을 개선해야 한다.

인간의 적정 수면 시간은 저마다 조금씩 차이가 있겠지만, 수면 전문가들은 대개 7시간 정도라고 한다. 장수 노인들도 최소 6시간을 푹 잤다

건강한 수면을 위한 십계명

1. 수면과 기상 시간을 항상 규칙적으로 한다.
2. 잠자리에 소음을 없애고, 온도와 조명을 안락하게 한다.
3. 낮잠은 피하고 자더라도 15분 이내로 제한한다.
4. 낮에 40분 동안 땀이 날 정도로 운동을 한다.(늦은 밤 과한 운동은 도리어 수면에 방해가 된다.)
5. 카페인이 함유된 음식, 알코올, 니코틴은 피한다.(술은 일시적으로는 졸음을 촉진하지만, 역효과가 난다.)
6. 잠자기 전 과도한 식사를 피하고 적당한 수분을 섭취한다.
7. 수면제의 일상적 사용을 피한다.
8. 과도한 스트레스와 긴장을 피하고 이완하는 것을 배운다.
9. 잠자리는 수면과 부부 생활을 위해서만 사용한다.(잠자리에 누워서 책을 보거나 TV 보는 것을 피한다.)
10. 잠자리에 들어 20분 이내 잠이 오지 않으면, 잠자리에서 일어나 이완하고 있다가 피곤한 느낌이 들 때 다시 잠자리에 든다.(잠들지 않은 채 잠자리에 오래 누워 있으면 오히려 과도한 긴장을 유발하여 더욱 잠들기 어렵게 만든다.)

출처: 대한수면연구학회

고 하는 것과 일치한다. 숙면을 하여 장수를 하고 싶다면 아래 '건강한 수면을 위한 십계명'을 잘 지키고 실천해야 할 것이다.

소식을 한다

소식(小食)은 장수 방법 중 현재까지 알려진 가장 확실한 방법이다. 그동안 수많은 동물 실험에서도 수명 연장은 증명되었고 사람을 대상으로도 그 효과는 입증되었다. 미국 루이지애나 연구팀이 조사한 결과를 보면 적게 먹는 사람들은 인슐린 수치가 낮고 DNA 손상도 적었다. 소식과 장수의 연결고리는 세포의 반응 때문이다. 식사량이 적어지면 생존의 위기감을 느낀 세포들은 재생에 쓰던 에너지를 유지 및 보수하는 쪽으로 투입하기 때문에 세포 소멸이 줄어들고 이는 곧 수명 연장으로 이어진다.

100세 한의사로 유명하신 선생님이 TV에 나온 적이 있다. 100세인데도 불구하고 정정한 모습으로 환자를 진료하는 모습은 매우 인상적이었다. 100세 한의사의 장수 비결은 소식과 산책 그리고 마음의 평안이었다. 이와 같이 전 세계 장수하는 사람들의 유일한 공통점은 소식을 한다는 것이다. 그만큼 과식(過食)은 건강에 좋지 않다.

사실 우리의 위는 많이 먹으면 점점 팽창하여 그만큼의 식사량이 안 되면 상당한 공복감이 느껴진다. 반면, 조금씩 먹는 양을 조절하다 보면 천천히 위의 크기도 작아지고 어느새 적은 양의 식사로도 충분히 포만감을 느낄 수 있게 된다.

처음에는 조금 힘들고 적응하기 쉽지 않으나 아주 쉬운 것부터 실천하다 보면 어느덧 습관으로 자리 잡게 된다. 건강을 지키는 방법은 아주 간단하다. 중요한 것은 간단한 것을 지속하여 실천하는 것이다. 장수하는 사람들의 공통점도 결국은 좋은 생활 습관을 매일 규칙적으로 실천했다는 것이다.

소식을 위한 가장 좋은 실천 방법으로는 식사 전에 과일이나 물을 마셔 미리 포만감을 갖는 것, 입에 넣은 음식을 30번 이상을 씹어서 삼키는 것이다. 30번을 씹으면 포만감을 느껴 적게 먹을 뿐만 아니라 소화기관의 부담을 덜어줌으로써 몸도 가벼워지고 상쾌하게 생활할 수 있다.

긍정적 태도가 충만하다

긍정적 태도는 성공한 사람들의 공통적인 특징이기도 하지만 장수하는 사람들의 특징이기도 하다. 미국 듀크대 의대 정신과 연구팀이 노스캐롤라이나 대학에 입학한 6,958명을 대상으로 40년간 추적 조사한 결과, 긍정적인 태도를 가진 2,319명은 부정적인 2,319명에 비해 평균 수명이 42% 더 길었다. 또 예일대 연구팀이 발표한 논문에서도 긍정적인 사람은 부정적인 사람보다 7.5년 더 오래 사는 것으로 나타났다.

호주 퀸즐리 대학 연구팀은 65~90세 노인 50명을 대상으로 2년간 삶의 태도와 수명에 관해 연구한 결과 긍정적인 태도가 면역 기능을 향상시켜 수명을 늘릴 수 있다는 것을 밝혀냈다. 긍정적인 정보에 집중하는 노인은 스트레스 상황을 관리하는 능력이 뛰어났으며, 주변 사람들과도 긍정적인 관계를 갖는 것으로 나타났다.

연구를 주도한 엘리스 칼로케리노스 박사는 이렇게 강조한다. "대부분 사람은 노년기를 우울하고 어둡게 생각하는 경향이 있지만 즐겁고 건강하게 장수하기 위해서는 긍정적인 태도로 바꾸어야 한다."

보스턴 의과대학과 하버드 보건대학원 등이 수십 년간 연구한 결과에 따르면 항상 긍정적인 마음을 갖는 낙관주의자는 그렇지 않은 사람보다 11~15% 더 오래 살 뿐만 아니라 85세 이상까지 장수할 가능성도 50~70% 더 큰 것으로 나타났다.

긍정적인 태도는 스트레스 호르몬인 코르티솔의 수치를 낮춰 알츠하이머병, 면역성 질환, 심혈관 질병 등에 걸리는 확률을 낮추는 효과를 냈으며, 청력 소실과 같은 노인성 질환 발병률을 낮추기도 했다. 따라서 긍정적인 태도야말로 장수의 핵심 요소다.

사람들과 소통하고 교류한다

TV 프로그램 〈장수의 비밀〉에서 손악이라는 노인의 장수 비결에 대해 방영한 적이 있다. 손악이 노인은 103세에도 불구하고 평생 해왔던 농사를 아들과 함께 정정하게 하는 모습이 나온다. 실로 놀랍다.

손악이 노인의 일과를 살펴보면 실제 장수의 비결이 무엇인지에 대한 시사점을 주는 장면이 나온다. 바로 그것은 할아버지가 많은 사람들과 즐겁게 교류한다는 것이다.

아침부터 딸의 도움을 받아 깔끔하게 차려입고 나와서 사람들이 많이 오는 공원으로 간다. 아침 10시부터 오후 5시까지 공원에서 보내는 데, 할아버지는 사람들에게 먼저 말을 건네며 즐겁게 대화를 나눈다. 처음 사람들과의 대화가 끝나면 다시 다른 사람들과 대화하기 위해 이동한다. 즉 사람들에게 본인이 먼저 적극적으로 다가가 말을 터서 대화하고 교류하는 것이 장수의 비결이었다.

전문가들은 사람들과 대화하고 교류하면서 말을 한다는 것은 입을 움직이면서 동시에 시각, 청각 등의 오감을 통해 뇌를 쓰는 것이기 때문에 노화를 확실하게 예방하는 방법이라고 한다. 또 사람들과 대화를 하면서 본인의 감정 상태를 충분하게 풀어내기 때문에 이를 통해서 만병의 근원인 스트레스에서 해방이 되면서 노화를 억제하는 효과도 있다고 평가한다.

행복의 비밀에 대해 하버드대학교에서 75년 동안 조사한 결과도 역시 좋은 사회적 관계를 잘하는 사람이 행복하게 사는 것으로 나타났다. 행복하게 오래 살려면 친구나 사랑하는 사람들과 정기적으로 접촉을 하는 것이 필요하며 이를 위해 외부에 있는 기관의 시설과 프로그램에 적극 참여하고 활용하면서 새로운 사람들과 적극적으로 교류하는 것이 무엇보다 중요하다.

사소한 일에 구애받지 않고 즐겁게 보낸다

매사에 예민한 사람들은 스스로 심신을 상하게 하기 때문에 스트레스가 누적되어 건강을 해친다. 나이가 들수록 주변에서 벌어지는 상황에 둔감해져 가는 것은 본인의 수양 노력도 있겠지만, 세월의 경험으로 쌓인

연륜과 내공도 한몫하리라 본다.

장수 노인들은 고민거리를 마음속 깊이 숨겨두거나 고민 때문에 밤새 뒤척이면서 소중한 수면을 해치는 일 따위는 하지 않는 것으로 나타났다. 어떠한 상황에서도 되도록 스트레스를 받지 않으려고 노력하면서, 나아가 자기만의 방식으로 스트레스를 해소하는 방법을 모두 갖고 있었다.

가벼운 산책이나 요가, 명상 등 그저 잠시라도 하던 행동을 멈추고 허공을 바라보며 몇 분간 깊게 숨을 쉬는 것만으로도 스트레스가 감소되고 기분은 곧 회복된다.

또 가족 및 사회와의 관계를 중시하여 되도록이면 함께 식사하고 대화를 나누며 시간을 보낸다. 외로움과 고독은 장수하는 데 커다란 걸림돌이다. 주로 대가족이 모여 함께 식사하는 모습은 장수 노인이 많은 지역에서 일반적으로 나타난 공통된 현상이었다. 그러나 비싼 재료로 만든 맛있고 영양가가 높은 음식이라 하더라도 즐거운 마음으로 식사를 하지 않는다면 오히려 몸에 독으로 작용할 수 있다. 따라서 주변에 좋은 사람들과 함께 즐겁게 먹는 것이 중요하다. 아울러 매사에 긍정적인 마인드로 본인의 건강에 대해서도 스스로 신뢰감을 갖고 노력할 필요가 있다. 장수 노인들은 사소한 일에 구애받지 않고 하루하루를 사랑하는 주변 사람들과 명랑하고 즐겁게 보낸다.

수명 연장하기

1~3년 연장하기	독일과 오스트레일리아 공동 연구팀의 연구에 따르면 중간 강도 이상의 심장 강화운동을 주 5회 30분씩 하는 사람들은 최소 1년에서 최대 3년까지 수명이 늘어난다. 달리기처럼 심장을 단련하는 운동이 심장 관련 질환을 예방하기 때문이다. 만약 달리기가 적합하지 않다고 판단된다면 매일 30분씩 산책을 하는 것도 좋은 방법이다. 꾸준한 산책만으로도 심장마비 위험률이 절반으로 줄어든다.
2년 이상 연장하기	몸을 쓰는 운동뿐 아니라 뇌 세포를 활성화하는 머리 운동 역시 수명을 연장하는데 도움이 된다. 일생 동안 공부한다는 마음가짐으로 머리를 꾸준히 사용하면 2년 이상의 수명이 추가 연장된다. 전문가들에 따르면 독서, 퍼즐, 스도쿠(數獨,Sudoku)처럼 두뇌를 지속적으로 자극하는 활동을 하는 것이 좋다.
4년 이상 연장하기	〈영국의학저널〉에 실린 논문에 따르면 건강한 식단도 수명을 늘리는 비결이다. 매일 아몬드와 다크 초콜릿 한줌, 채소, 과일, 마늘, 생선, 와인 한 잔을 먹으면 여성은 평균 4.8년, 남성은 평균 6.6년의 수명이 늘어난다는 것이 연구팀의 설명이다. 이러한 음식들은 강력한 항산화제와 항염증제로 작용하는 오메가-3 지방산과 식이섬유를 비롯한 다양한 영양성분이 풍부하게 들어 있어 심장질환의 위험률을 76%나 떨어뜨린다. 또 몸에 해로운 콜레스테롤과 지방 섭취량이 줄어들고 전체적인 섭취 칼로리도 낮아져 암의 위험률도 떨어뜨린다.
2~8년 연장하기	흡연을 하던 사람이 금연을 하면 수명이 2~8년 정도 상승한다는 연구 결과가 있다. 〈미국공공보건 저널〉에 실린 이 연구에 따르면 나이가 젊을수록 금연 효과도 확실하게 나타난다. 가령 35세의 여성 흡연자가 금연을 실천하면 평균 6.1~7.7년 수명이 연장되는 효과를 기대할 수 있다.

〈출처: http://ctile237.ut.daum.net〉

4 ─── 장수하는 생활 습관 갖추기

죽음을 부르는 생활 습관병

생활 습관병은 식습관, 운동습관, 음주, 흡연 등과 같은 나쁜 생활 습관 때문에 발생하는 질병으로 고혈압, 고지혈증, 당뇨병, 심장병, 비만, 동맥경화증, 뇌졸중, 암 등이 대표적이다. 건강에 영향을 끼치는 3대 요인은 타고난 유전인자, 주변의 환경적 요인, 생활 습관이다. 이 중 내 힘으로 통제할 수 있는 유일한 것은 생활 습관이다.

생활 습관병은 잘못된 생활 습관의 누적으로 생긴 병이기 때문에 독한 마음으로 생활 습관을 개선하지 않으면 평생 질병으로 고생해야 한다.

생활 습관 개선 방법

생활 습관병을 방치하면 치명적인 질병으로 발전하기 때문에 행복한 노

고혈압

- 측정 혈압이 적어도 2회 이상 140/90mmHG 이상이 되면 고혈압이라고 한다.
- 수축기 기준 고혈압 전단계(120~139), 1단계 고혈압 (140~159), 2단계 고혈압(160 이상)
- 대부분 증상이 없어 '침묵의 살인자'라고도 한다.
- 고혈압이 지속되면 합병증으로 발전하여 치명적이 될 수 있다.
- 혈압은 나이가 들수록 높아지며 60세 이상 인구의 약 70%가 고혈압을 가지고 있다.
- 고혈압의 원인을 보면 가족력, 노화, 잘못된 식습관, 운동 부족, 과다한 염분 섭취, 스트레스, 비만, 흡연 등이 꼽힌다.
- 가족력과 노화를 제외하면 본인의 의지에 따라 생활 습관의 개선에 따라 충분히 조절할 수 있다.
- 생활 습관 개선을 통해 조절을 잘하면 심장병, 뇌졸중, 콩팥 질환 등을 예방할 수 있다.

당뇨병

- 정의: 높은 혈당 수치가 오랜 기간 지속되는 대사질환군을 말한다.
- 원인: 췌장이 충분한 인슐린을 만들어내지 못하거나 몸의 세포가 만들어진 인슐린에 적절하게 반응하지 못하는 것(95% 제2형 당뇨병)
- 발생: 유전, 식생활(고열량, 고지방), 비만, 운동 부족, 스트레스 등 생활 습관
- 공복 시 당뇨병 진단 기준(혈당,mg/dl): 정상(100미만), 전단계(100~125), 당뇨병(126이상)
- 증상: 갈증, 소변의 양 횟수 증가, 과식, 전신 나른, 피로, 눈이 침침, 손발 저림
- 합병증: 시력 장애, 협심증, 뇌졸중, 신장 기증 장애(신장 투석)
- 치료 방법: 식이 요법과 운동 요법을 통한 적정 체중 유지, 약물 요법
- 식사 후 30분 후에 30분~1시간을 규칙적으로 걸으면 효과가 좋다.

고지혈증

- 정의: 혈액 속에 지방 성분이 높은 것.
- 원인: 잘못된 생활 습관(지방 위주의 식단, 운동 부족, 비만, 과음, 흡연 등)
- 증상: 자체로는 특별한 증상이 없으나 합병증 발생 시 증상 발생
- 합병증: 혈관 내 콜레스테롤 침착되어 혈류 감소(협심증, 심근경색, 뇌경색)
- 진단/검사: 총 콜레스테롤(180미만), 중성지방(150미만), LDL(100미만), HDL(40~50미만)
- 치료: 생활 요법(식이 요법 및 운동 요법)을 기본으로 하고, 필요 시 약물 요법 시행
- 예방
    - 식이: 동물성 지방, 콜레스테롤이 많은 음식 회피, 식이섬유 풍부한 음식 섭취
    - 운동: 일주일에 3회, 30분 ~ 1시간씩 유산소 운동 실시

후를 보내기 위해서는 당장 오늘부터라도 실천해야 한다.

건강은 유전 30%, 식습관 30%, 운동 30%, 기타 환경 및 사고 등 10%로 구성되어 있다. 그러나 40대가 지나면서부터는 유전인자는 별로 영향을 주지 않는다고 한다. 따라서 40대 이후부터는 무엇을 어떻게 먹느냐와 어떻게 운동하느냐 하는 습관이 건강을 지키는 핵심 포인트다.

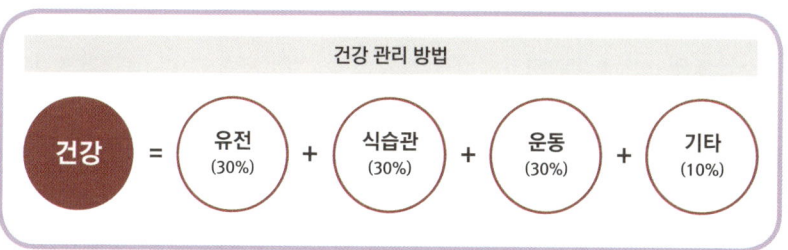

무엇을 어떻게 먹을 것인가?

물

건강 관리를 위해 무엇을 해야 할까? 운동, 금연, 다이어트를 꼽는 사람이 많을 것이다. 그러나 '충분한 물 섭취'가 1위로 나온 여론조사가 있다. 미국 해리슨 여론조사기관이 미국 성인 2,021명 대상으로 "새해 건강 관리를 위해 무엇을 할 것인가?"라고 질문한 결과 72%(1위)가 "물을 충분히 섭취할 것"이라고 응답했다. 2위는 몸에 좋은 음식 먹기(66%), 3위는 운동(62%)이었다. 그만큼 건강을 위해서 물 마시기가 가장 중요하다는 것이다.

우리 몸은 80% 정도가 물로 구성되어 있다. 성인 기준으로 하루에

2리터 이상을 먹는 것이 좋고, 목이 마르다고 느낄 때 자연스럽게 마시는 것도 좋다.

공복에 마시는 물은 최고의 보약이다

- **물을 마시면 좋은 점**
  - 몸의 신진대사를 원활하게 한다.
  - 해독작용으로 노폐물을 배출한다.
  - 체중을 줄이는 데 효과적이다.
  - 생리통을 개선시키며 충치를 예방한다.
  - 변비 예방에 도움을 준다.
  - 혈액 순환을 좋게 만든다.
  - 산소 공급을 원활하게 하여 몸의 피로를 풀어준다.
  - 피부를 촉촉하게 해준다.

- **어떻게 얼마나 마실 것인가?**
  - 아침에 일어나자 마자 2잔 이상을 마신다. "공복에 마시는 물은 최고의 보약이다" 밤 사이 탈수된 각종 장기에 수분을 공급함으로써 변비는 물론 비만, 피부염, 무기력, 고혈압 등 각종 만성질병이 치료되고 육체적 활력은 물론 두뇌도 활발하게 움직이기 시작한다.
  - 식사 30분 전에 마시는 물 한 잔은 포만감을 주어 다이어트에 도움을 줄 수 있다.
  - 식사 전이나 식사 직후에는 소화가 안될 우려가 있으니 물을 마시지 않고 식사 후 30분부터 물을 마신다.
  - 운동 전/후 수시로 마신다.
  - 목욕하기 전 물 한 잔은 혈압을 낮추어준다.
  - 자기 전 물 한 잔은 심장병, 뇌졸중을 예방하여 준다.

출처: K-water / 맛있는 수다

소식하기

장수하는 사람들의 중요한 공통점은 소식(小食)을 한다는 것이다. 과식(過食)은 비만을 불러오고 비만은 온갖 생활 습관병인 고혈압, 고지혈증, 뇌졸중, 심근경색, 당뇨병 등의 원인이 되기 때문에 철저하게 관리해야 한다.

그러나 과식이 좋지 않은 줄 잘 알면서도 현대인의 생활 환경에서는 과식할 수밖에 없는 유혹이 너무도 많다. 각종 회식은 위장을 쉬지 못하게 하고, 하루의 스트레스를 푼다며 마시는 딱 한 잔의 술이 열 잔, 스무 잔이 된다. 야근한다는 핑계로 먹는 밤참은 간식이 아닌 진수성찬이다. 최근에는 코로나로 인한 재택근무 등으로 인해 '확찐자'(코로나로 인해 확실하게 살이 찐 사람을 빗댄 은어)가 많이 늘어난 것으로 나타났다. 이처럼 우리 주위에는 과식을 부추기는 숨은 적이 곳곳에 도사리고 있다.

다이어트도 '평생 다이어트'가 해답이다. 우리의 몸은 신비스러워 정해진 시간에 영양분을 공급해주지 않으면 바로 지방 축적 모드로 전환한다. 또 급격한 식이조절 후에 이를 지속하지 않으면 바로 요요현상이 일어나고, 이러한 다이어트를 수차례 반복하다 보면 초고도비만(체질량지수 BMI가 35 이상)이 되기 십상이다.

소식이 좋다지만 일시적이거나 널뛰듯 해서는 별 효과가 없다. 가장 효과가 확실한 방법은 평생 꾸준히 소식을 실천하는 것이다.

구체적으로는, 식사를 할 때 80% 정도의 포만감이 들면 숟가락을 놓는 것을 습관화해야 한다. 또 식사 30분 전에 미리 물을 마셔 어느 정도 포만감을 채운 다음에 식사를 하되 입에 넣은 음식은 30번 이상 꼭꼭 씹어서 삼키는 것이다. 음식을 30번 이상 씹으면 포만감을 빨리 느껴 적게 먹을 뿐만 아니라 위장과 췌장에 부담을 덜어주고 소화도 잘 되어 몸이 가벼워진다.

아울러 사랑하는 사람들과 대화를 하면서 음식을 하나씩 천천히 맛을 음미하면서 충분한 여유를 갖고 식사를 하는 것도 노후에만 누릴 수 있는 행복이 아닐까?

균형 있는 식사와 영양의 중요성

우리 몸에 꼭 필요한 5대 필수 영양소에는 탄수화물, 단백질, 지방, 비타민, 무기질이 있으며 이 영양소를 균형 있게 섭취해야 건강해진다. '하버드대학 음식 피라미드'처럼 5대 필수 영양소를 균형 있게 섭취하는 것이 무엇보다 중요하다.

탄수화물: 우리 몸의 주된 열량 공급원으로서 우리 몸에서 소비되는 열량의 50~90%가 탄수화물이므로 하루 열량의 60~80%를 섭취하는 것이 좋다. 백미보다는 현미와 잡곡을 섞어 먹는 것이 좋으며 밀가루는 과하지 않도록 한다.

단백질: 건강한 신체와 생명을 유지하기 위해 필요한 호르몬과 효소 등의 항체 형성에 중요한 영양소이며 신체의 골격과 근육 유지를 위해서도 꼭 필요하다.

지방: 우리 인체의 주요 에너지원이며 체온 유지, 외부충격으로부터 내장을 보호하는 세포막을 구성하는 것을 담당하는 영양소이다. 그러나 포화지방산을 너무 많이 섭취하면 심장병, 동맥경화증, 뇌졸증 등을 유발하기 때문에 적당히 섭취하는 것이 좋다.

비타민: 우리 인체에서 대사작용을 포함하여 생리작용을 하는 데 꼭 필요한 중요한 영양소이며 신체의 골격과 근육 유지를 위해서도 꼭 필요하다.

무기질: 칼슘과 철분이 포함된 영양소인 무기질은 신체의 뼈와 치아 등에 중요한 역할을 하며 체내 수분 함량 조절과 호르몬 구성의 성분 등으로 중요한 영양소이다.

현재의 건강은 지금까지
내가 살아온 나의 생활 습관의 결과다.
건강을 해치는 잘못된 생활 습관을 바꾸지 않는
한 결코 무병장수할 수 없다.
호흡, 식사, 운동, 마음 등 건강의 필수 요소가
균형을 이루도록 실천할 때
비로소 병 없이 오래 살 수 있다.

건강과 균형 잡힌 영양

● 건강수명과 영양

우리나라 기대수명은 세계 최고를 다툴 만큼 늘었지만, 건강수명은 그다지 늘지 않았다. 그래서 무병장수(無病長壽)에 빗대 유병장수(有病長壽)라는 말이 유행하는지도 모르겠다. 2019년 기준 한국인의 기대수명은 82.7세로, OECD 국가 평균인 80.7세보다 2세나 길다. 하지만 건강수명은 64.4세에 불과하여 2012년 이후로 건강수명과 기대수명의 격차가 더 벌어지고 있다. 한마디로 65세가 넘으면 건강한 생활이 어렵다는 의미다. 그렇다면 100세 시대가 무슨 의미가 있겠는가? 30여 년을 골골하다 가야 하니 그건 차라리 현대의학의 저주다. 저주가 축복이 되려면 사는 날까지 건강하게 살다 가야 한다. 기대수명에 비례해 건강수명을 늘리는 것이다.

건강수명을 늘리기 위해서는 노화만큼 '노쇠'에도 관심을 가져야 한다. 노화는 나이가 들면서 신체 구조와 기능이 젊은 시절보다 저하되는 것이고, 노쇠는 일상생활이 어려울 정도로 체력, 지구력, 생리적 기능이 떨어진 상태를 말한다.

전문가들은 한결같이 노쇠를 예방하거나 늦추려면 마음을 평안하게 다스리기, 강한 치아 만들기, 영양을 골고루 섭취하기(균형 있는 영양 섭취), 금연하기, 만성 질환 관리하기, 사람들과 활발하게 어울리기, 꾸준하게 운동하기 등을 실천해야 한다고 입을 모은다.

그 가운데 '균형 있는 영양 섭취'는 모든 건강 관리의 핵심이지만, 특히 노후의 건강 관리에서는 핵심 중의 핵심이다. 나이가 들면 치아가 흔들리고 침 분비량이 줄면서 연한 음식을 주로 먹게 되지만, 근육을 만드는 데 필요한 단백질과 뼈 건강에 좋은 칼슘이 함유된 음식물은 여러 번 씹어야 한다. 나이가 들수록 영양성분을 골고루 섭취하기가 힘든 이유다. 그래서 노인들을 겨냥한 건강기능식품이 쏟아져 마케팅 경쟁이 뜨겁다. 심지어 만병통치약으로 착각하도록 교묘하게 선전하는 보조식품도 꽤 있지만, 만병통치약은 없다. 더구나 그저 보조식품일 뿐이니, 신비한 영약이라도 되는 양 현혹되어 바가지를 쓰는 일이 없어야겠다.

우리나라는 몇십 년 전만 해도 대체로 너무 가난해서 영양의 균형 섭취는 고사하고 끼니를 때우기도 힘들었다. 당연히 전체적인 영양이 결핍될 수밖에 없었다. 그래서 국민 대부분이 영양실조 상태였다.

빈곤으로 인해 총열량 섭취량이 절대적으로 부족했을 뿐더러 열량을 구성하는 영양소 구성비율도 탄수화물이 80% 이상, 지방이 10% 미만, 단백질이 15% 미만으로, 영양 섭취가 당질에 치우쳤다. 비타민과 무기질 등 미량의 영양소 결핍은 당시 거의 모두가 겪는 바여서 그에 따른 질환도 많고, 면역 기능의 약화에다 불량한 위생 환경까지 겹쳐 평균수명도 매우 낮았다.

그러다 1980년대 들어 눈부신 경제성장에 따라 국민 생활이 풍요로워졌다. 자연히 영양 상태가 급격히 좋아졌는데, 이제는 영양과잉으로 비만이 문제가 될 정도였다. 이때부터는 영양소의 불균형이 문제로 떠올랐다. 3대 영양소 비율이 이상적인 수준에 도달했다지만, 아직 모든 영양소가 골고루 충족되지는 못하고 일부 영양소는 섭취량이 권장량에 미달하고, 일부 영양소는 과잉이어서 문제다.

- 인체 건강과 영양소

인체의 건강은 두 가지 면에서 살펴볼 수 있다. 첫째는 생리적인 건강이다. 필수영양소가 인체 내에서 원만히 상호관계를 맺음으로써 유지되는 건강을 말한다. 이런 관점에서 보면 "먹는 것이 바로 그 사람"이다. 둘째는 심리적인 건강이다. 개별적·사회적·문화적 요인을 고려해야 하는 건강을 말한다. 생리적 건강과 심리적 건강은 밀접하게 관련되어 있으므로, 영양을 섭취할 때도 그런 사정을 깊이 고려할 필요가 있다.

영양학에서 분류하는 영양소는 5대 영양소로, 탄수화물·지방·단백질·무기질·비타민이다. 종종 이에 물을 더하여 6대 영양소로 분류하기도 한다. 이런 분류의 근거는 영양소 각각의 신체 내 기능과 물질 자체의 화학적 구조 및 특성의 유사성을 고려한 것이다.

탄수화물은 신체 내에서 열량을 공급해주는 기능을 하는 탄소·수소

·산소로 구성된 물질이다. 지방도 탄소·수소·산소로 구성되어 있고 신체 내에서 열량을 공급해주지만, 탄수화물과의 화학적 유사성에도 불구하고 유기용액에 녹고 물에 녹지 않는 성질을 가졌다.

단백질은 신체 내 열량을 공급하는 기능 외에 신체를 구성하는 물질로 작용하며, 탄소·수소·산소에 질소와 때로 유황을 함유하는 물질이다.

비타민은 신체 내 기능을 하는 데에 극히 소량이 필요다. 열량공급원은 아니지만, 열량을 공급하는 영양소들이 체내에 이용될 때 조절물질로 작용한다. 또 유기물질로서 신체 내에서 이루어지는 각종 효소작용에 조효소로도 쓰인다. 하지만 몸속에서 합성되지 않으므로 반드시 외부 섭취를 통해 조달해야 한다. 비타민은 물에 녹는 수용성 비타민과 지방에 녹는 지용성 비타민으로 크게 나눈다.

무기질은 양적으로 볼 때 신체가 비교적 다량을 요구하는 다량무기질과 극미량을 요구하는 미량무기질로 분류된다. 무기질은 비타민과 유사하게 신체 내에서 조효소로 기능하며, 신체의 골격 및 체조직을 구성하는 물질이다.

이런 영양소를 필요한 양만큼 골고루 섭취하기 위해서는 무엇보다 식습관이 중요하다.

먼저 앞에서 6대 영양소로 꼽은 물을 잘 챙겨먹어야 한다. 나이 들수록 체수분량이 감소하므로 하루 10잔 가까이 수분을 섭취하면 좋다.

곡류 섭취를 보면, 우리는 밥 위주의 식사를 해서 부족하지는 않지만, 쌀밥보다는 콩밥이나 잡곡밥 위주로 먹는 것이 대사증후군 예방에 도움이 된다. 그 밖에도 면이나 밀가루 음식을 너무 많이 먹지 않

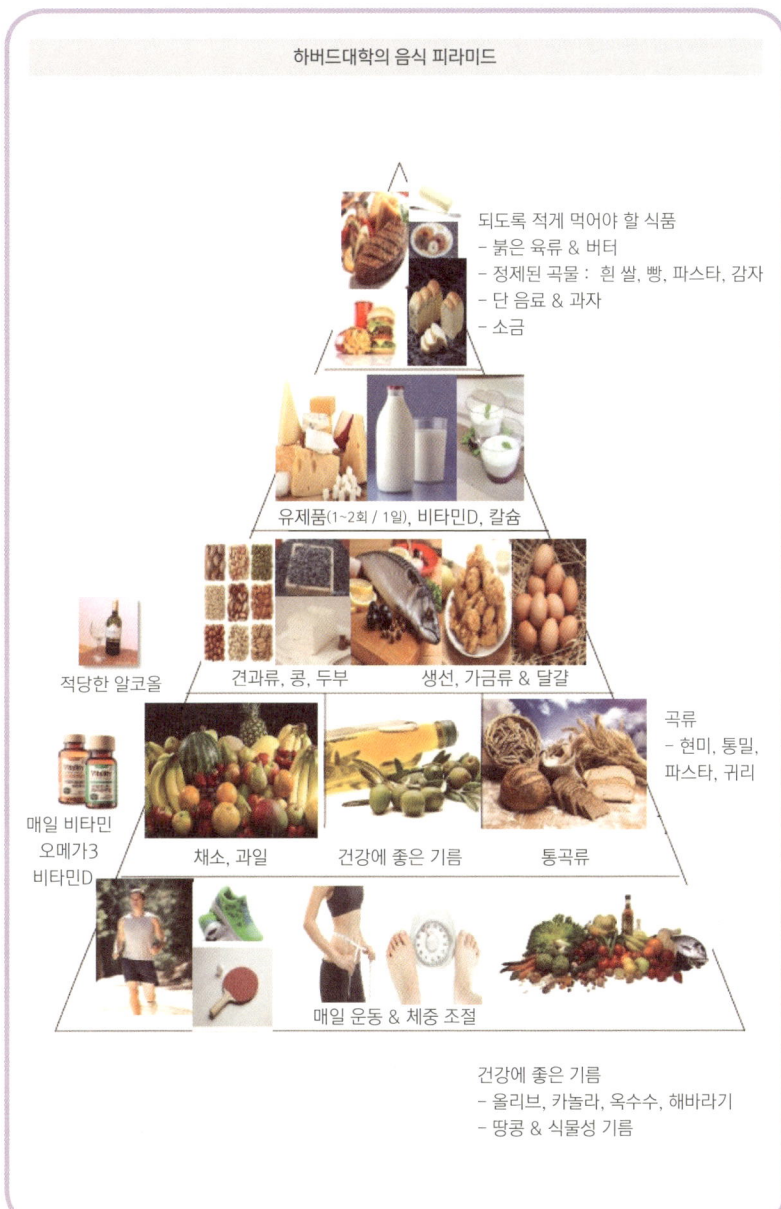

는 것이 좋다.

채소류는 하루 3회 이상, 과일은 2회 이상 섭취하면 비타민, 무기질 부족을 면할 수 있다. 한 번에 먹는 양으로 보면, 채소는 삶아서 물기를 짠 것이 주먹만큼이면 적당하다. 과일도 거의 주먹만큼 먹으면 적당하다.

물과 마찬가지로 노인들이 잘 먹지 않는 것이 우유나 유제품 그리고 단백질 식품이다. 뼈 건강을 유지하려면 우유, 요거트, 치즈 같은 유제품을 하루 3회 이상 섭취할 필요가 있다. 1회 섭취에 우유 200ml, 치즈 1장 정도면 좋다. 단백질 식품으로는 고기, 생선, 달걀, 콩류 등이 있는데 하루 2회 이상 섭취하면 좋다.

어떤 운동을 어떻게 할 것인가?

사람은 몸을 많이 움직여야 건강을 유지할 수 있도록 진화해왔다. 하지만 현대인은 앉아서 생활하는 시간을 선호한다. 그로 인해 각종 질병에 시달리게 되었지만, 급속한 문명의 발달은 사람들에게 많은 움직임이 필요치 않게 되었고, 활동량이 줄어들면서 나태함이 일상화돼 버렸다. 따라서 반드시 유산소운동을 해야 하지만 노후에 달리기가 벅차고 부담스럽다면 우선 규칙적으로 걷기부터 하는 것이 좋다.

걷기

규칙적인 걷기의 효과

- 우리 몸의 200개 뼈와 600개 근육과 장기를 모두 한꺼번에 자극할 수 있다.
- 일주일 5일 이상 30분씩 걸으면 1년 이상 수명 연장
- 행복감과 자신감이 크고 생기 있는 일상 유지(세인트루이스대학교 보건대학)
- 심장마비 위험 37% 감소(런던국립심장포럼)
- 우울증, 고혈압 치료(타임지)
- 유방암 확률 20% 감소(하버드대)
- 소식과 함께 노화 예방 2대 비결(미국국립노화연구소)
- 대장암 걸릴 확률 50% 감소(미국외과의사협회)
- 스트레스와 우울증 완화
- 허리와 다리 근력 증대
- 체중을 줄이는 데 도움을 준다.
- 골다공증 예방
- 호흡기 기능 증진 효과
- 산소 공급을 원활하게 하여 몸의 피로를 풀어준다.

걷기의 종류

- 일상적인 걸음 : 산책하듯이 편하게 걷기
- 빠르게 걷기 : 일반 걷기와 달리기의 단점을 보완해 만든 운동으로 파워 워킹(Power Walking)이라고 한다. 일반 워킹이 체지방 소모율이 높은 반면 운동 강도가 약해 체력이나 근력 강화에 부족 하다면, 시속 6~8km로 걷는 파워 워킹은 심폐지구력을 유지시키고 달리기처럼 많은 양의 칼로리를 소모 시키는 데 목적이 있다. 따라서 파워 워킹을 체력 걷기(fitness walking), 건강 걷기(health walking)라고도 부른다. (네이버 지식 백과 발췌)
- 언덕 / 계단 오르내리기 : 걷기 효과를 한 단계 높인 방법으로 평지를 걸을 때와는 다른 근육과 관절을 사용하게 되어 신체를 단련하는 데 큰 도움이 됨.
- 트레 밀 걷기 : 날씨에 구애받지 않고 집이나 체육관에서 언제든지 편하게 할 수 있다는 장점과 우리 몸의 200개 뼈와 600개 근육과 장기를 모두 한꺼번에 자극을 줄 수 있어 효과가 크다.

올바른 보행 방법

- 시선 : 10~15m 앞 땅바닥을 주시한다.
- 턱 : 가슴 방향으로 끌어 당긴다.
- 몸체 : 가슴은 펴고 허리는 곧게 세운다.
- 발 : 15도 정도 벌리고 골반도 상하좌우로 조금씩 움직이며 걷는다.
- 보폭 : 4박자 보행(뒤꿈치 닿고 – 발바닥 닿고 – 뒤꿈치 떨어지고 – 앞꿈치 떨어짐)
- 호흡 : 코로 깊이 들이 마시고 입으로 내뱉는다.
- 단 같은 속도로 계속 걸어서는 안 되고 정기적으로 속도를 높여주어야 한다. 우리 몸은 동일한 강도의 운동을 6~8주 정도 하면 이에 적응이 돼 운동 효과가 떨어지게 된다. 걷기 속도를 점진적으로 늘리거나 걷기와 달리기를 섞어 하면서 운동 강도를 조절하는 것이 바람직하다.

자동차는 영구차다. 두 다리가 의사다!

스트레칭

신체 부위의 근육이나 건, 인대 등을 늘려주는 운동으로 관절의 가동 범위 증가, 유연성 유지 및 향상, 상해 예방 등에 도움이 된다.

근력운동

유산소운동과 함께 근력운동을 병행할 때 균형 있는 건강 관리가 완성될 수 있다. 근력은 근육이 힘을 발휘하는 능력을 말한다. 근력운동은 근육의 크기를 키우고 여러 개의 근섬유가 동시에 운동에 동원될 수 있

스트레칭의 종류

- 정적 스트레칭 : 한 자세로 서서히 부드럽게 30~60초 동안 정지하여 시행, 가장 안전하고 근육에 주어지는 긴장도가 가장 적다. 신체 부위의 근육이나 건, 인대 등을 늘려주는 운동으로 관절의 가동 범위 증가, 유연성 유지 및 향상, 상해 예방 등에 도움이 된다.
- 발리스틱 스트레칭 : 근육을 끝까지 스트레칭 한 후 반동을 주어 더 스트레칭 하는 방법으로 효과가 크나 근육 긴장도를 증가시켜 근육에 손상을 입을 가능성이 있다.
- 신경근축 통 스트레칭 : 운동하는 근육(작용근)과 운동에 반대되는 근육(길항근) 대한 근육 수축과 이완을 교대로 하는 방법이다.

서울대학교병원 의학정보에서 발췌

도록 운동 단위를 증가시키는 것을 목적으로 한다.

우리 몸의 근육량은 나이가 들어감에 매년 1%씩 줄어든다. 특히 노인의 근육 감소는 노화를 촉진하여 전반적인 건강 악화를 불러오며 골다공증, 대퇴골 골절로 이어져 치명적인 사망의 원인으로 발전할 수 있기 때문에 조심해야 한다.

근육이 줄어들면 에너지를 적게 써 남아도는 에너지가 지방으로 축적돼 비만이 원인이 된다. 또 혈당에 쓰고 남은 포도당이 혈액 속을 떠돌아 당뇨병을 유발한다. 몸 근육의 50%는 허벅지 근육에 모여 있으며, 허벅지 둘레를 키우면 당뇨병 예방이 된다. 근력운동은 하루라도 젊을 때부터 하는 것이 좋다. 젊을 때부터 근력운동을 열심히 하면 노년 건강을 미리 저축하는 효과가 있다. 근력운동을 하면서 적절한 단백질 섭취와 걷기 같은 유산소운동을 병행하면 노후 건강에 많은 도움이 된다.

근력운동의 효과

- 기초 대사량이 증가되어 체중 관리에 도움이 된다.
- 근육의 크기를 키워 탄력 있는 몸을 만들어준다.
- 근력과 지구력이 증가하여 신체적 피로감을 줄일 수 있다.
- 복부와 허리 근육 강화는 요통을 예방할 수 있다.
- 관절을 보호하고 강화한다. 연령이 증가하면서 발생할 수 있는 관절염을 예방할 수 있다.
- 골밀도를 증가시켜 골다공증 예방에 도움이 된다.
- 노화로 인한 근 위축 현상(근육량 감소)을 지연시킬 수 있다.

네이버 지식백과, '근력운동의 원리효과'에서 발췌

건강을 위한 생활 습관 8가지 〈英 Daily Mail 발표〉

1. 체중의 5%만 줄여라! 그리고 유지하라!

2. 계단 이용을 늘려라!

   - 열량을 태우며 다리 근육과 폐, 심장을 튼튼하게 하는 효과가 있다.

3. 차를 놔두고 걸어라!

   - 걷기를 꾸준히 하면 치매와 우울증, 심장질환을 예방할 수 있다.

4. TV 보는 시간을 줄여라!

   - TV를 1시간 시청할 때마다 수명이 22분 줄어든다.(미 국립암연구소)

5. 명상하는 시간을 가져라!

   - 명상(mindfulness)은 머릿속을 깨끗하게 만들어 스트레스와 우울증을 방지한다.

6. 요구르트를 주 5회 이상 먹어라!

\- 영국 케임브리지대학 연구팀에 의하면 1주일에 5회 저지방 프로바이오틱(생균제) 요구르트를 먹는 사람들은 당뇨병 발생 위험이 28% 줄어드는 것으로 나타났다.

7. 매일 잎채소와 견과류를 먹어라!

\- 시금치, 케일, 브로콜리 같은 잎채소를 매일 조금씩이라도 먹으면 당뇨병 위험이 14% 줄어든다는 연구가 있다. 섭취량을 늘리면 당뇨병 위험을 30%까지 줄일 수 있다. 채소에는 혈당을 조절하는 데 도움이 되는 마그네슘이 풍부하다. 마그네슘은 견과류와 콩류에도 풍부하게 들어 있다.

8. 적당량의 커피를 마셔라!

\- 커피에 들어 있는 파이토케미컬과 황산화 성분은 당뇨병과 파킨슨병, 알츠하이머병을 예방하는 데 도움을 준다.

5 — 정신 건강

스트레스를 해소하는 방법 〈The Huntington Post〉

건강은 몸과 정신 모두 균형적으로 다 좋아야 한다. 지금과 같은 혼란의 시대이면서 급격하고 다양한 변화에 살아가야 하는 상황에서는 정신건강이 더욱 중요하다. 특히 만병의 근원으로 지목되는 것이 바로 스트레스(심적고통)다. 노후에 스트레스는 노인 우울증으로 발전할 수가 있으므로 본인 뿐 아니라 주변에서도 관심을 갖고 잘 보살필 필요가 있다.

호흡법
숨을 들이쉬고 잠시 멈추고 다시 내쉬기를 반복한다.
'하나'에 숨을 쉬고 '편안하다'라고 속으로 생각하면서 충분히 숨을 내쉰다.

심상법

확실히 기억나는 행복하고 평안했던 경험을 머릿속에 떠올려서 그때의 기분을 실감나게 재경험하는 방법으로 마음이 편해지고 신체도 이완되는 효과를 보게 된다.

명상하기

마음을 비우고 편안하게 명상을 하면 신체가 이완되면서 스트레스에 효과적인 알파파가 증가한다.

잠시 휴식 기분전환하기

일단, 하던 일을 멈추고 잠시 휴식을 취한다. 그리고 창문을 활짝 열고 신선한 공기를 마시며, 잠시 아무 생각을 안 하고 먼 산을 응시해 본다. 이때 눈동자를 멀리서 가까이, 가까이서 멀리, 좌우로 360도로 회전하며 뇌를 자극하면 기분전환에 효과적이다.

스트레칭 유산소운동

일단, 하던 일을 멈추고 자리에서 일어나 온몸을 차례대로 스트레칭을 하여 긴장되어 있던 몸을 최대한 이완시켜준다. 그리고 실내든 실외로 나가 걷는다.

걸을 때 행복 호르몬인 엔도르핀과 세라토닌이 분비되어 스트레스 해소에 매우 효과적이다.

견과류 섭취하기

스트레스는 우리 몸의 비타민B를 감소시킨다. 따라서 비타민B가 풍부한 아몬드와 호두 등의 견과류를 섭취하면 스트레스를 조절하여 기분을 좋게 하는 데 효과가 있다.

밝은 음악 듣기/부르기

자신이 평소 좋아하는 음악을 듣거나 따라 부르면 기분이 전환이 되어 스트레스 해소에 효과적이다.

충분한 수면 취하기

하루 6~8시간 정도 충분한 수면을 취하면 신체적·정신적으로 피로를 회복하고 에너지를 충전하는 데 효과적이다. 점심시간에 20분 정도 눈을 감고 있는 것도 좋은 방법이다.

족욕, 반신욕 차/향기 맡기

족욕이나 반신욕은 혈액을 순환시켜주고 심신을 진정시켜준다. 이때 따뜻한 차와 진정에 도움이 되는 아로마 향기와 함께 하면 더욱 효과적이다.

적극적인 자세로 전환하기

평소 가지고 있는 것을 모두 기록하여 마음에 감사와 평화로운 마음으로 채운 뒤 문제의 핵심과 해결 방안에 집중하여 적극적인 해결

모드로 바꾼다.

5분 이내로 스트레스를 해소하는 방법 〈Health Dotcom〉

노후에는 남아도는 시간과 외로움, 그리고 존재감 상실로 인한 자존감 결여 등으로 몸과 마음이 처지곤 한다. 이럴 때일수록 에너지를 재충전하고 마음가짐을 새롭게 할 필요가 있다.

신선한 공기

야외로 나가거나 창문을 활짝 열고 공기를 환기시킨다. 그리고 차분하게 깊은 호흡을 하면 한결 상쾌해진다.

스트레칭

잠시 누워 팔다리를 쭉 뻗고, 앉아 있는 경우에는 잠시 의자를 빼고 다리를 움직이며, 깍지를 끼고 머리 위로 쭉 뻗으면 지친 몸에 생기가 돈다.

거꾸로 자세

거꾸로 자세를 취하면 혈액 순환이 원활해지고 각 기관을 자극해 원기가 회복된다. 물구나무 서기도 좋지만 누운 상태로 벽이나 의자 위에 다리를 올려놓는 것도 좋은 방법이다.

크게 한숨 쉬기

스트레스를 해소하고 다시 일상으로 돌아갈 수 있는 가장 빠른 방법이다. "하나~" 하면서 크게 숨을 들이쉬고 "편안하다~" 하면서 충분히 내쉰다.

향기

스프레이, 오일, 향초 등을 이용하여 향을 맡는다. 라벤더, 민트 향은 기분을 상쾌하게 바꾸어준다.

촛불

감상에 빠져들 수 있는 가장 좋은 방법이다. 어두운 방에서 촛불을 켜면 힘든 생각은 떨쳐내고 다시 긍정적으로 돌아갈 수 있다.

짧은 낮잠

잠시 누워 10분간 눈을 감고 휴식을 취하는 것으로도 심신의 원기를 회복시킬 수 있다.

음악 듣기

좋아하는 음악을 스마트폰에 저장시켜 놓고 들으면 기분전환에 도움이 된다.

멈추기

하던 일은 잠시 접어두고 현재의 시간에 집중해보자. 다시금 중심을 되잡고 시작할 수 있다.

햇빛 쬐기

잠시 밖으로 나가 온몸으로 햇볕을 받으면 기분이 좋아진다.

6 ─── 노인 의료·복지 정책을 적극적으로 활용한다

우리나라도 2025년이 되면 65세 이상이 전체 인구의 20%를 차지하는 초고령사회에 접어든다. 2019년 국정감사 자료에 따르면, 2018년 건강보험 총 진료비에서 65세 이상 노인의료비 비중이 40%를 돌파한 것으로 나타났다. 노인 1인당 연간 진료비는 454만4,000원으로 전체 평균 진료비의 3배에 달했다.

노인의료비 급증은 급격한 고령화로 노인 인구 비율이 지속해서 높아지면서 노인성질환과 만성질환이 증가하기 때문인 것으로 분석된다. 이에 노인 의료 전문가들은 "건강하고 활력 있는 노후를 위해 보건의료 정책의 패러다임을 사후치료 중심에서 노인성질환 예방 관리와 건강증진 중심으로 전환해야 한다"고 강조한다.

노인 인구가 증가하면 의료비가 급속하게 증가한다. 이에 국가와 지자체에서 다양한 노인 의료·복지 정책을 통해 노인 건강과 의료비 지원을 시행하고 있다. 따라서 노후 건강을 위하여 국가에서 시행하고 있는 노인 건강검진, 노인 장기요양 보험제도, 노인 건강지원 서비스, 노인 돌봄 서비스 등을 잘 활용하는 것이 좋다.

정기적인 건강검진 활용

건강검진은 만 19~64세 의료수급권자를 대상으로 실시하는 일반건강검진과 만 66세 이상의 의료수급권자를 대상으로 하는 의료급여생애전환기검진으로 나뉘며, 모두 2년마다 실시한다. 의료급여생애전환기검진은 공통 항목으로 진찰, 상담, 신장, 체중, 허리둘레, 체질량지수, 시력, 청력 등을 검진한다. 성·연령 항목으로는 골다공증(만 66세 이상), 정신건강검사, 우울증(만 70세), 생활 습관평가(만 70세), 노인신체기능검사(만 66,70,80세), 인지기능장애검사(만 66세 이상 2년에 1회)를 검진한다.

일반건강검진 대상자는 지역세대주, 직장가입자, 만20세 이상 세대원과 피부양자, 만19~64세 의료급여수급권자이며, 건강검진표 발송 및 수령은 대상자의 주민등록 주소지로 발송한다. 검사 항목은 공통 항목과 성·연령별로 나뉜다. 검사가 끝나면 15일 이내 문진표에 작성한 주소지(우편, 메일)로 발송한다.

검진 결과 고혈압·당뇨병·폐결핵 질환 의심자는 일반건강검진 결과표와 신분증을 지참하고 가까운 병·의원에서 확진 검사 및 진료를 실시한다. 확진 검사 항목은 고혈압(진찰 및 상담, 혈압 측정), 당뇨병(공복혈당 검사), 폐결핵(객담 검사)이다.

일반건강검진 검사 항목	
공통 검사 항목	• 진찰, 상담, 신장, 체중, 허리둘레, 체질량지수, 시력, 청력, 혈압측정 • AST(SGOT), ALT(SGPT), 감마지티피 • 공복혈당 • 요단백, 혈청 크레아티닌, 혈색소, 신사구체여과율 • 흉부방사선 촬영 • 구강검진
성·연령별 검사 항목	• 이상지질혈증(총콜레스테롤, HDL콜레스테롤, LDL콜레스테롤, 트리글리세라이드) • B형간염검사(만 40세, 보균자 및 면역자는 제외) • 치면세균막 검사(만 40세) • 골다공증(만 54·66세 여성) • 정신건강검사, 우울증(만 20·30·40·50·60·70세) • 생활 습관평가(만 40·50·60·70세) • 노인신체기능검사(만 66·70·80세) • 인지기능장애검사(만 66세 이상 2년에 1회)

출처: 국민건강보험공단

노인 장기요양보험제도 활용

급속한 고령화로 인해 거동이 불편한 노인에 대해 신체 활동이나 일상 가사활동을 지속적으로 지원하는 새로운 복지 수요를 충족시키기 위해 국가에서 운영하는 사회보험제도다. 그간 개인이나 가족의 부담으로 인식되던 노인의 간병과 장기 요양 문제를 2008년부터 사회와 국가가 부담하게 되었다.

보험 적용 대상이 되면 공단 및 각 지사별 장기요양센터를 통해 신청하고, 공단 직원이 방문 조사하여 등급판정위원회에서 판정을 받고, 장기요양센터에서 인정서 및 표준 장기 이용계획서를 통보받아 장기요양 서비스를 이용할 수 있다.

노인 장기요양보험제도의 주요 특징

건강보험제도와 별도 운영

건강보험제도와 별도로 운영함으로써 제도에 대한 집중도 제고와 건강보험 재정에 구속되지 않는다.

사회보험 방식을 기본으로 국고지원 부가 방식

- 국민건강보험법의 적용을 받는 건강보험가입자의 장기요양보험료(건강보험료액 X 11.52%)
- 국가 및 지방자치단체 부담(장기요양보험료 예상 수입액의 20% +공적부조 장기요양 급여비용)

보험자 및 관리운영기관 일원화

제도의 도입과 정착을 원활하게 하기 위하여 별도의 관리 운영기관을 설치하지 아니하고 기존의 국민보험공단에서 이를 함께 수용한다.

노인 중심의 급여

수급 대상은 65세 이상의 노인 또는 65세 미만의 자로서 치매·뇌혈

노인 장기요양보험 급여의 종류 및 내용

종류		내용
재가서비스	방문 요양	장기요양 요원이 수급자의 가정 등을 방문하여 신체활동 및 가사활동 등을 지원하는 장기요양 급여
	인지활동형 방문요양	1~5등급 수급자에게 인지자극 활동 및 잔존 기능 유지 향상을 위한 일상생활을 함께하는 훈련 제공
	주, 야간 보호	수급자를 일정한 시간 동안 장기요양기관에 보호하여 신체활동 지원 및 심신기능 유지, 향상 제공
	방문 목욕	장기요양 요원이 목욕설비를 갖춘 차량을 이용하여, 수급자의 가정을 방문하여 목욕을 제공
	방문 간호	의료진의 지시에 따라 간호사 등이 수급자의 가정 등을 방문하여 간호, 진료의 보조, 요양 상담
	단기 보호	수급자를 월 9일 이내 장기요양기관에 보호하여 신체활동 지원 및 심신기능 유지 향상 지원
	기타 재가급여	수급자의 일상생활에 필요한 지정된 용구를 제공하거나 대여하여 편의를 도모하고자 지원

복지용구급여: 심신기능이 저하되어 일상생활을 영위하는 데 지장이 있는 노인 장기요양보험 대상자에게 일상생활, 신체활동 지원 및 인지기능의 유지 기능 향상에 필요한 용구로써 보건복지부 장관이 정하여 고시하는 것을 구입하거나 대여하는 것으로 구입종목은 10종, 대여품목은 5종 그리고 구입 또는 대여품목은 2종이다.

특별현금급여: 수급자가 섬 벽지에 거주하거나 천재지변, 신체 정신 또는 성격 등의 사유로 장기요양급여를 지정된 시설에서 받지 못하고 그 가족 등으로부터 방문요양에 상당하는 장기요양급여를 받을 때 지급하는 요양급여로 가족요양비라고도 하며 매월 수급자에게 15만원을 지급한다.

출처 : 보건복지부 홈페이지에서 발췌

관성 질환질병을 가진 자 중 6개월 이상 혼자서 일상생활을 수행하기 어렵다고 인정되는 자로 65세 미만이거나 일반 장애인은 제외된다.

7 ── 생활 습관 개선 방안 도출과 실천

현재 생활 습관 실태와 문제점 도출
식습관
운동 습관
스트레스 관리 습관

개선 방안 및 실천 계획 수립

식습관

운동 습관

스트레스 관리 습관

8. 건강 관리를 위한 셀프 코칭

구분	실천 사항		점검 방법(How)
	무엇을(What)	어떻게(How)	상/벌 계획
몸건강 - 식습관 관리			
몸건강 - 운동하기			
마음건강 - 스트레스 관리			

- 건강 관련 내용을 참조하여 자신의 건강 관리를 위한 실천 계획 작성
- 식·습관 관리 : 물 마시기, 소식(小食, 30번 씹기), 균형 있는 식사하기 등
- 운동하기와 스트레스 관리를 자기 상황에 맞게 실천 계획 작성
- 점검 방법 : 스스로 점검할 수 있는 방법 선택, 실천 결과에 따라 스스로 상/벌 계획 작성

3장

어디서 누구와 함께 살 것인가?

1 어디서 누구와 함께 사느냐가 행복한 노후를 결정한다

노후가 행복하려면 어디서 누구와 함께, 어떤 집에서 사느냐 하는 것이 중요하다. 노후가 되면 대부분의 라이프스타일이 활발한 대외 활동보다는 거주지를 중심으로 실내에서 보내는 시간이 절대적으로 많아지기 때문이다.

보건복지부의 〈2020 노인 실태조사〉에 따르면 노인은 단순 부양 대상이 아닌 독립적 경제 주체로 변모하고 있다. 이는 베이비부머 세대가 본격적으로 65세 이상의 노인에 진입하면서부터 본격화되고 있다. 홀로 또는 부부만 단둘이 사는 노인 단독 가구 비율이 80%에 이르고, 향후 이 증가 추세는 지속될 것으로 예상된다. 이 중 62%는 자녀와 함께 살지 않는 이유로 건강, 경제적 안정, 개인 생활 향유 등의 자립 요인을 들었다. 즉, 자녀들에 기대지 않고도 살 만한 자립 요건을 갖췄다는 뜻이다.

주거 형태를 크게 분류해보면 기존에 살고 있던 거주지의 주택에서 그대로 사는 경우, 도심 근교에서 전원생활을 보내기 위해 전원주택으로 이전하는 경우, 본격적으로 귀농·귀촌하여 사는 경우, 장래의 질병 치료에 대비하여 실버타운에 들어가는 경우, 생활비가 저렴한 실버 양로원으로 가거나 해외로 이민 가는 경우 등이 있다.

노인 가구 96.6%가 부동산을 소유하고 있으며, 평균 금액은 2억 6,182만 원에 달했다. 주거 형태는 아파트 48.4%, 단독주택 35.3%, 연립·다세대주택 15.1%, 기타 1.2% 순이다. 주거환경으로는 노인의 75.6%가 현재 주거하고 있는 주택에 만족을 하며 19.8%는 가정 내 편의설비 (실내 문턱, 핸드레일, 욕실이나 화장실 안전손잡이 또는 미끄럼 방지를 위한 타일·매트·시트지)를 갖추고 있었다. 노인 79.8%가 현재 본인 소유 주택에 사는 것으로 나타났으나 불만족 이유로는 주방·화장실·욕실이 사용하기 불편하다 (32.3%)가 가장 많았고 일상생활을 하기에 공간이 좁다(19.4%), 출입구나 계단이 주택의 출입을 불편하게 해서(10.2%)의 순이었다.

향후 살고 싶은 희망 주거지는 노인의 83.8%는 건강할 때까지는 현재의 집에서 거주하기를 원했다. 56.5%는 거동이 불편해져도 재가 서비스를 받으며 현재 살고 있는 집에서 계속 살기를 희망했고, 31.3%만이 노인요양시설 등의 시설 이용을 바랐다. 절반 이상이 기존에 살던 곳에서 여생을 마치고 싶다고 한 것이다. 이는 노후에 거주지 이전에 따른 급격한 변화보다는 그동안 익숙한 환경을 선호하는 경향이 높은 심리의 표출이라 하겠다. 또 요양원보다는 집을 선호하는 것도 심리적 안정감이 요인으로 작용한 결과다. 이와 같이 기존에 살고 있던 내 집에서 편하게 여생을 보내고 싶어하는 심리를 '에이징 인 플레이스(AIP: Aging in Place)'라고 한다.

그러나 노후에 진정으로 살고 싶은 주거지에 대한 필요성이나 희망이 있는 경우는 자기에게 적합한 주거지를 선택하여 과감하게 이전하는 것도 좀 더 풍요롭게 노후 생활을 할 수 있는 중요한 출발이자 기반이 될 수 있다.

2 ─── 노후 거주지 선정 시 고려 사항

은퇴 후 거주지 선택 요인은 개인적 요인(건강 상태, 일을 할 수 있는 지역, 노부모 돌봄, 자녀 집과의 거리 등), 경제적 요인(은퇴 후 소득, 주거 생활비, 주택 가격, 부채, 부동산 자산 가치 전망 등)과 지역 및 주변 환경 요인(지역 커뮤니티, 쾌적한 자연환경, 생활 편의시설, 여가 활동 가능 등)으로 나눌 수 있다. 이를 좀 더 살펴보면 다음과 같다.

건강 관리가 최우선 조건

의료시설

일단 건강하게 노후를 보낼 수 있는 지역이어야 한다. 노후에는 아무래도 질병 치료나 예방의 목적으로 병원을 가야 할 일이 빈번해진다. 특히 갑자기 큰 질병이 찾아왔을 때는 응급실이 있는 큰 병원으로 가는 것이 무엇보다 중요하다. 따라서 가까운 거리에 큰 병원이 있는지 살펴야 한다.

한때 실버타운은 도심권에서 멀리 떨어진 곳에 위치해야 자연친화적이라며 인기가 좋았다. 그러나 그런 유행이 이내 시들해진 이유도 주변에 대형병원의 부재와 외로움이 그 원인으로 분석되고 있다. 이러한 요인으로 실버타운이 다시 도심권으로 리셋하는 재도심화 현상(Again in Place)으로 나타나고 있다. 거주지 주변에 대형병원이 있는 것도 중요하지만, 질병의 예방이나 소소한 관리를 위해서 매번 가기는 부담스러울 수 있다. 따라서 거주지 주변에 있는 작은 동네 병원이나 한의원을 나의 건강에 대해 잘 알고 있는 주치의로서 관계는 물론 평소에도 부담 없이 찾아가는 사랑방처럼 잘 활용하는 것도 좋은 방법이다.

힐링이 가능한 쾌적한 주변 환경

건강은 평소 꾸준하게 관리하는 것이 무엇보다 중요하다. 따라서 노후 거주지 주변 환경도 당연히 평소 건강 관리에 도움이 되어야 한다. 공기가 맑고 주변에 공원이나 산책로가 있으며 조망권과 주변 경관까지 수려하면 금상첨화라 할 수 있다. 자연을 더 많이 접할 수 있으면서 도심으로 진입하기 쉬운 곳이 대상 지역이 될 수 있다. 최근 서울 도심 외곽의 경기도권에서 짓는 신축 아파트 중 단지 내에 공원 개념을 도입한 곳을 잘 찾아보면 흔히 발견할 수 있다.

소통을 위한 커뮤니티 공간

건강하다는 것은 몸과 마음의 건강이 잘 균형을 이룰 때 가능하다.

특히 노후에는 넘치는 시간과 주변과의 점차적인 관계 단절로 인해 외로움에 사무치게 된다. 따라서 다양한 커뮤니티에 들어가 적극적으로 소통하고 교류하는 것이 정신 건강에 많은 도움이 된다. 종교 활동은 물론 다양한 취미 생활을 교류할 수 있는 커뮤니티 활동이 가능한 거주지를 선택하는 것도 고려할 요소다.

누구와 함께 교류하면서 살 것인가

배우자

노후를 함께 가장 길게 보낼 사람은 당연히 배우자다. 본인이 하고 싶은 것도 중요하지만 배우자가 선호하거나 중시하는 거주지의 특성도 함께 고려해야 한다. 남편은 한적한 곳에 있는 전원주택을 선호하지만 배우자가 도심권을 벗어나기 싫어하여 갈등을 겪는 부부도 주변에 많다. 오히려 함께 살아 서로를 보살펴야 할 시기에 거주지에 대한 선호도가 달라 심지어 떨어져 사는 부부도 있다. 따라서 노후에 서로를 의지하며 살아가야 할 배우자와 거주지를 결정하는 것에 대해 사전에 충분한 소통과 공감을 통해 결정하여야 한다.

자녀

요즈음은 대부분의 가정이 맞벌이를 하고 있다. 이제는 여성도 자기 역량과 전문성을 키워가는 사회활동이 증대되었고, 혼자 벌어서는 자녀의 교육비를 대기도, 풍요로운 문화생활을 영위하기도 어려워졌기 때문이다. 예전에는 결혼 여성이 대개 전업주부로 육아를 전담했지만, 이제는 누군가가 육아를 도와주어야 하는 시대가 되었다. 최근에는 노후에 어떤 형태로든 손자 손녀를 돌보는 조부모가 늘어나고 있다.

따라서 손주를 돌보는 것과 손주가 자란 후에 자녀와의 적정한 소통과 교류를 위해서라도 거주지를 자녀의 거주지와 가까운 데 두는 것을 고려해야 한다.

친척, 친구

노후가 되면 서로 위로가 되고 의지할 수 있는 사람들과 자주, 그리고 쉽게 만나 교류하는 것도 매우 중요하다. 평소 관계가 좋았던 형제자매를 비롯한 친척들, 그리고 친구들과도 수시로 교류가 가능한 거리를 고려하는 것도 필요하다.

경제적 요인 고려

주거비

노후에는 매달 지출 가능한 범위에 맞추어 살아가는 것이 필요하다. 그러므로 재산세나 보유세 등 과도한 주거비용은 부담으로 작용이 될 수 있으니 사전에 고려해야 한다.

생활비

매달 들어가는 관리비를 충당할 수 있어야 하고, 주변 환경이 경제적으로 부담이 가지 않는지도 고려해야 한다.

자산 가치 상승 및 환금성

거주지를 팔 수도 있기 때문에 역세권이나 미래 자산가치 발전 가능성이 있는 지역, 주거 형태인지를 고려해야 한다. 또 돈이 필요할 때 융통하기 쉽게 하려면 환금성이 좋은 부동산 유형인지도 고려한다. 환금성 면에서는 아파트가 제일 유리하며, 최근 많이 생기는 타운하우스 형태의 전원주택은 리스크가 크다.

전문직 및 재취업 시 활동이 가능 지역인지 고려

존재감 회복

은퇴 이후 많은 시간을 어떻게 보내느냐가 노후 생활을 잘 보내기 위한 중요한 척도다. 설사 경제적인 여유가 있다고 하더라도 할 일이 없고 불러주는 곳이 없다면 본인의 존재 가치에 대한 회의감으로 자존감 상실은 물론 우울증에 빠지기도 한다. 따라서 건강하면서 행복하고 보람 있는 삶을 살기 위해서는 자기에게 맞는 적정한 일을 해야 한다.

경제적 이유

은퇴자의 60% 이상이 은퇴 이후에도 부족한 생활비를 위해 일을 해야 하는 상황에 처해 있다. 은퇴자가 일할 수 있는 방법 중 창업도 있으나 위험 요소가 커 일단 제외하면, 대부분 재취업이나 전문직으로 나눌 수가 있다. 바로 이런 활동을 하는 데 있어서 거주지가 일터와 적정한 거리를 유지하고 있는지의 여부도 거주지를 결정하는 데 필요한 요소다.

기타 고려할 요소

편리한 교통 환경

노후에 직접 자동차 운전을 하는 것은 나이가 들수록 판단력과 순발력이 떨어지기 때문에 교통사고 위험도가 높아진다. 또 자동차 유지비용도 점차 부담스러울 수 있어서 자연스럽게 대중교통을 이용하는 비중이 높아진다. 따라서 대중교통을 이용하는 데 편리한 역세권이면 좋다. 아울러 역세권은 미래 부동산의 자산 가치에도 긍정적인 영향을 미치기 때문에 역세권이나 그 주변을 선택하는 것이 좋다.

요즈음은 노후에 해외여행을 자주 가거나 해외에 있는 자녀를 방문하기 위해 공항을 빈번하게 방문하는 경우가 많아지고 있다. 이런 경우에는 공항 가까운 곳을 거주지로 선택하는 것이 좋다.

편리한 주변 환경

생활하는 데 필요한 기본 편의시설이 가까운 데 있느냐 하는 것도 중요한 고려 요소다. 생필품을 구입하는 마트, 금융 활동을 하는 데 필요한 은행, 문화 활동이 용이한 극장, 다양한 음식점, 책을 보면서 휴식을 취할 수 있는 도서관, 틈틈이 운동할 수 있는 헬스클럽, 부담 없이 수시로 찾아갈 수 있는 동네 병원 등이 주변에 있으면 좋다. 그러한 의미에서 다양한 상가들을 갖춘 주상복합도 좋다고 할 수 있다.

거주지 선택 시 고려사항

- 노후에 안정적으로 장기간으로 머무를 수 있는 곳인가?
- 거주지 선택을 부부가 만족하고 있으며 상호 친화적인가?
- 건강 관리를 위한 의료시설(대형병원)이 주변에 있는가?
- 주변 환경이 자연 친화적(조망권, 공원 등)이면서 도심 진입이 쉬운가?
- 경제적(주거비용, 관리비, 자산가치 상승, 환금성) 가치가 있는 곳인가?
- 자녀, 친척, 친구들과 원활한 교류가 가능한 곳인가?
- 전문직, 재취업 등 경제적인 활동이 가능한 곳인가?
- 문화활동 및 지역활동이 가능한 커뮤니티가 활발한 곳인가?
- 편리한 교통(역세권) 및 주변 편의시설이 갖춰진 곳인가?

3 ─── 노후 거주지 선정 및 활용 방법

노후 거주지는 기존에 살고 있는 거주지를 활용하기, 다른 데로 이주하기, 외부 공동시설을 이용하기로 나눌 수 있다

내 집에서 건강한 노후 보내기 (기존 주택 활용)

기존 주택을 활용하는 방안은 기존 주택을 노후 생활을 할 수 있도록 리뉴얼하는 방법과 기존 주택을 다운사이징하여 그 차액으로 목적별로 다양하게 활용하는 방법으로 구분할 수 있다.

주택 리뉴얼의 필요성

나이가 들면 기존에 살던 주택의 공간이나 동선이 불편할 수 있다. 특히 노령기에 집안의 불편한 시설 때문에 미끄러지거나 낙상을 하면 더 이상 몸을 움직이지 못하게 된다. 이 때문에 급격히 건강이 악화되어

심지어는 사망에 이르는 경우도 빈번하게 나타난다. 2019년 한국소비자보호원이 65세 이상 안전사고 4,889건 분석한 결과 61.5%가 가정에서 발생했다.

따라서 이러한 사고를 방지할 수 있도록 가정 내 동선을 불편하게 하게 하는 장애물을 제거하고 합리화하여 고령자에게 적합한 주택으로의 개조가 필요하다. 특히 화장실과 욕실의 장애물 제거와 주방 사용 동선의 합리화 등이 개조의 중점 관건이 된다. 더 나아가 본인이 평소 원했던 시설이나 동선 그리고 인테리어를 추가하면 리뉴얼의 만족도가 더 높아질 것이다.

배리어프리 주택으로의 개조

배리어프리(barrier free)란 고령자나 장애인도 살기 좋은 사회를 만들기 위해 물리적·제도적 장벽을 허물자는 운동으로, 1974년 국제연합 장애인생활전문가회의에서 '장벽 없는 건축 설계'(barrier free design)에 관한 보고서가 나오면서 건축 분야에서 먼저 사용되기 시작했다.

배리어프리 주택은 고령자들이 안전사고가 없고 간병에도 편리하여 좀 더 안전하고 쾌적하게 생활하도록 시설을 보완하고 장애물을 제거한 주택을 말한다.

설계 시 고려사항으로는 입구의 계단, 방문턱, 침실의 위치, 부엌의 공간배치, 복도의 폭, 휠체어 사용 여부, 화장실이나 욕실, 계단 등에 난간 설치 등 고령자의 신체 상황과 거주자의 요구 사항 반영 등이다.

즉 현관에 낮은 의자를 배치하여 신발을 신을 때 허리 및 관절 보호는 물론 좀 더 편안하게 하는 것, 문을 쉽게 여닫을 수 있는 슬라이딩 도어, 휠체어 사용 시 복도의 폭 조정이나 접근로 확보, 세면대나 싱크대를 사용자의 키에 맞추는 높이 조정 등이 있다. 특히 안전사항으로 욕실과 화장실 바닥에 미끄럼 방지 시설과 집안 곳곳에 안전손잡이를 설치하는 것은 무엇보다 중요하다.

배리어프리 주택 설계 시 키워드 7

1. 침실은 1층, 침대 사용하기
2. 화장실은 침대 가까이
3. 방 사이 단차 없애기
4. 복도 폭은 90cm 이상
5. 난간 설치하기
6. 여닫이문보다는 미닫이문
7. 사용에 익숙한 가구, 집기 배치

배리어프리 주택을 만들기 위한 개조사항

- 복도 등 통로의 장애물 제거 및 안전손잡이 설치
- 출입구, 계단, 화장실, 욕실에 있는 높낮이 차이 없애기
- 욕조, 세면대, 양변기 등에 안전지지대 및 손잡이 설치
- 욕실, 화장실, 주방, 침실 등에 미끄럼 방지 시설 설치
- 부엌의 싱크대 및 작업대를 고령자가 사용하기 적절한 높이로 조절하기
- 휠체어가 다닐 수 있도록 통로 만들기와 동선에 있는 장애물 없애기
- 집 안에서 응급 상황이 발생한 경우 응급 비상벨 설치 등

출처: http://blog.naver.com/cebien1004/221963438201배리어프리 주택

부부만 남는 집을 다운사이징하여 활용하라

다운사이징의 필요성

자녀를 키울 때의 거주지 선택의 기준은 학군과 교통 편리성 그리고 자녀들의 방이었기 때문에 도심지에 있는 비교적 큰 주택이었다. 그러나 자녀들이 독립을 하여 부모 곁을 떠난다면 굳이 도심지의 큰 주택에 부부 둘이서만 덩그러니 거주하고 있어야 할 이유는 사라진 것이다.

집의 크기를 줄이지 못하는 이유로는 체면 의식과 자녀들의 방문이라고 한다.

분가한 자녀들이 부모 집을 방문할 때를 대비하여 웬만큼은 큰 집이어야 하지 않느냐고 하는 사람도 있지만, 실제 상황은 그렇게 기대만큼 자녀들이 부모의 집을 방문하지 않는다는 것이다. 오히려 기존 주택을 다운사이징을 한 후 그 자금을 어떻게 활용하느냐 여부에 따라 좀 더 풍요로운 노후 생활이 가능해질 수 있기 때문에 적극 검토할 필요가 있다.

다운사이징의 장점과 활용 방안

다운사이징은 기존 주택을 매매하거나 전세 및 월세를 주는 방법 등이 있으며 기존 주택 다운사이징의 장점과 활용 방안은 아래와 같다.

기존 주택 다운사이징의 장점	기존 주택 다운사이징 활용 방안
1. 주택 관련 부채 감소로 불확실 제거 및 기회비용 감소	1. 부채 상환하기(금리가 높은 부채부터 상환)
2. 은퇴 자산의 증가(목돈으로 저축이나 투자로 자산의 증가)	2. 월 현금 흐름의 추가(월 지급식 상품, 즉시연금 등에 가입)
3. 주거비용 절약	3. 노후 자금의 축적(연금저축에 가입)
4. 가사노동 절감	4. 공격적 자산 증식(주가지수 ETF매입, 인덱스펀드 등에 가입)
	5. 임대 수익 기대(수익성 부동산 매입)

출처: 생애주기별 금융생활 가이드북(은퇴기), 2021, 금융감독원, P46~47)

노후 라이프 스타일에 맞추어 선택

귀농·귀촌을 통한 전원생활

베이비부머의 42.9%가 안락한 전원생활을 위한 귀농·귀촌에 관심을 가진 것으로 조사되었으며, 이를 반영하듯 최근 귀농·귀촌 가구가 큰 폭으로 증가하고 있다. 2020년 귀농 귀촌 가이드북에 의하면, 2013년 29만 명이던 귀농 귀촌 가구 수가 2015년 7월 '귀농어·귀촌 활성화 및 지원에 관한 법률'이 시행되면서 더욱 증가하여 2018년 기준 약 49만 명에 이르고 있다.

귀농은 소득의 일부 또는 전부를 농업에서 얻는, 즉 농업을 생업으로 하는 것이고, 귀촌은 전원생활을 위해 도시에서 농촌으로 이전하는 것으로, 농업 외적인 부분에서 소득을 얻는 경우다. 귀농과 귀촌을 특성별로 나누어 살펴본다.

성공적인 귀농을 위한 고려사항

귀농은 농업을 생업으로 하는 것이기 때문에 섣불리 결정해서는 안 되며, 사전에 철저한 준비와 함께 농업을 해야 할 배우자와 충분하게 상의한 후에 결정해야 한다.

2019년 귀농·귀촌 실태조사에서 나타난 귀농 이유는 아래와 같다.

귀농 이유
1위: 자연환경이 좋아서 (28.6%)
2위: 농업의 비전 및 발전 가능성을 보고 (26.4%)
3위: 가족 및 친지와 가까이 살기 위해 (10.4%)
4위: 가업을 승계하기 위해 (9.9%)
5위: 도시생활에 회의를 느껴서 (8.5%)
6위: 본인이나 가족의 건강상의 이유로 (7.1%)

출처: 귀농 귀촌 종합센터 2019년 귀농어·귀촌인 통계, http://www.returnfarm.com

세대별로 보면 2040세대들은 농업에 대한 비전을 가지고 귀농을 선호했고 반면에 5060세대들은 정서적인 여유로운 생활을 즐기고자 귀촌을 선호했다. 귀농에 대한 만족도는 57.8%이지만 보통과 불만족도 각각 34.9%와 7.3%로 조사되었으며, 불만족 이유로는 영농기술·경험 부족(28.5%), 자금 부족(27.8%) 순이었다. 따라서 철저한 사전 준비가 귀농 성

귀농, 귀촌 성공 포인트 및 프로세스

구분	내용
사전 준비	• 사전 준비 기간 : 평균 25.1개월로 최소 2년 이상 준비 필요 • 사전 준비 방법 : 정착지역 탐색(40.7%), 주거지와 농지 탐색(32.5%), 귀농 교육 수강(12.8%)
정보 수집 - 지원제도 - 교육서비스 활용	• 정부에서 지원하는 귀농인에 대한 농지와 주택구입자금 대출, 농업교육 및 정보 제공을 적극 활용 • 국가와 지자체에서 제공하는 빈집이나 유휴농지 활용 정보나 교육 서비스 적극 활용 • 농업 관련 교육기관(각 지자체별 농업기술센터 등)에서 일정한 귀농 관련 교육을 이수하면 농지 매입 자금 및 농어촌 주택의 신/개축에 필요한 자금과 특용작물 보조사업도 신청할 수 있다.
귀농에 도움이 되는 사이트	• 전국농업기술자 협회 홈페이지(www.kafarmer.or.kr) • 농촌진흥청 홈페이지(www.rdg.go.kr) • 농림수산식품교육문화정보원 (www.epis.or.kr) • 전국귀농운동본부 홈페이지(www.refam.org) • 귀농귀촌종합센터 홈페이지(www.returnfarm.com) • 농촌진흥청 농촌인적자원개발센터(http://hrd/rda.go.kr) • 농업인력포탈 홈페이지(www.epis.or.kr)

출처 : '노후를 건강하고 행복하게', 금융감독원. 2021

공의 핵심이다.

성공적인 귀촌을 위한 고려사항

귀촌은 노후에 좀 더 쾌적하고 안락한 전원생활의 로망을 가진 5060세대가 주류를 이룬다. 귀촌을 선호하는 이유를 살펴보면 다음과 같다.

성공적인 귀촌을 위한 고려사항

1위: 정서적으로 여유로운 생활을 위해서(21.2%)
2위: 자연환경이 좋아서(19.3%)
3위: 저렴한 집값 및 주거비용 때문에(13.6%)
4위: 가족 및 친지와 가깝게 살기 위해 (8.1%)
5위: 본인이나 가족의 건강상의 이유로 (6.9%)
6위: 도시생활에 회의를 느껴(6.0%)

출처 : 귀농 귀촌 종합센터 2019년 귀농어, 귀촌인 통계, http://www.returnfarm.com

일단 귀촌하게 되면 그동안 지내왔던 도시생활과는 다른 생활 및 문화 패턴에 적응해야 한다. 도시에 비해 대중교통이나 통신 등 기본적인 인프라가 부족하거나 마트나 은행 등 편의시설 등이 거리가 멀어 불편하고, 노후에 특히 중요한 의료시설이 미흡하여 유사시 위험의 요소도 감당해야 한다. 따라서 귀촌도 귀농과 마찬가지로 사전에 철저한 준비가 성공의 핵심 요소라 할 수 있다.

귀촌을 결정할 때 정착지를 어디로 할 것인지가 가장 먼저 고려할 사항이다. 도심과의 거리 및 교통 여건, 주변의 편의시설 여부, 지근거리에 의료시설 유무 등을 고려해야 한다. 따라서 사전 답사를 통해 현지에서 살고 있는 거주자들의 인터뷰는 물론 다각적인 조사를 실시하고 장단점을 충분히 검토해야 한다.

아울러 함께 거주할 배우자와 충분한 사전 협의가 매우 중요하다. 귀촌의 많은 실패 사례를 보면 배우자의 의견보다는 남편의 일방적인 선호와 실행으로 진행되는 경우다. 결국 배우자가 적응을 못해 부부가 따로 떨어져 사는 경우까지 발생한다. 따라서 임대 등을 통해 미리 살아보는 것도 시행착오를 줄이는 좋은 방법이 될 수 있다.

시설 입소

노후의 시간을 어디서 보내느냐는 노후의 삶의 질을 결정하는 요소 중의 하나다. 기존에 살던 집에서 계속 거주하는 것도 좋지만, 나이가 들어 거동이 불편해지기 시작하면 건강을 위하여 시설에 입주하는 것도 고려해보아야 한다.

노인 의료 및 복지시설은 다음과 같이 분류한다.

구분		내용
법적 의료 시설	요양 병원	• 의료행위가 가능한 유일한 노인 전문 시설 • 의료진과 간병인(1개 병실 6인 기준, 24시간) 상주로 안정적이고 지속적인 서비스(치료/재활)를 받음. • 건강보험료 외에 본인부담금은 150~200만 원(간병비, 기저귀, 간식비, 비급여 치료비 등) 수준
노인 복지 시설	요양원	• 요양보호사가 거동이 불편한 노인들을 보호하는 시설 • 의료행위는 할 수 없으며 대부분 외부 의료진과 시설을 촉탁하거나 연계하여 진행(간호사도 의료행위는 안 됨) • 1인 4실 기준, 환자 2.5명당 1명의 요양보호사 배치 • 노인장기보험 적합 시 한달 본인부담금 60~80만 원 부담

노인 복지 시설	실버 타운	• 노후 생활에 필요한 의료시설과 오락시설, 체력단련시설 등을 갖추고 식사 관리, 생활 편의, 건강 의료 서비스를 제공하는 유료 노인 복지주택으로 오로지 입주자들이 내는 돈으로 운영이 된다. • 입주 보증금과 생활비로 구성되어 있으며 위치 및 시설 등 여건에 따라 가격은 천차만별
	양로원	• 의사의 특별한 조치가 필요 없으며 장기 요양 등급 1~5등급까지 입소 가능 • 실질적으로 부양의무자로부터 적절한 보호를 받지 못하거나 경제적으로 어려운 분들 대상 • 기초생활수급자는 무료, 실비입소 경우도 월 30만 원 부담

실버타운(노인복지주택)

실버타운은 생활에 필요한 의료시설과 오락시설, 체력단련시설 등을 갖추고 식사 관리, 생활 편의, 건강 의료 서비스를 제공하는 유료 노인복지주택으로 국가 및 지자체의 재정 지원이 없이 입주자들의 100% 자부담이다.

실버타운은 유료 양로원과 노인복지주택의 결합체이며, 특히 건강하고 경제력이 있는 시니어에게 적합하다. 60세 이상이면 입주가 가능하지만, 대체로 식사 및 청소 등 가사 노동이 부담스러워지거나 약간의 돌봄이 필요해진 70대 중반에서 80대에 입소하는 경우가 많다. 하지만 실버타운의 각종 시설과 다양한 프로그램을 향유하기 위해서는 건강과 활력이 남아 있는 60대, 즉 조금이라도 일찍 입소하는 것도 바람직하다.

실버타운의 입주 시 내야 할 비용은 입소 시에 지급하는 입주 보증금과 매달 내는 관리비와 식비 등의 생활비로 구성되어 있다. 입주 보증금과 월 생활비는 실버타운의 위치, 시설 수준 등에 따라 천차만별이다. 실버타운의 위치가 예전에는 도심에서 멀리 떨어진 곳에 있었으나 최근에는 도심 속 실버타운이 부각되고 있다. 실버타운은 비싸다고 무조건 좋은 것만이 아니니 충분한 현장 답사를 통해 자기에게 적합한 곳을 선택하는 것이 필요하다.

실버타운의 장 · 단점 비교

장점	단점
• 균형 잡힌 식사 제공으로 건강 관리 • 가사노동에서 해방 • 건강과 여가를 위한 시설과 프로그램 • 평소 건강 관리 및 비상시 대처 용이 • 주거비 절감으로 여유 자금 활용	• 공동시설에 대한 적응 • 동거인들과의 관계 • 입주 및 관리비 부담 • 마음에 들지 않을 경우 안정성 결여

요양병원

요양병원은 의료법에 의한 법적 의료시설이다. 의료행위가 가능한 유일한 노인 전문시설로 의사와 간호사 및 재활치료사가 상주하고, 진료 및 의료시설이 준비되어 있으며, 건강보험 적용을 받는다. 1개 병실 6인 기준으로 24시간 상주하는 간병인의 케어를 받는다.

돌봄의 개념이 강한 요양원과는 다르게 질환의 상태와 증상에 따른 치료를 목적으로 한다. 일반병원은 급성기 질병을 단기간에 치료하는 것에 비해 요양원은 지속적으로 치료와 재활이 요구되는 만성기 질병을 관리하고 유지하는 것이다. 비용은 건강보험료 외에 본인 부담금이 평균 150~200만 원이다. 이 비용은 간병비, 기저귀비, 간식비, 비급여치료비에 들어간다. 급여치료비에 따라 추가 비용이 소요될 수 있다.

요양병원은 대개 보호자가 선택하는데, 노후 준비의 하나로 사전에 본인 스스로 환자를 위한 진료시설, 재활과 예방을 위한 시설과 프로그램, 그리고 의료진을 충분히 고려하여 선택한 후에 보호자에게 알려주는 것도 추후 요양병원 입소 시 심리적인 안정을 위한 좋은 방법이다.

요양병원 선택 시 고려사항

- 위치와 교통의 편리성
- 재활시설 및 재활 프로그램의 질
- 의료진 및 재활 인력의 충분성과 수준
- 환자 중심의 환경 제공
- 치료와 재활에 도움이 되는 영양을 고려한 식사 제공 여부
- 안전 시스템
- 환자의 심리적인 안정과 케어를 위한 조직 문화와 시스템 여부

출처: SDH 서울대효병원 홈페이지, www.seouldh.co.kr

요양원

요양원은 노인복지법에 의한 노인 복지시설로, 전문 자격증을 소지한 복지 전문 인력인 요양보호사가 거동이 불편한 고령자를 돌보는 것을 목적으로 한다. 노화에 의한 신체·정신 기능의 쇠퇴로 거동이 불편한 사람에게 세면, 배설, 목욕 등의 신체 활동을 및 일상 가사를 지원한다. 입소 조건은 노인장기요양등급 신청을 하여 장기요양등급 중 시설

등급을 받은 65세 이상이다.(1, 2등급은 입소 가능하며 3, 4등급은 조건부로 가능)

    법적인 인원 및 시설 규정으로 1실 4인 기준이며 환자 2.5명당 1명의 요양보호사를 배치해야 한다. 또 입소자가 100명 이상일 경우에는 1명 이상의 사회복지사와 물리치료사를 두어야 하며, 입소자 25명당 간호사나 간호조무사를 두어야 한다. 의료행위는 할 수 없으며, 의사는 대부분 외부에 촉탁을 하며 한 달에 2회 방문 진료를 한다.

    요양원은 건강보험이 아닌 노인장기요양보험의 적용을 받는다. 기초생활 수급자는 식대 포함 본인부담금은 전혀 없다. 일반인의 부담으로 입원비는 80%의 정부 지원을 받아 20%를 납부하며, 간병비는 100% 정부 지원, 간식비, 이·미용비 및 소모품비는 100% 본인 부담으로 평균 월 60~80만 원이 소요된다.

요양원 선택 시 고려사항(요양원 현장을 방문하여 상담 시 관찰)

- 첫인상에서 느낄 수 있는 요양원의 전체 분위기 (밝은 분위기)
- 요양원 시설의 청결성/쾌적성 및 안전 시스템 여부
- 요양원 원장의 운영 철학 및 사명감 등의 운영 마인드 (상담 시 관찰)
- 실질적으로 도움을 제공하는 요양보호사들의 표정과 행동 (밝고 친절함)
- 요양원 시설 등급에 너무 연연해하지 말고 참고만 하기
- 선택 시 여러 군데를 수차례 다녀보고 전반적인 상황을 고려하여 신중하게 결정하기 (한번 선택을 하면 옮기기가 어려운 실태 감안)
- 입소자 중심의 환경 제공 및 영양을 고려한 식사 제공 여부
- 환자의 심리적인 안정과 케어를 위한 조직 문화와 시스템 여부

출처 : '요양원 선택 요령', 굼벵TV

양로원

양로원은 노인복지법에 의한 노인 주거 복지시설로서 건강한 노인을 대상으로 본인 부담금이 저렴한 것이 가장 큰 특징이다. 기초생활수급자는 정부 지원으로 무료이며 실비 입소의 경우도 월 30만 원 정도가 소요된다. 실질적으로는 부양의무자로부터 적절한 보호를 받지 못하고 있는 노인이나 경제적으로 어려운 분들이 입소하는 경우가 많다.

요양병원과 요양원은 환자이거나 거동이 불편해야 가는 곳인데 비해 양로원은 스스로 거동할 수 있을 때 입소가 가능하다. 건강하면서 경제적으로 풍족하면 양로원이 아닌 실버타운을 이용한다.

양로원이 예전에는 열악한 환경과 처우로 문제가 되는 경우가 빈번했으나 최근에는 관리 시스템 강화로 시스템이 잘 되어 있다.

노인 의료 및 복지 시설 선택 요소 비교

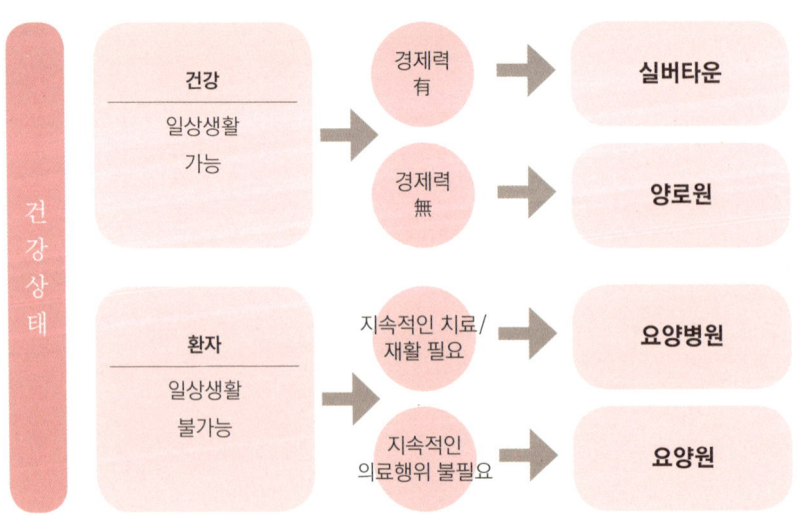

고령자 복지임대주택 활용하기

정부가 만 65세 이상 고령자를 대상으로 국민복지 차원의 주택을 공급하는 것으로 고령자 복지주택과 행복/공공임대주택 내 고령자 우선배정 주택, 두 가지 유형이 있다.

두 가지 유형을 비교하면 다음과 같다.

고령자 복지주택과 행복/공공임대주택 내 고령자 우선배정주택의 비교

구분	고령자 복지주택	고령자 우선배정 주택
개요	• 설계 단계부터 저층부를 사회 복지시설(건강관리, 문화 생활 지원)로 받치고 그 위에 임대주택을 올리는 노인친화형 임대아파트, 미끄럼 방지, 비상 콜 설치(주거와 돌봄)	• 임대료가 저렴한 공공임대주택 내 고령자를 우선 배정하는 주택으로 행복주택 단지 중 일부 호수(서울 8%, 지방 5%) 배정 • '무장애 특화' 설계 반영
입주자격 거주지 제한	• 만 65세 이상 무주택자 • 도시 근로자 월평균 소득 50% 이하 • 주민등록된 지자체만 가능	• 만 65세 이상 무주택자 • 해당 세대 보유 총 자산가액 2억 9,200만 원 이하 • 자동차 3,496만 원 이하 • 제한 없이 전국 모두 가능
거주 기간	• 영구 임대 • 50년 거주	• 최대 20년 • 임대차 계약은 2년으로, 계속 거주를 희망하는 경우 입주자격 충족자에 한하여 2년 단위로 계약 갱신
보증금 월세	• 800~1,300만 원 • 8~15만 원	• 전환 가능, 주변 시세의 30% • 30~40만 원
공급예정 (2025년)	• 1만 세대	• 6만 세대

해외 이민 및 특정 지역에서 일정 기간 살아보기

해외 이민

노후를 편하고 풍요롭게 보내는 방법이 국내에만 있는 것은 아니다. 은퇴 후 해외로 나가 풍족하고 편안한 노후 생활을 보내는 은퇴 이민도 있다. 국내보다 물가가 싸고 환경이 쾌적한 곳이거나 이미 많은 한국 이민자들로 인해 삶의 터로 자리를 잡은 국가들이 주 대상이다. 대표적인 나라는 필리핀, 피지, 캐나다, 호주 등이 은퇴 이민 국가로 각광을 받고 있다.

각 국가별 비교를 하면 다음과 같다.

국가	특징
필리핀	장기체류 비자인 '특별 영주 은퇴비자(SRRV)'를 발급하는 등 은퇴자 유치를 위해 적극적이다. 일정 금액을 은행에 예치하면 된다. 물가와 인건비가 저렴하기 때문에 적은 비용으로 여유로운 생활을 할 수 있다.
피지	자연이 아름답고 공기가 깨끗한 세계적인 휴양지인 피지는 이민 절차가 간단하다. 45세 이상의 나이에 고정수입만 있으면 이민이 가능하다. 치안도 안전하며 주거비를 제외하면 월 생활비는 100만 원 이내로 저렴하다.
캐나다	'노인과 어린이 그리고 여성의 천국'인 캐나다는 이미 한인이 워낙 많기 때문에 은퇴 이민자들이 적응하기가 용이하다. '순수투자이민'을 이용하며, 초기 정착 비용에 비해 월 생활비는 한국보다 저렴한 편
호주	은퇴 이민자를 위한 은퇴비자가 따로 있으며, 4년 만료기간이 지나면 다시 5년 연장 신청을 할 수 있다. 비자 보유자들은 풀타임 근무가 가능하다. 레저 활동과 각종 스포츠 천국인 호주는 이민자들이 꿈에 그리는 나라이다.

출처: 주간조선 1880호 은퇴 특대호 특별 부록 참조, 저자 재구성

특정 지역에서 일정 기간 살아보기

최근 '제주에서 한 달 살아보기', '유럽에서 6개월 살아보기' 등이 유행이다. 며칠간의 짧은 여행이 아니라 비교적 장기간 한곳에 머물면서 여유롭게 휴식을 통한 힐링과 삶의 재충전을 하는 방법으로 호응도가 좋다.

은퇴 후 1년에 1~2회 정도 부부 또는 친구들과 함께 특정 지역을 돌아가면서 다녀보는 것도 노후 생활에 큰 활력소가 될 것이다. 마음에 맞는 사람들과 충분한 소통을 통해 사전 계획을 철저히 하는 것이 중요하다. 즉 숙소 결정, 일정 계획, 소요되는 비용, 각자의 역할 설정 등에 대해서 서로 오해가 없도록 잘 배려하는 것이 필요하다.

4 거주지 선택
(누구와 어디서 살 것인가)

노후 거주지 선택 시 고려사항	상	중	하
노후에 안정적으로 장기간으로 머무를 수 있는가?			
거주지 선택을 부부가 만족하고 있으며 상호 친화적인가?			
건강 관리를 위한 의료시설(대형병원)이 주변에 있는가?			
주변 환경이 자연친화적 이면서 도심 진입이 용이한가?			
경제적(주거비용, 자산가치 상승, 환금성)으로 용이한 곳인가?			
자녀, 친척, 친구들과 원활한 교류가 가능한가?			
전문직, 재취업 등 경제적인 활동이 가능한가?			
문화 활동 및 지역 활동이 가능한 커뮤니티가 용이한가?			
편리한 교통(역세권) 및 주변 편의시설이 용이한가?			

기존 주택 활용		Life Style에 따라 선택	
리뉴얼	다운사이징	귀농/귀촌	실버타운/요양원	기타

노후 거주지 최종 선택 / 선택 이유

4장

노후 자금 설계

1   충분한 자금은 풍요로운 노후의 근간

HCBC 은행에서 세계 17개국 30~60세의 경제활동인구를 대상으로 은퇴에 대한 인식을 조사했다. 이 조사에서 대부분의 선진국 사람들은 은퇴라는 단어에 대하여 '자유', '만족', '행복'이라는 단어가 떠오른다고 응답했다. 이는 은퇴 이후의 삶에 대해 긍정적이고 낙관적인 인식을 가졌다는 것을 의미한다.

그러나 같은 조사에서 한국인 55%는 '경제적 어려움'을 가장 연관성 높은 단어로 꼽았으며, 그 외에도 '두려움'과 '외로움' 같은 단어들을 떠올려 은퇴 이후의 삶에 대해 부정적이고 비관적인 인식을 갖고 있음을 보여주었다.

그 이유로는 '모아 놓은 돈이 충분치 않아서'(47%)가 가장 높게 나와 재정적인 부분의 준비가 노후 준비 중 가장 큰 관건임을 확인할 수 있다.

노후 준비의 요소로 크게 재무적인 요소와 비재무적인 요소로 나눌 수 있는 만큼, 충분한 재정은 풍요로운 노후의 근간이 된다고 할 수 있다. 따라서 '은퇴 재무 설계'는 노후 준비의 핵심 요소로 준비를 철저히 해야 한다.

은퇴 재무 설계는 은퇴 이후에 특별한 소득이 없거나 소득이 불규칙하고 금액이 적을 때를 대비하여, 은퇴 이후의 생활이 가능한 만큼의 자금과, 빈번하게 발생하는 의료비나 사고 등에 대비하는 각종 보험 같은 안전장치를 마련하기 위해 수립하는 것이다. 은퇴 이후의 원하는 삶을 영위하기 위해 필요한 재무적인 준비라고 정의할 수 있다.

특히 지금부터 노후를 준비해야 하는 세대의 특징은 '낀 세대'로, 부모 봉양은 자식으로서 당연한 의무라고 생각하여 자식 역할을 다하면서도, 자식들에게는 부양을 받거나 지원을 받는 것을 기대하지 않는 것이다. 나아가 사회적으로나 가정적으로 독립하지 못하고 있는 일명 '캥거루족'(학교를 졸업해 자립할 나이가 되었는데도 부모에게 경제적으로 기대어 사는 젊은이들을 일컫는 용어)을 지속적으로 돌보는 것을 부모의 도리라 생각하면서 정작 본인들의 노후 준비는 소홀히 하는 등 계속 희생하고 있다. 따라서 자녀 리스크에 대한 인식 전환이 필요하고 아울러 지금부터라도 노후 자금 준비를 서둘러야 한다.

2 — 노후 자금 계획 수립 시 고려 사항

노후 자금을 미리 준비한다고 하는 일은 은퇴 후 풍요롭게 살기 위해 매우 중요한 요소다. 또 인간으로서 최소한 존엄성을 유지하는 데도 결정적인 요소로 작용한다. 노후 자금 준비에 대한 중요성 인식과 자가 진단을 통해 본격적으로 노후 자금 조달 및 운영 계획을 수립해야 할 차례다. 노후 자금 계획을 수립하기 전에 노후 자금 계획 수립 시 참조할 내용을 미리 살펴보는 것도 의미가 있다.

월급 형태의 현금 흐름을 만들어라

풍요로운 노후를 영유하기 위해서는 무엇보다 안정적이며 고정적으로 나오는 수입이 있어야 한다. 마치 월급처럼 매월 고정적인 수입원을 만드는 것이다. 아무리 수입 금액이 높아도 일회성이거나 불규칙적이라면 항상 불안할 수밖에 없다. 부동산도 유동성이 낮아 막상 현금이 필요할 때는 어려움을 겪을 수가 있다. 따라서 매달 꼬박꼬박 나오는 현금은 노후 준비에서 가장 선행되어야 할 요소다. 현금 흐름을 만드는 방법으로는 정부가 운용하는 국민연금과 기업이 제공하는 퇴직연금, 개인이 각자 준비하는 개인연금이 있다. 흔히 이 세 가지를 합쳐 '3대 사회보장 장치'라고 부른다. 또 자산의 연금화 상품으로 소유하고 있는 주택을 담보로 자기 집에 살면서 매달 연금을 받는 주택연금과, 보유한 목돈을 예치하고 이를 바탕으로 매달 연금을 받는 즉시연금도 있다. 보다 구체적인 조달 및 운용 방법은 뒤에서 구체적으로 다룬다.

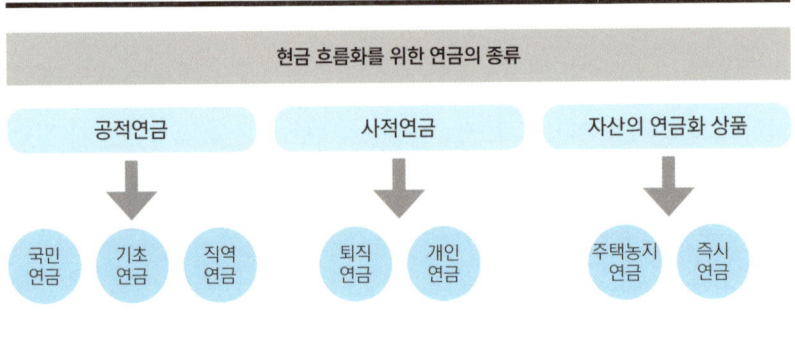

노후 자금 계획은 100세까지 단계별로 준비하라

노후 자금 계획을 수립할 때 많은 사람들이 노후 자금 사용 기간을 80세, 길어야 90세 정도로 잡는데, 예상 수명보다 더 살게 된다면 어떻게 할 것인가? 오히려 죽기 전 2년 동안이 의료비 과다 지출로 인해 노후 자금 사용이 가장 많이 들어간다. 예상 수명보다 적게 살면 노후 자금은 그만큼 여유가 생긴다.

따라서 처음부터 노후 자금 사용 기간을 100세에 맞추는 것이 현명하다. 노후 자금에 여유가 생기는 것은 아무 문제가 없지만 부족하면 문제가 된다. 아울러 배우자가 죽고 나서 남겨진 배우자가 혼자 살아가는 기간의 노후 자금도 철저히 준비해야 한다. 은퇴 생활을 준비할 때는 다음의 각 단계별 특징을 이해하고 단계에 맞추어 준비하는 것이 필요하다.

활동 왕성기(60~75세)

이 시기는 건강도 양호하고 그동안 열심히 살아온 것에 대한 보상 심리 등으로 가장 열정적으로 활동하는 시기다. 《100세를 살아보니》의 저자 김형석 교수가 인생 중 가장 전성기라고 표현했던 바로 그 시기다. 노후 준비에 대한 관심도 많아 여러 준비와 시도도 많이 하는 시기다. 평소에 못한 여행이나 취미 생활도 활발하게 실행하기도 하고, 새로운 학습에도 과감하게 도전을 하기도 함으로써 은퇴 기간 중 자금이 많이 들어간다.

따라서 기본적인 노후 준비(건강, 돈)가 되어 있다는 전제하에 인생 전체를 보았을 때 가장 스트레스를 덜 받고 여유롭게 인생을 즐길 수 있는 시기다. 또 이 시기를 잘 보내야 이후 노후 삶의 질이 결정되기 때문에 보다 긍정적이고 적극적으로 인생의 참맛을 음미하면서도 철저히 준비하는 것을 병행해야 한다.

자아 성찰기(76~85세)

이 시기에는 여전히 건강이 양호하지만 대외적인 활동이 급격히 줄기 때문에 은퇴 기간 중 생활비가 가장 적게 든다.

우리 인생은 크게 3단계로 구분하기도 한다. 1단계는 돈과 성공을 갈망하는 시기, 2단계는 그것을 어느 정도 달성하고 사람들을 다스리고 싶어하는 권력욕과 자기 과시의 명예욕을 추구하는 시기, 마지막 3단계는 나는 누구인지를 묻는 자기 성찰 시기다. 바로 이 시기가 그동안 살아온 삶을 회상하면서 자신에 대해 깊이 성찰하는 시기다. 아직 건강은 양호한 편이지만 활동량이 서서히 느려지고, 대외적인 관계 교류보다는 배우자와 자녀, 그리고 친밀도가 높은 소수의 친구들과의 교류가 깊어진다. 사회와의 교류가 단절되지는 않도록 자신이 속해 있는 지역에서의 종교 활동이나 봉사 활동 등을 꾸준히 실행해야 한다. 느리지만 삶을 관조하는 너그럽고 여유 있는 마음으로 보내는 것이 좋다.

간병 · 정리기(86세~)

이 시기는 상당수 노인들의 거동이 불편해지거나 뇌졸중, 치매와 같은 노인성 질환에 걸려 주변의 간병 도움이 필요하게 된다. 그만큼 의료비용이 증가하게 되고 예상 수명보다 더 생존하게 되면 생활비의 고갈마저 겹치기 때문에 노후 자금 면에서 상당한 어려움에 처할 수도 있다. 빈번히 나가는 의료비에 대한 현금은 물론 목돈이 들어가는 것을 감당하는 중대 질병에 관한 보장성 보험 등 은퇴 준비 중 의료비에 대한 준비가 잘 되어 있느냐에 대한 진가가 발휘되는 시기다.

또 이 시기에 부부 중 남편이 먼저 세상을 떠나고 아내가 홀로 살아가는 기간에 소요되는 자금도 고려하여 준비해놓아야 한다. 따라서 은퇴 생활비를 추정할 때 간과하기 쉬운 이 기간에 대해 철저히 준비해야 한다. 살아 있을 때 잘 사는 것도 중요하지만 마지막으로 아름답게 떠나는 뒷모습도 매우 중요하다. 따라서 이에 대한 적절한 준비를 빼놓아서는 안 된다.

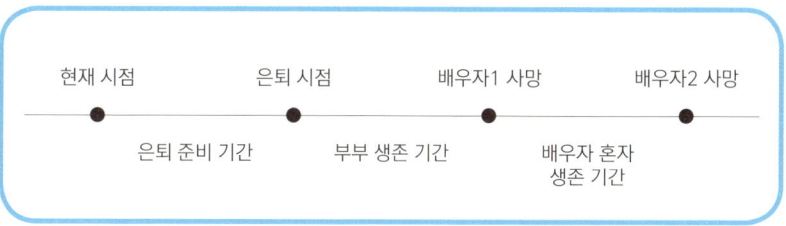

은퇴 리스크를 사전에 예방하라

노후 자금 계획 수립 시 노후 생활을 경제적으로 위협하는 요소들을 사전에 파악하여 예방함으로써 안정적인 노후 생활을 영위할 수 있도록 노력해야 한다.

노후 생활을 경제적으로 위협하는 은퇴 리스크
1. 자녀 리스크(자녀 교육 및 결혼 비용, 무직 자녀 부양 부담 등)
2. 가계 부채 리스크
3. 창업 실패 리스크

4. 금융 사기 리스크

5. 중대 질병(늘어나는 의료비 부담) 리스크

6. 황혼 이혼 리스크

미래에셋 은퇴연구소에서는 은퇴 5대 리스크의 발생 가능성 및 경제적 영향에 대해 아래와 같이 발표했다.

'은퇴 5대 리스크' 발생 가능성 및 경제적 영향

은퇴 5대 리스크	발생 빈도	자산 손실(만 원)	생활비 감소
성인 자녀	55.5%	12,852	19.9%
중대 질병	23.7%	2,340	20.9%
창업 실패	18.8%	7,023	41.3%
금융 사기	6.2%	11,845	27.8%
황혼 이혼	2.9%	11,412	46.2%

출처: 미래에셋 은퇴 연구소

자녀 리스크

자녀 리스크는 자녀교육비, 결혼비용 그리고 무직 자녀의 부양에 대한 리스크를 말한다. 첫 번째, 자녀교육비는 통상 부모가 부담해야 한다는 묵시적 동의가 있어 대부분의 부모가 부담하고 있다. 문제는 은퇴 전 최소한 막내의 교육비가 확보되었는지 여부다. 요즈음은 대학을 졸업하고도 취업이 어려워 취업준비생 기간에 들어가는 비용도 자녀교육비용에 포함되는 것이 현실이다. 좀 더 냉철하게 보면 자녀교육비는 자녀가 대학을 졸업할 때까지가 아니라 취업할 때까지로 보아야 한다. 물론 취업 준비비용은 자녀들도 아르바이트 등을 통해 일부 부담하고 있기는 하다.

최근에는 취업 준비 기간이 길어지고 있을 뿐만 아니라 취업을 포기하고 아예 부모에게 의존하며 사는 캥거루족도 있어 은퇴자의 은퇴 후 리스크로 작용하고 있다. 이 캥거루족은 우리나라만 있는 것이 아니고 이미 선진국에 만연해 있다. 특히 일본에서는 패러사이트 싱글(Parasite single, 기생충적 독신), 즉 부모와 함께 사는 35~54세 독신이 470만 명에 이른다고 한다.

"일본 '중년 캥커루' 150만 명 부모 잃고 나면 시한폭탄", "집안에만 틀어박힌 50대, 80대 부모의 돈이 없으면 굶어죽을지도"

일본 신문에 흔히 나오는 기사 제목이다. 앞으로 우리나라에서도 예상되는 현상이다. 노후 생활의 요소 중 하나가 바로 자녀 리스크를 잘 관리해야 하는 것이다.

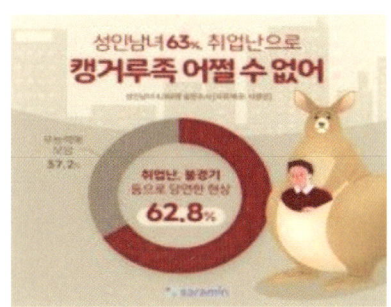
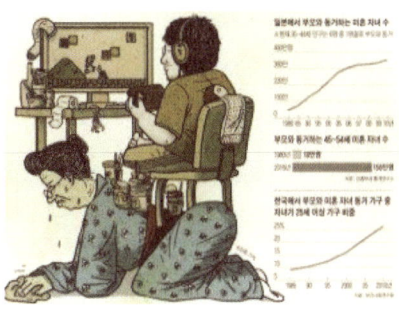

두 번째는 자녀 결혼비용이다. 많은 부모가 자녀 결혼비용에 대해 자녀에게 "알아서 하라"고 말은 하지만 막상 결혼 준비에 들어가면 부모로서 손 놓고 볼 수만 없는 것이 인지상정이다. 주택비용이 너무 많이 들어가 자녀들에게만 부담시키기에는 너무 크기 때문이다. 물론 남자와 여자가 들어가는 비용에는 차이가 있고, 자녀가 사전에 나름대로 준비한 금액에 따라 부모가 부담해야 할 금액이 결정된다.

은퇴자 중 많은 이들이 실제로 무리하게 빚을 내서까지 자녀 결혼비용을 부담했다가 은퇴 후 힘들어하는 경우를 흔히 본다.

따라서 은퇴 계획을 수립할 때부터 자녀 결혼비용에 대해 부모로서 부담이 가능한 적정 금액을 산출하여 예상 소요비용을 준비하도록 노력해야 한다. 혹시 부채가 발생하더라도 절대 무리하면 안 되고, 감당할 수 있는 범위에서 지출하도록 하고, 배우자는 물론 자녀와도 충분한 대화를 통한 이해와 배려가 있어야 한다.

웨딩 컨설팅 듀오웨드에서 최근 2년 이내 결혼한 신혼부부 1,000명(남녀 각각 500명)을 대상으로 조사한 결혼비용을 〈신혼부부 결혼비용실태보고서〉를 통해 살펴보면 표와 같다.

신혼부부의 총 결혼비용은 2억3,618만 원이었다. 각 항목은 ▲주택 1억9,271만 원 ▲예식장 896만 원 ▲웨딩 패키지(스튜디오, 드레스, 메이크업) 278만 원 ▲예물 619만 원 ▲예단 729만 원 ▲이바지 79만 원 ▲혼수 1,309만 원 ▲신혼여행 437만 원으로 구성되었다.

주택비용은 전국 평균 1억9,271만 원으로 전체 결혼 비용 중 81.6%를 차지했다. 서울이 2억5,724만 원으로 가장 높고, 수도권 1억8,887만

결혼 소요 비용(신혼부부 결혼비용 실태 보고서)

	2017년	2019년	2020년	2021년
결혼비용 총액(만원)	26,332	23,186	15,332	23,618
결혼비용 총액 중(주택 비율)	18,640(71%)	17,053(74%)	10,800(70%)	19,271(81.6%)
결혼비용 부담률(%)	65:35(신랑:신부)	50:50(신랑:신부)	70:30(신랑:신부)	61:39(신랑:신부)
신랑 부담금(만원)	17,116	11,593	10,737	14,421
신부 부담금(만원)	9,216	11,593	4,600	9,197

출처: 듀오 웨드

원, 영남 1억7,311만 원, 호남 1억5,823만 원, 강원 1억4,867만 원, 충청 1억4,757만 원 순이었다. 신랑 신부 결혼 비용 부담율은 각각 61%, 39%이고, 주택 비용 부담율은 각각 67%, 33%로 나타났다. 이를 금액으로 환산하면, 총 결혼 비용은 신랑 1억4,421만 원, 신부 9,197만 원으로 추정된다.

신혼집 점유 형태는 전세가 53.9%로 가장 일반적이었다. 자가 구입은 31.6%, 반전세 6.1%, 월세 2.6%의 비율로 나타났다. 연령별로는 40대의 경우 자가 구입 비중이 상대적으로 높게 나타났다. 신혼주택 유형은 아파트가 71.2%로 대부분을 차지했다. 다음으로 빌라(14.5%), 일반 주택(9.5%), 오피스텔(4.7%) 순으로 분포했다. 20대와 서울 지역에서 상대적으로 빌라 거주 비중이 높게 나타났다.

주택자금을 제외한 결혼비용은 총 4,347만 원으로 집계되었다. 이

중 예식 비용은 예식장과 웨딩 패키지를 합해 총 1,174만 원을 사용했다. 예식 외 비용은 예물, 예단, 이바지, 혼수용품, 신혼여행을 포함해 총 3,173만 원이 들었다.

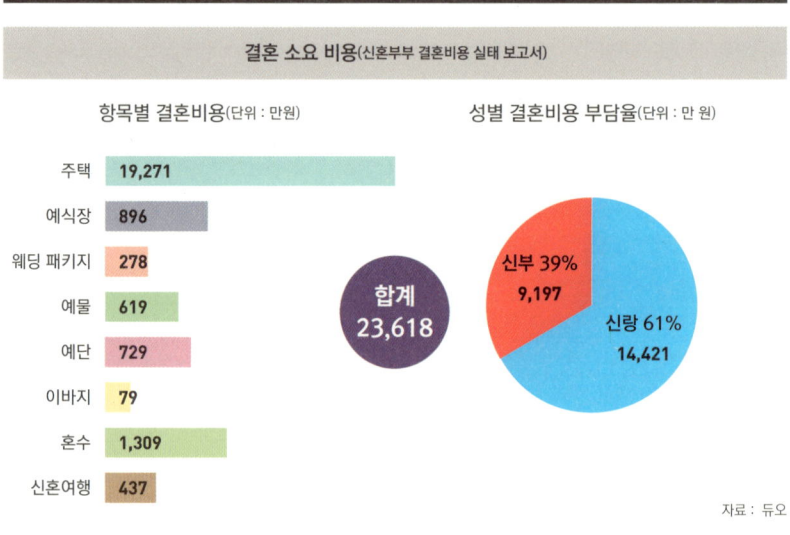

신혼부부는 주택을 제외하면 혼수(56.2%)를 가장 부담스러워했다. 성별로 보면, 여성은 이바지와 예단, 남성은 예물과 웨딩 패키지에 대한 축소 의향이 상대적으로 강하게 드러났다.

작은 결혼식에 대해서는 전체 응답자의 92.4%가 긍정적으로 인식했다. 그 이유로는 '결혼 간소화로 비용 절감' 37.6%, '개성 있는 결혼식' 19.6%, '신랑 신부가 주인공인 결혼식'이 19.4%의 응답률을 보였다. 전체 남녀의 56.1%가 '다시 결혼식을 준비한다면 비용을 절감하겠다'고 답했다.

응답자 45.1%는 '부모 도움 없는 자립 결혼이 충분히 가능하다'고 생각했다. '일부 도움을 받으면 가능하다'는 의견은 22.4%를 차지했다. '대부분 도움을 받아야 한다' 17.6%, '절대 불가능하다' 14.9%로 나타났다. (출처: 데일리시큐, 우진영 기자, 2021. 02. 25)

결국 인륜지대사인 자녀 결혼은 은퇴를 앞두고 있거나 은퇴 후에 치러지는 경우가 대부분이다. 이때가 바로 은퇴 전 10년과 은퇴 후 5년 후 기간(통상 50~65세)에 나타나는 퇴직 레드존(Red Zone)과 겹친다는 것이다. 퇴직 레드존에서는 조기 퇴직 위험, 임금 피크 위험 그리고 연금 공백 위험의 소득 교란 3대 위험이 발생한다. 즉 실질 소득이 줄어드는 위험에 노출되어 있는 기간을 의미한다. 따라서 주변의 이목이나 눈치를 보거나, 또는 과시를 하기 위해 감당 못 할 무리한 부채까지 떠안는다면 은퇴 후 노후의 삶의 질은 최악이 될 수도 있다.

따라서 형식보다는 서로 형편에 맞춤으로써 후유증을 최소화하면서도 충분히 축복받는 결혼식을 치를 수 있다는 인식의 전환과, 아울러 결혼을 앞둔 자녀와도 부모의 노후 생활비에 대해 진솔하고도 충분한 소통을 하면서 서로에 대한 이해와 배려(결혼 후 자녀와의 관계까지 고려하여 불만이 없도록)를 통해 최적의 해결점을 찾아나가는 지혜가 절실하다 하겠다.

가계 부채 리스크

은퇴 전에 반드시 털고 가야 할 1순위를 꼽자면 단연코 가계 부채다.

가계 부채의 대부분은 주택 구입 시 발생한 대출이 가장 크게 차지하며, 기타 자녀교육비와 결혼비용으로 인한 부채다. 은퇴 이후는 소득이 줄거나 없을 수도 있기 때문에 과도한 원금과 이자는 상당한 부담으로 작용할 수 있다. 따라서 되도록 퇴직 레드존에는 추가 부채는 없어야 하며, 보유하고 있는 부채도 최대한 상환하는 노력을 기울여야 한다.

또 부동산 자산가치가 하락하거나 대출 금리가 인상될 때는 감당하기 어려운 큰 리스크로 작용할 수 있기 때문에 예측 가능한 노후 자금 관리를 위해서도 여유 자금이 생기면 먼저 부채를 상환하는 것이 좋다.

한국은행이 국회에 제출한 〈2019 하반기 금융안전보고서〉를 보면 60대 이상 고령자의 대출 증가율이 연 9.9%로 40대 부채 증가 속도의 세 배에 달했다. 이는 은퇴 후 재취업은 바늘구멍이기 때문에 새로운 소득처를 찾아 자영업이나 임대 소득을 올리기 위해 대출을 한 경우다. 이와 같이 60대 이후에 예측하지 못했던 통제 불가능한 노후 자금 관리를 위해서도 은퇴 전에 가계 부채를 정리해두는 것이 바람직하다. 즉 노후 자금 계획 수립은 돈뿐만 아니라 은퇴 후 소득 창출 전략도 포함되어야 한다는 것을 의미한다.

창업 실패 리스크

은퇴 후에도 생계를 위하여 계속 수입을 창출해야 하는 은퇴자가 많다. 이러한 현상은 2021년 통계청이 발표한 '경제활동인구조사 고령층 부가조사' 결과에도 잘 나타나 있다. 55~79세에 해당하는 고령층 인구 (1,476만6,000명)의 68.1%(1,005만9,000명)가 일하기를 원하고 있다. 이들의

58.1%는 생활비에 보태기 위해 일자리를 찾고 있으며 평균 73세까지 일하고 싶어 한다. 그러나 은퇴자들의 재취업 시장 현실은 조기 퇴직 후 재취업은 하늘에 별 따기고, 이마저도 재 취업 후 2~4년을 견디기가 실로 어렵다. 또 이 시기에 나오는 조기 연금도 용돈 수준밖에 안 되니 생계 유지를 위해 무슨 일이든 해야 한다. 결국 한 가닥 대박의 꿈을 안고 자영업 창업에 내몰리는 것이다. 이와 같이 은퇴 후 얼마간의 수익이라도 창출할 수 있는 선택의 폭이 적기 때문에 대개는 마지못해 창업을 한다. 우리나라는 자영업자 비율은 24.6%로 OECD 국가 중에서는 1위, 세계에서는 6위다. 따라서 경쟁이 매우 치열한 영역이다. 최근에는 주 52시간 근무와 최저임금 인상 그리고 코로나의 영향으로 배달과 온라인 쇼핑으로의 급격한 이동으로 인해 자영업 환경은 계속 악화되고 있다.

물론 철저한 준비와 조달 가능 범위 내에서 창업에 성공하면 노후 생활과 자금의 시스템이 구축되는 매력으로 작용할 수 있다. 그러나 창업 5년 내에 폐업하는 폐업률이 80%에 달하는 것이 현실이다.

창업에 실패하는 원인을 살펴보면 시장이 원치 않는 제품(42%), 자금 부족(29%), 팀원 구성 문제(29%), 차별성 부족으로 경쟁력 부족(23%)의 순이었다. 따라서 창업을 해야 하는지의 당위성과 창업을 통해 이루고자 하는 명확한 목표 설정이 우선되어야 하고 사전에 철저한 준비가 필요하다. 창업 자금도 동원 가능한 범위 내에서 해야 하며 소유 자산의 50% 이상은 투입하지 않도록 관리해야 한다.

금융 사기 리스크

금융 사기는 역사적으로 근절되지 않는 사회악이다. 대표적인 금융 사기 유형은 유사수신행위(금융회사로 인증받지 않은 단체 및 개인이 불특정 다수로부터 투자금을 끌어모으는 행위), 보이스 피싱(Voice Phishing, 음성(전화)을 이용하여 피해자를 속여 재산상의 손해를 입히는 행위), 파밍(Pharming, 가짜 웹페이지에 접속하게 하여 개인정보를 훔쳐 돈을 가로채는 행위), 스미싱(Smishing, 악성 웹주소가 포함된 휴대폰 문자메시지를 발송하여 악성 웹 설치를 유도, 금융정보나 돈을 탈취하는 행위), 메신저 피싱(Messenger phishing, 카카오톡, 밴드 등 모바일 메신저를 통해 신뢰하는 지인 등을 사칭하여 돈을 가로채는 행위) 등 다양하다.

은퇴자들은 예금 이자율 저하로 인한 새로운 투자처 탐색 등 노후자금에 대한 걱정으로 심리적 불안감에 시달리고 있는 데다가, 스마트폰 및 인터넷 등 IT 기술과 금융 시장에 대한 이해도가 낮아 쉽게 금융 사기 범죄의 표적이 된다. 특히 노후 생활을 영위해야 할 퇴직금이나 그동안 모아 둔 쌈짓돈까지 잃게 되면 경제적 회복 능력이 낮은 은퇴 고령자들은 빈곤의 나락으로 떨어질 수 있으니 각별히 조심해야 한다.

이는 실제 통계에서도 증명되고 있다. "금융사기를 당한 적이 있는가?"라는 질문에 60대는 24.1%(4명 중 1명)로, 다른 연령대에 비해 상대적으로 높았다.

유사수신행위의 경우, 초기에는 약속한 원금과 이자를 제 날짜에 정확하게 제공하면서 신뢰감을 주다가 점차 더 큰돈을 투자하도록 유도한다. 이때는 고수익을 강조하며 마치 피해자에게만 특별히 알려주는 듯한 제스처를 취한다.

또 정부기관이나 금융회사를 사칭하면서 압박하거나, 외로운 고령자들에게 학연, 지연 등의 친분을 빌미로 친밀감을 형성한 후에 부탁을 거절하기 어렵게 만드는 경우 등 시대에 따라 범죄의 기술도 다양해지고 교묘해지고 있다.

금융 사기를 당했을 때 대처 방법

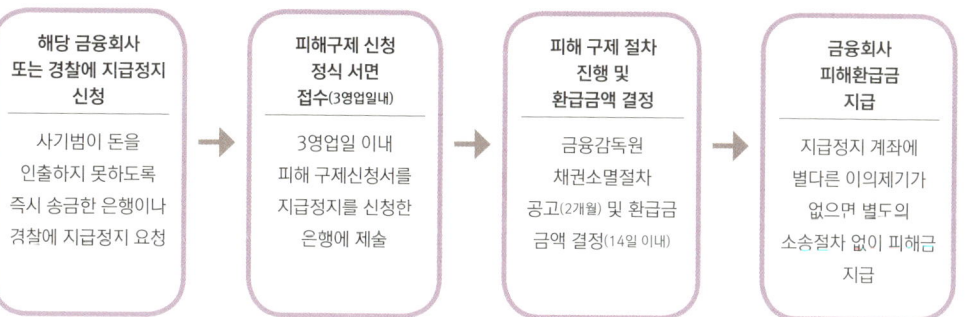

출처 : 금융감독원 2018

금융 사기 예방법

• 투자는 결국 본인의 책임이라는 사실을 상기하여 순간적으로 유혹에 말려 선택하거나 결정하지 말고 일단 결정하기 전 충분한 시간을 갖고 주변의 전문가들과 상의하거나 투자 대상에 대해 정보를 파악하는 등 일단 냉정하게 투자를 검토하는 시간을 가져야 한다.

• 범죄자들은 피해자가 신체적·심리적으로 어려울 때일수록 위로하는 척하면서 깊게 파고드는 경향이 있다. 단순히 정에 이끌려 쉽게 결정하는 일이 없도록 이런 시기에는 더욱 스스로 냉정해야 한다.

● '세상에 공짜는 없다'는 격언처럼 리스크가 없는 고소득은 존재하지 않는다. 따라서 누군가가 고소득을 유도할 경우는 일단 무조건 거부하는 것이 좋다.

보이스 피싱 등 금융 사기 예방 10계명

1. 전화로 정부기관이라며 자금이체를 요구하면 일단 보이스 피싱 의심
2. 전화·문자로 대출을 권유받는 경우 무대응 또는 금융회사 여부 확인
3. 대출 처리비용 등을 이유로 선입금 요구 시 보이스 피싱 의심
4. 저금리 대출을 위한 고금리 대출 권유는 100% 보이스 피싱
5. 납치·협박 전화를 받는 경우 자녀에게 연락하여 자녀 안전부터 확인
6. 채용을 이유로 계좌 비밀번호 등 요구 시 보이스 피싱 의심
7. 가족 등을 사칭하여 금전 요구 시 먼저 본인 확인
8. 출처 불명 파일, 이메일, 문자는 클릭하지 말고 삭제
9. 금융감독원 팝업 창이 뜨고 금융거래정보 입력 요구 시 100% 보이스 피싱
10. 보이스 피싱 피해 발생 시 즉시 신고 후 피해금 환급 신청

출처: 금융감독원

중대 질병 리스크

우리나라는 급격한 초고령사회화로 지난해 건강보험 총 진료비 중 노인진료비가 차지하는 비중이 처음으로 40%를 넘어서는 등 노인진료비의 증가 속도가 가파르게 상승하고 있다. 2009년부터 2018년까지 10년간 건강보험 전체 진료비는 연평균 7.8% 증가했으나, 65세 이상 진료비는 연평균 11%로 증가율이 훨씬 높았다. 건강보험 적용 인구 1인당 연간진료비는 2009년에 1인당 81.3만 원, 65세 이상 257.4만 원에서

2018년에 1인당 152.3만 원, 65세 이상 454.4만 원으로 증가, 65세 인구 적용 인구의 1인당 연간 진료비가 전체 1인당 연간 진료비의 3배 수준인 것으로 분석되었다. 이는 65세 이상 고령층은 복합 상병 등 노인성 질환의 특성과 만성질환 증가 등이 그 원인으로 작용한 것으로 보인다.

65세 이상 인구 비율이 20%를 넘어서는 초고령사회로 진입하는 2025년에는 노인진료비가 57조9,446억 원으로 증가하고, 2035년 123조288억 원으로 증가할 것으로 추계되었다. 이와 같이 고령화가 심화될수록 의료비가 증가하기 때문에 이에 대해 철저히 대비해야 한다. 노인 1인당 진료비 지출액이 연간 323만 원이라고 하니 2인 부부 생활비로 계산하면 월 생활비의 30% 이상을 차지하는 큰 금액이다. 의료비는 통상적인 진료비, 중증질환 치료비, 정기적인 건강검진 비용, 치매 등 장기요양 비용으로 나눌 수 있다. 이 중 중증질환 치료비가 목돈도 많이 들어갈 뿐만 아니라 가족에게 정신적으로나 물질적으로 끼치는 영향이 크기 때문에 실손보험이나 각종 중증질환에 대한 보장성보험 등을 젊을 때부터 미리미리 가입해두는 것도 필요하다.

황혼 이혼 리스크

통계청의 〈한국의 사회동향 2020〉에 따르면, 2019년에 혼인 지속기간 20년 이상 부부의 황혼 이혼 건수는 3만8,446건으로 전체 이혼 가운데 34.7%를 차지했다. 이는 지난 1999년의 1만5,816건의 2.4배에 달하는 수준이다. 평균 이혼 연령도 남성은 36.8세에서 48.7세로, 여성은 32.7세에서 45.3세로 모두 높아졌다. 또 '경우에 따라 이혼할 수도 있고,

하지 않을 수도 있다'고 응답한 비율이 50대는 49.5%, 60대도 32.9%로 계속 증가하고 있다.

황혼 이혼 기준에 대해 정부는 혼인 지속기간 20년 이상이고, 미래에셋 은퇴연구소에서는 연령을 기준으로 하여 남편 연령 60세 이상의 이혼, 즉 생애 설계의 관점에서 은퇴기 이혼으로 새롭게 정의하면서 그 특징을 5가지로 분류했다.

생애 설계 관점에서의 황혼 이혼의 특징

구분	특징
전체 이혼 중 황혼 이혼 비중	14.7%
35년 이상 동거부부 비중	44.1% (평균 동거기간 28.4%)
부부 연령	남 66.1세, 여 60.5세
미성년 자녀 있음	3.1%
황혼 이혼 당시 남편의 직업	무직 28.7%

출처: 미래에셋 은퇴리포트 No.42

새로운 기준으로 본 황혼 이혼의 가장 큰 특징은 다른 연령대에 비해 이혼율이 심각한 편은 아니지만, 60대 이상의 이혼율은 지속적으로 증가 추세에 있다는 것이다. 은퇴자들에게 황혼이혼의 문제점은 한정된 은퇴자산을 가지고 둘로 분할해야 하며, 주거를 분리하면서 1인 가구로 전환될 가능성이 높아진다는 것이다. 이로 인해 빈곤 및 고독사 위험에 노출됨으로써 가정의 문제를 넘어 사회적 문제로까지 확대된다.

따라서 은퇴 전부터라도 부부 관계의 소중함을 깨닫고 관계 향상을 위해 정성을 들여 황혼 이혼을 방지하는 것이 최선이나, 부득이 황혼 이혼을 하더라도 혼자서 생활할 수 있는 경제력을 갖추어야 한다.

노후 자산의 포트폴리오를 구축하라

노후 자산이 한쪽으로만 치우쳐 있는 것은 예를 들어 부동산처럼 정작 필요할 때 현금을 제대로 사용할 수 없는 경우도 발생한다. 가장 먼저 연금 3총사(국민연금, 퇴직연금, 개인연금)로 매달 월급처럼 나올 수 있도록 현금 흐름을 만들어야 한다. 부족한 노후 자금은 현금을 포함한 금융상품(저축성, 투자성)과 보험(사회형, 민영화) 그리고 부동산(시세 차익, 임대 수익) 등을 활용하여 충당한다.

투자할 때도 최소한 생활비의 70%는 고정하고, 나머지 30% 범위 내에서 해야 한다. 또 안전한 곳에 자산의 비중을 높이고 소액으로 여러 가지 투자를 할 수 있도록 분산 배치하는 포트폴리오 구축이 필요하다. 즉 자산을 연금, 부동산, 예금, 현금. 주식, 채권, 금, 가상화폐 등으로 나누어서 관리하는 방법이다.

건강할 때 마음껏 즐기자

노후 자금 계획 수립 시 마지막으로 고려할 사항은 건강할 때 마음껏 즐기자는 것이다. 노후 자금을 무조건 많이 모으거나 악착같이 절약하는 것만이 능사는 아니다. 노후 자금을 준비하는 근본적인 이유는 최소한의 노후 생활이 가능하게 만드는 것을 기본으로 한 뒤, 보다 풍요로운 노후의 삶을 살기 위함이다.

그러나 우리의 삶은 영원하지 않고 반드시 누구나 삶의 종착지가 있다. 우리 주변에 보면 돈을 모으느라고 고생만 죽도록 했지, 막상 그 돈을 사용하려고 하면 이미 병이 들거나 사망하여 써보지도 못 하게 되는 경우가 빈번하게 목격된다.

62세인 필자도 80세 이상 노인들로부터 자주 듣는 말이 있다.

"한 살이라도 어릴 때 여행도 다니고 마음껏 즐겨라."

나이가 들어 아주 늙어버리면, 하고 싶은 것을 하려고 해도 어느 순간부터는 몸이 안 따라준다는 것이다.

따라서 어느 정도 노후 자금이 마련되면 평소에 가고 싶던 여행을 떠나거나 취미생활을 적극적으로 즐기는 것도 행복한 노후를 사는 지혜다.

3 ——— 노후 자금 유형 및 운용 방법

연금

연금의 종류

노후 자금 준비 중 가장 핵심은 생활비가 매달 월급처럼 나오는 현금 흐름을 만드는 것이다. 현금 흐름을 만드는 방법으로는 정부가 운용하는 국민연금과 기업이 제공하는 퇴직연금, 그리고 개인 각자가 준비하는 개인연금이 있다. 흔히 이 세 가지를 합쳐 '3대 사회보장 장치'라고 한다. 또 자산의 연금화 상품으로 소유한 주택을 담보로 자기 집에 살면서 매달 연금을 받는 주택연금과, 보유한 목돈을 예치하고 이를 바탕으로 매달 연금을 받는 즉시연금도 있다.

연금의 종류

구분		내용
공적 연금	국민연금	• 가입자인 국민이 노령, 장애, 사망 등으로 소득 능력이 상실된 경우 본인이나 유족에게 일정액의 급여를 평생 지급(물가상승률 감안) • 가입자 개인의 가입기간 및 납입 금액에 따라 연금액이 증가하는 구조
	기초연금	• 연금액이 충분치 않은 65세 이상에게 지급
	직역연금	• 공무원, 군인, 교원 등 특정직군을 위한 연금제도
사적 연금	퇴직연금	• 퇴직할 때 퇴직급여를 연금 형태로 받아서 노후를 준비하는 제도로 DB, DC, IRP형으로 나눔
	개인연금	• 노후 준비를 위해 개인이 직접 금융회사에 가입하는 것으로 연금저축과 연금보험으로 구분
자산의 연금화 상품	주택/농지 연금	• 보유한 주택이나 농지를 담보로 매달 연금을 받는 상품
	즉시연금	• 보유한 목돈을 예치하고 이를 바탕으로 매달 연금을 받는 금융상품

연금 가입 실태

한국금융소비자보호원에서 2021년 비은퇴자들의 은퇴 준비를 조사한 결과 53.2%가 은퇴 후 예상 소득에 대해 생각해본 적이 없는 것으로 나타났다. 노후에 생활비를 감당하는 데 핵심 역할을 하는 것은 매달 현금처럼 나오는 연금이다. 연금은 국민연금, 퇴직연금, 개인연금으로 나뉜다. 다층 연금 가입 현황을 살펴보면 3개 이상 가입이 16.9%, 두 개 이상 가입이 67%이며, 1개 가입은 61%이었다. 가입한 연금 유형은 국민연금이 77.8%로, 국민연금은 퇴직 소득의 40%이기 때문에 나머지 20~30%를 개인연금이나 퇴직연금으로 보완해야 한다.

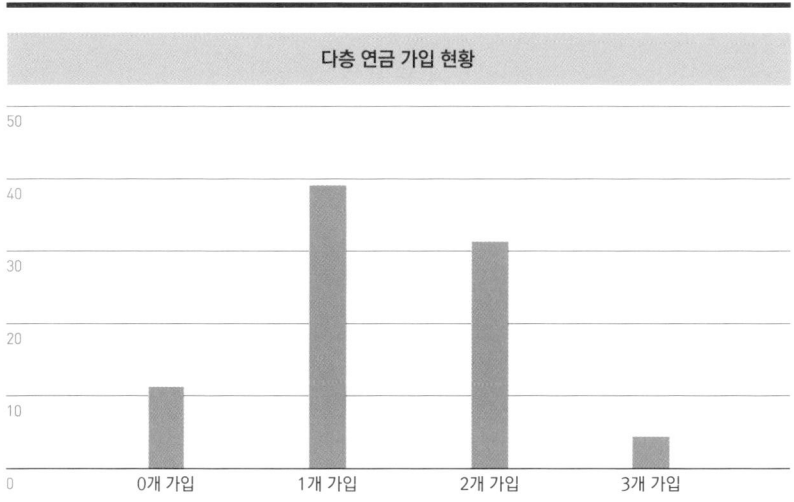

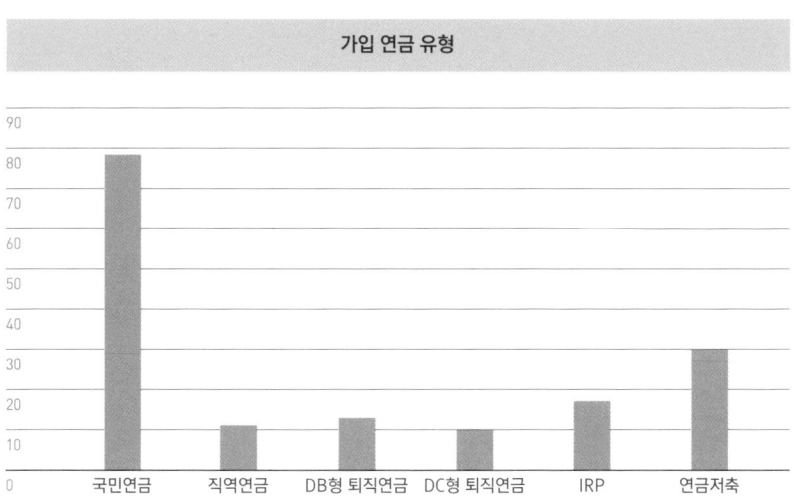

국민연금

국민연금은 대표적인 사회보험제도로써 국민의 기본적인 생활안정 보장과 복지 증진을 목표로 한다. 18세 이상 60세 미만의 가입자가 일정 기간 보험료를 납부하면 국가에서는 이를 잘 운용하여 수익금을 창출했다가 가입자가 일정 연령 이상이 되었을 때 물가상승률을 감안한 일정 금액을 사망 시까지 매월 지급한다.

지급 방법에 따라 매월 일정 금액을 지급하는 노령연금, 유족연금, 장애연금과 한꺼번에 지급하는 반환일시금, 사망일시금으로 나눈다.

국민연금 유형

매월 일정금액 지급	노령연금	• 가입기간이 10년 이상인 경우 일정 나이가 되면 수급이 개시되고 평생 수령 • 노령으로 인한 근로소득 상실을 보전 • 노령연금, 조기노령연금, 분할연금
	유족연금	• 국민연금 가입자, 노령연금 수급권자, 장애 2급 이상의 수급권자가 사망한 경우 보전
	장애연금	• 질병 또는 사고로 인한 장기근로능력 상실에 따른 소득 상실을 보전
한꺼번에 지급	반환일시금	• 급여 지급 연령 도달, 사망, 국외이주 등으로 더 이상 국민연급에 가입할 수 없게 되었으나, 연금 요건을 채우지 못한 경우 지급
	사망일시금	• 가입자 또는 가입자였던 자가 사망했으나 유족연금 또는 반환일시금을 지급받을 수 있는 유족 범위에 해당하는 자가 없는 경우 지급

출처: 국민연금관리공단

국민연금 수령 개시 시점

현재 노령연금이나 반환일시금 등을 지급받을 수 있는 연령은 단계적으로 상향되어 출생연도에 따라 수령 개시 시점이 달라진다.

국민연금 수령 개시 시점 유형

출생년도	수령 개시 연령	
	노령연금	조기 노령연금
1952년 이전	60세 부터	55세 부터
1953~1956년	61세 부터	56세 부터
1957~1960년	62세 부터	57세 부터
1961~1964년	63세 부터	58세 부터
1965~1968년	64세 부터	59세 부터
1969년 이후	65세 부터	60세 부터

노령연금 업무처리 절차

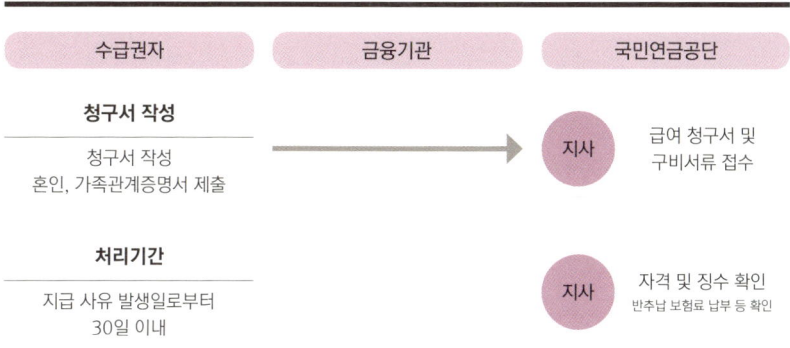

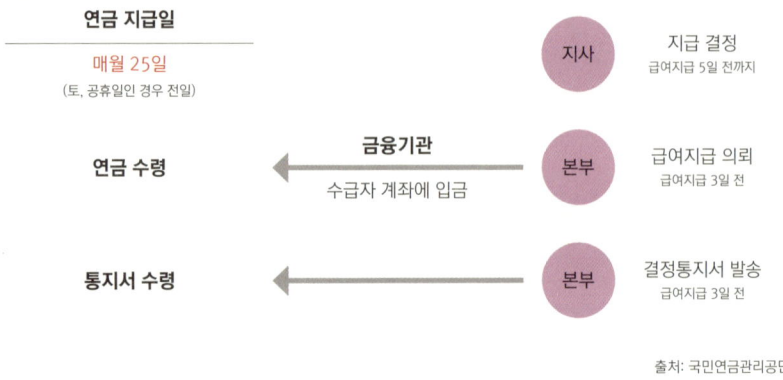

출처: 국민연금관리공단

노령연금

보험료를 10년 이상 납부하면 지급 개시 연령 이후부터 평생 매월 지급받을 수 있다. 가입기간, 연령, 소득 활동 유무에 따라 노령연금, 조기노령연금으로 구분되고 분할연금도 있다.

노령연금 종류

구분	내용
노령연금	10년 이상 보험료를 납부하고 지급개시연령이 된 대상에게 평생 동안 지급 연금액 = 기본연금액 x 연금종류별 지급률 + 부양 가족연금액
조기 노령연금	10년 이상 보험료를 납부하고 연금을 미리 받고자 하는 경우 지급개시연령 5년 전부터 청구하면 평생 지급 연금액 = 기본연금액 x 연금종류별 지급률 x (70~ 99.5%)+ 부양 가족연금액 * 지급개시연령 5년 전 청구 시 30% 감액, 청구연령이 1개월 증가할 때마다 지급률 0.5%씩 증가

소득활동에 따른 노령연금액	노령연금을 받는 자가 소득 있는 업무에 종사하면 개시 연령으로부터 5년 동안은 연금액을 감액하여 지급 연금액 = 기본연금액 − 초과소득월액 구간별 감액금액 * 연금 수급 전 3년간 평균소득월액의 평균액(2021년 적용 2,539,734원), 연금액의 ½을 초과할 수 없음
분할연금	가입기간 중 혼인기간이 5년 이상인 노령연금 수급권자의 이혼한 배우자가 지급사유가 발생한 때부터 5년 이내에 청구하면 지급 연금액 = 혼인기간에 해당하는 노령연금액의 ½ * 당사자 간 협의나 재판으로 분할 비율을 별도로 정함

출처: 국민연금관리공단

장애연금

질병이나 부상의 초진일 시 당시 일정한 가입 기간이 있고 질병이나 부상의 완치 후에도 신체적, 정신적 장애가 남은 경우 장애 정도에 따라 연금 또는 일시금을 지급하는 연금이다.

장애등급 결정

완치일(질병 또는 부상이 의학적으로 치유된 날 또는 더 이상 치료를 기대할 수 없는 경우로서 그 증상이 고정되었다고 인정되는 날 및 증상의 고의성은 인정되지 아니하나 증상의 정도를 고려할 때 완치된 것으로 볼 수 있는 날) 기준으로 장애등급을 결정하며, 완치되지 않은 경우에는 초진일(장애의 주된 원인이 되는 질병이나 부상에 대하여 처음으로 진찰을 받은 날)로부터 1년 6개월이 경과된 날을 기준으로 장애등급을 결정한다.

* 자세한 사항은 국민연금 장애심사규정(보건복지부 고시 제2019-276호) 참조

장애연금액 및 지급기간

장애 1~3급까지는 장애가 존속하는 동안 매월 연금으로 지급하고, 장애 4급의 경우는 일시금으로 지급한다.

장애 1급	장애 2급	장애 3급	장애 4급
기본연금액의 100% + 부양가족연금액	기본연금액의 80% + 부양가족연금액	기본연금액의 60% + 부양가족연금액	일시보상금 기본연금액의 225%

출처: 국민연금관리공단

유족연금

국민연금 가입자 또는 가입자였던 자, 노령연금 수급권자, 장애 2급 이상의 장애연금 수급권자가 사망한 경우 그에 의해 생계를 유지하던 유족에게 지급하는 연금이다.

유족에 해당하는 사람

사망자가 사망 당시 부양하고 있던 가족으로 아래 요건에 해당하는 배우자, 자녀, 부모, 손자녀, 조부모 중 최우선 순위자에게 지급(부모, 조부모의 경우 출생연도에 따라 62~65세 이상이어야 함)

순위	지급 대상	대상자 요건
1	배우자(사실혼 포함)	연령 또는 장애여건 등 제한 없음
2	자녀	25세 미만 또는 장애 2급 이상
3	부모(배우자의 부모 포함)	62세 이상 또는 장애 2급 이상
4	손자녀	19세 미만 또는 장애 2급 이상
5	조부모(배우자의 조부모 포함)	62세 이상 또는 장애 2급 이상

유족연금액

사망하신 분의 가입기간에 따라 일정률의 기본연금액에 부양가족 연금액을 더하여 매월 연금액으로 지급한다. (다만, 노령연금 수급권자의 사망으로 인한 유족연금은 사망한 자가 지급받던 노령연금액을 초과할 수 없음)

10년 미만
기본연금액의 40%
+
부양가족연금액

10년 이상~20년 미만
기본연금액의 50%
+
부양가족연금액

20년 이상
기본연금액의 60%
+
부양가족연금액

출처: 국민연금관리공단

국민연금을 더 많이 받을 수 있는 방법

노후 생활비를 감당하는 다양한 방법 중에 공적연금인 국민연금은 본인 사망 시까지도 매달 받는 것은 물론 사망 이후에도 유족연금으로도 받을 수 있다. 또한 매년 상승하는 물가 상승률을 연금에 반영해주기 때문에 노후 생활비 중 가장 비중을 크게 두고 준비해야 한다. 따라서 아래의 다양한 방법을 충분히 활용하여 연금 중 가장 효과적인 국민연금을 많이 받도록 준비해야 한다.

국민연금을 많이 받는 방법

구분	내용
반납금납부 (반납)제도	1999년 이전에 퇴직 등의 사유로 수령했던 반환일시금(1년 경과 후 청구 가능)에 이자를 더하여 반납함으로써 소득대체율이 높았던 가입 기간을 복원해 연금 수령액을 높이는 데 유리함.

추후납부 (추납)제도	실직, 사업 중단 등으로 국민연금을 납부할 수 없었던 기간(납부 예외)이 있거나, 국민연금 보험료를 한번이라도 납부한 후에 경력 단절 등으로 적용이 제외된 기간에 대해 보험료의 추후납부를 신청하면 가입 기간이 늘어나 연금 수령액이 증가됨.
임의 계속 가입 제도	60세 이전에 국민연금을 한 번이라도 낸 이력이 있는 가입자가 60세 이후에도 계속해서 가입자격을 유지하는 것으로 국민연금 최소 가입기간인 10년을 채우는 것이 가장 큰 목적이다. 신청은 65세 이전까지만 가능함
연기 연금 제도	연금 개시 연령을 최대 5년까지 미룰 수 있는 제도로 1년 연기할 때마다 연금 수령액이 7.2%씩 증가함.
실업크레딧 제도	2016.8.1. 이후 구직급여 수급자가 국민연금보험료 납부를 희망하고 연금보험료의 25%를 부담하는 경우에 국가에서 75%를 지원하여 최대 12개월까지 지원 가능.

출처: 국민연금관리공단

직역연금과 공적연금 연계 제도

● 직역연금

직역연금은 공무원, 군인, 사립학교 직원 등 특정 직업에 종사자들에게 퇴직 시 지급하는 연금으로, 각각의 연금관리기관을 두고 있으며 재직 및 복무기간 등 연금 수급 요건을 따로 정하고 있다.

● 공적연금 연계제도

국민연금과 직역연금을 받을 수 있는 최소 가입기간을 채우지 못했을 경우 각각 일시금으로만 지급받던 것을, 두 연금의 가입기간을 합쳐 조건에 맞으면 연금을 받을 수 있게 한 제도다.

국민연금은 급여의 9%를 납부하며 10년 이상 납부하면 수급권자가 된다. 직역연금은 급여의 18%를 납부하며 군인연금은 20년의 최소 가입기간이 필요하다. 공적연금연계는 선택사항으로 국민연금과 직역연금 가입 기간을 합쳐 20년 이상이 되면 연금을 받을 수 있다. 자세한 사항은 연금관리기관에 충분하게 상담을 하여 세심하게 선택하는 것이 바람직하다. 또 금융감독원 통합연금포털(100lifeplan.fss.or.kr)에 가면 내가 가입한 모든 연금을 확인할 수 있다.

연금관리기관

국민연금관리공단 : ☎1335, www.nps.or.kr
공무원연금공단 : ☎ 1588-4321, www.geps.or.kr
군인연금공단 : ☎ 1577-9090, www.mps.mil.kr
사립학교교직원연금공단 : ☎ 1588-4100, www.tp.or.kr
별정우체국연금관리단 : ☎ 02-3278-7700, www.popa.or.kr

퇴직연금

퇴직연금은 회사가 근로자에게 지급해야 할 퇴직급여를 외부 금융회사(퇴직연금사업자)에 위탁하여 근로기간 동안 운용하여 퇴직 시 일시금 또는 연금으로 지급하는 제도다. 기업이 도산하더라도 근로자의 퇴직급여가 보장될 수 있도록 2005년 12월 근로자 퇴직급여보장법 시행과 함께 도입되었다.

각 회사는 노사 합의에 따라 확정급여형(DB: Defined Benefit)과 확정기여형 (DC: Defined Contribution) 중 택일할 수 있다. 10인 미만의 사업장에서는 개인형 퇴직연금(IRP: Individual Retirement Pension)에 가입하여 IRP특례 제도를 이용할 수 있다.

퇴직연금은 퇴직금을 일시금으로 받을 때보다 세금을 30% 경감받을 수 있는 혜택이 있다. 금융회사에 따라 연금지급 기간 및 방법, 수수료 등에 차이가 있으므로 충분히 비교해본 후 신중하게 선택하는 것이 좋다.

퇴직연금의 종류	
확정급여형 (DB: Defined Benefit)	• 회사가 퇴직급여 재원을 외부금융회사(퇴직급여 사업자)에 적립하여 운영하고, 근로자 퇴직 시 정해진 금액(퇴직 직전 3개월 평균 급여 X 근속연수)을 지급 • 운용 실적에 상관없이 퇴직금은 보장이 됨
확정기여형 (DC: Defined Contribution)	• 회사가 매년 임금총액의 일정 비율(1/12 이상)을 금융 회사의 근로자 계좌에 적립하고 근로자가 운용 • 운용의 책임이 근로자에게 있어 운용 실적에 따라 퇴직금은 달라짐
개인형퇴직연금 (IPR: Individual Retirement Pension)	• 근로자가 이직 및 퇴직할 때 받은 퇴직금을 적립하거나 본인 부담으로 추가 납입한 자금을 운영하는 계좌 • 만 55세 이후 연금화가 가능하며, 추가로 불입하면, 연금저축과 합산하여 연간 700만 원까지 세액공제 가능

출처: '노후를 건강하고 행복하게', 금융감독원, 2021

개인연금

개인연금은 노후에 연금을 탈 목적으로 개인이 자발적으로 금융회사에 가입하는 것으로 노후 생활비가 공적연금으로는 부족할 때 보조 역할을 한다. 정부에서는 개인연금의 활성화를 위해 다양한 세제 혜택을 주고 있으며 세제 혜택의 여부에 따라 연금저축과 연금보험으로 구분이 되며, 세제 혜택은 연금의 수령 시기나 유지기간 등에 따라 달라질 수 있으니 잘 살펴보고 선택해야 한다.

연금저축 중 연금저축펀드는 수익성을 중시함으로 원금 보장이 안 되고 중도 인출이 가능하다. 이에 비해 연금저축보험은 안정성을 중시함으로 원금이 보장이 되나 중도 인출은 안 된다.

연금저축과 연금보험의 비교

	구분	연금저축	연금보험
세제혜택	혜택 유무	있음	없음
	연금 납입 시	연간 400만 원까지 13.2~16.5% 세액공제	없음
	연금 수령 시	〈연령별 연금소득세 부과〉 • 만 70세 미만 : 5.5% • 만 70세 ~ 만 80세 : 4.4% • 만 80세 이상 : 3.3%	〈보험 차익에 부과〉 • 10년 이상 유지: 비과세 • 만 55세 ~ 사망 시 연금 수령: 비과세 • 10년 미만 유지 : 이자소득세 (15.45)
	일시금 수령 시	기타소득세 16.5% 부과	10년 이상 : 비과세 10년 미만 : 이자소득세(15.4%)
	판매기관	은행, 증권, 보험사	생명보험사

출처: '노후를 건강하고 행복하게', 금융감독원, 2021

주택연금

주택을 소유하고 있지만 노후 생활비가 부족한 고령자들에게 자신이 살고 있는 집을 담보로 맡기고, 해당 주택에 거주하면서 연금을 받을 수 있는 제도다. 역모기지론(Reverse Mortgage Loan)에 해당하며, 그중 국가가 보증하는 상품이다. 역모기지론은 특별한 소득이 없는 고령자에게 주택을 담보로 자금을 연금 형태로 대출해주는 주택담보대출이다. 매달 지급되므로 시간이 지날수록 대출액이 늘어나며 이후 주택을 처분하면 원리금이 일괄 상환된다.

주택연금 신청 대상은 만 55세 이상의 대한민국 국민으로 부부 기준 9억 원 이하 1주택이 원칙이다. 연금은 평생(종신) 혹은 정해진 기간(확정)에 받을 수 있으며 부부 중 한 사람이 사망하더라도 감액이 없이 지급된다. 연금수령액이 집값을 초과하더라도 상속인에게 청구하지 않으나, 집값이 남을 경우에는 상속인에게 지급한다.

만약 주택가격의 상승 등으로 해약을 하거나 상속인이 해당 주택을 상속받고 싶은 경우에는 지급받았던 연금 총액을 상환하면 가능하다.

주택연금 이용 시 가입 주택이 5억 원 이하일 경우에는 재산세 25%를 감면받으며 대출이자비용에 대해서도 연간 200만 원 한도 내에서 소득공제를 받는다. 주택연금 심사는 한국주택금융공사가 하며 보증신청을 하면 공사는 자격 요건과 담보주택의 가격 평가 등을 심사한 후 보증계약을 체결하고 저당권 설정을 거쳐 금융기관에 보증서를 발급한다. 이후 신청자는 해당 금융기관에서 주택연금을 대출받을 수 있다.

내 집 연금 3종 세트		
주택담보대출 상환용 주택연금	주택연금 사전예약 보금자리론	우대형 주택연금
무거운 주택담보대출의 짐을 덜어드립니다.	만 40세 이상 내 집 마련과 노후 생활비 걱정을 동시에 해결	저가 주택 보유 어르신에게 최대 23% 더 많은 연금 제공

출처: 한국주택금융공사, http://www.hf.kr

금융 상품 활용

노후를 잘 보내기 위해서는 먼저 매달 들어가는 생활비와 필요한 곳에 적절하게 사용할 수 있는 목돈을 준비해야 한다. 그러나 어렵게 준비한 노후 자금을 잘 관리하지 못하면 큰 낭패를 당할 수 있다. 예를 들어 노후 자금으로 준비한 목돈을 더 키우기 위해 무리한 투자로 큰 손실을 본다든가, 준비가 덜 된 상태에서 창업을 하여 회복이 어려울 수도 있고, 환금성이 떨어지는 자산만을 소유하고 있어 막상 필요할 때 사용하지 못해 낭패를 겪을 수도 있다. 따라서 노후 자금 관리를 위한 금융, 보험, 부동산에 대해 살펴본다.

저축상품의 특징과 활용

금융상품은 저축상품과 금융투자상품으로 분류한다.

저축상품의 특징과 활용

구분		내용
특징		• 금융회사(은행, 저축은행, 상호금융회사(신협, 농협, 수협 등), 우체국)에 돈을 맡기면 만기에 원금(예금자보호제도에서 정한 한도 내)과 약정한 이자를 지급하는 상품 • 원금이 보장되기 때문에 안전성은 높지만 수익률은 적다.
종류	정기예금	장기간(6개월~3년) 목돈을 맡기고 만기 후 원금과 이자 수령
	정기적금	미리 정한 만기까지 매월 일정 금액을 납입하여 목돈 마련
	수시입출금 예금	사전에 정한 기간과 액수가 없이 수시로 자유롭게 돈을 입금하고 출금할 수 있는 상품으로 이자율은 가장 낮다.
활용		• 금융회사별로 금리를 비교하여 유리한 금리 선택 - 금융감독원 파인(fine.fss.or.kr)의 "금융상품 한눈에" 활용 • 비과세종합저축(65세 이상 5,000만원 한도) 활용 • 중도해지하지 않고 만기까지 유지하여 약정 금리 다 받기 • 금융회사별 우대금리 조건 및 특판 상품을 파악하여 활용

금융투자상품의 특징과 활용

금융투자상품의 특징과 활용

구분	내용
특징	• 금, 주식, 채권, 펀드 및 선물·옵션 등과 같은 파생상품 등이 대표적인 금융투자상품이며 큰 투자 수익을 기대할 수 있다. • 원금이 보장되지 않고, 투자 결과에 따른 손실도 발생할 수 있으며 투자 결과는 모두 투자자 본인이 책임을 진다. • 원금 보장이 안되고 큰 손실을 볼 수도 있기 때문에 각 상품에 대한 충분한 이해를 통해 신중하게 결정하여야 한다.

종류		
	주식	주식은 투자한 회사의 주인이 되는 것이고 거래시장에서 직접 사고 팔면서 매매차익을 올릴 수 있으며 배당금도 받을 수 있다.
	채권	정부, 지자체 및 회사 등이 자금을 일시에 조달하기 위하여 일반인을 대상으로 채무이행약속증서를 발행하는 증권으로 상환기한과 이자가 확정되어 있어 안정성과 수익률이 높다.
	펀드	● 본인이 직접 투자하는 대신 운용수수료를 부담하고 전문가에게 투자와 운용 성과를 맡기는 방법으로 개인이 직접 거래하기 어려운 상품이나 적은 금액으로도 분산투자가 가능하다. ● 전문가는 운영만을 하고 모든 손익은 모두 투자자에게 귀속 ● 종류 　- 주식 투자 비중에 따라 : 주식형, 채권형, 혼합형 펀드 　- 투자 방식에 따라 : 거치식, 적립식, 임의식 펀드 　- 투자 지역에 따라 : 국내, 해외 펀드 ● 투자 방법 　- 자신의 투자 목적과 위험 선호도 확인 　- 펀드 투자 대상, 위험 정도, 수수료와 보수 등 탐색 　- 금융회사를 선택하고 적정한 펀드에 가입

출처: '탄탄한 노후를 위한 금융생활 설계', 금융감독원, 2018

보험상품 활용

보험은 미래에 예측되는 위험에 대비하여 같은 종류의 위험을 가진 사람들이 집단으로 대처하는 제도다. 보험은 예상치 못한 사고가 발생 시 경제적·정신적 부담을 덜어주는 역할을 하며, 특히 노후에 수입이 없거나 모아놓은 목돈이 없을 경우에도 대처할 수 있어 노후 생활의 안정을 위해서 반드시 가입해야 한다.

노후에는 특히 급격히 늘어나는 의료비에 대한 보험이 주류를 이루며, 의료비로 한꺼번에 목돈이 들어가는 것을 미리 대처할 수 있기 때문에 노후 준비에 필수적이다. 그러나 보험은 장기간 납입이 필요하므로 젊었을 때 미리 준비해야 하지만 최근에는 고령층을 대상으로 하는 보험상품도 많이 출시되어 있으니 잘 살펴보아 가입하는 것도 중요하다.

보험의 기본적 이해	
보험료	보험에 가입한 사람이 보험사에 납부하는 일정 금액
보험금	보험 사고가 발생한 경우 보험회사가 지급하는 금액
보장 기간	보험회사가 보험 사고에 대한 보상을 보장하는 기간
납입 기간	보상을 받기 위해 보험회사에 보험료를 납입하는 기간
정액 보상	보험계약서상에 정한 금액을 전액 보상
실손 보상	실제 발생한 손해액까지만 보상
보험계약자	보험회사와 계약을 체결하고 보험료를 납부하는 사람
피보험자	보험 계약에 따라 손해의 보상을 받을 수 있는 사람
수익자	보험금을 실제로 받는 사람

보험의 종류

보험은 국민 모두에게 발생할 수 있는 사회적 위험에 대해 대처할 수 있도록 국가가 직접 운영하는 제도로 국민은 강제적으로 가입해야 하는 사회보험과 각 개인이 장래 발생할 수 있는 위험에 대비하기 위하여 스스로 선택하여 민영보험사에 가입하는 민영보험으로 나뉜다.

사회보험의 종류와 활용

사회보험은 가장 대표적으로 4대 보험으로 불리는 국민연금보험, 건강보험, 고용보험, 산재보험과 그 밖에 장기요양보험이 있다.

사회보험(4대 보험)	
국민연금	가입자인 국민이 노령, 장애, 사망 등으로 소득 능력이 상실된 경우 본인이나 유족에게 일정액의 급여를 평생 지급하는 것
국민 건강보험	• 국민건강보험공단에서 국민이 낸 보험료를 운영하다가 필요시 보험급여를 제공하는 사회보장제도로 가입자의 질병과 부상에 대한 예방, 진단, 치료 및 건강 증진에 대하여 현금 또는 현물의 형태로 서비스한다. • 급여는 건강보험의 석용을 받는 깃으로 일부는 본인 부담이며, 비급여는 건강보험의 적용을 받지 않는다.
산재보험	근로자가 업무와 관련하여 질병, 부상, 사망 등의 재해를 입은 경우 산재근로자와 그 가족의 생활을 보장하기 위해 사업주의 강제 가입 방식으로 운영되는 사회보험
노인장기요양보험	고령이나 노인성 질병 등의 사유로 6개월 이상 혼자서 일상생활이 어려운 65세 이상의 노인 등에게 신체 활동 또는 가사 지원 등의 장기요양급여를 제공하는 사회보험

노인장기요양보험의 기본적 이해

• 장기요양 인정 신청 자격과 방법

- 노인장기요양보험 가입자 및 그 피부양자 또는 의료급여수급권자 중 65세 이상의 노인이나 65세 미만인 경우 치매, 뇌혈관질환, 파킨슨병 등 노인성 질병을 가진 경우 신청

- 전국 국민건강보험공단 지사(장기요양보험 운영센터)를 방문하거나 우편, 팩스, 인터넷 등으로 신청 가능하며, 신청시에는 장기요양신청서와 의사소견서를 제출하여야 한다.

노인장기요양보험의 서비스	
재가 급여	• 집에서 받을 수 있는 서비스(방문 요양, 방문 목욕, 방문 간호, 주야간 보호, 단기 보호, 복지용구)
시설 급여	• 자택 이외의 시설인 노인 의료복지시설로서 요양원과 노인요양 공동생활가정에서 장기간 입소하여 받는 서비스 • 신체 활동을 할 수 있도록 지원을 받으며 국가에서 80%를 지원하고 본인부담금은 20%이다
특별현금 급여	• 장기요양기관이 현저하게 부족한 섬이나 벽지에 거주하거나 천재지변 등으로 장기요양급여 이용이 어렵거나, 신체, 정신, 성격 등의 사유로 가족 등에게 장기요양을 받아야 하는 경우 • 가족요양비 지원으로 현금을 지급하는 급여

민영보험의 종류와 활용

민영보험은 사회보험만으로는 부족한 부분에 대해 개인이 선택하는 보험으로 노후 준비를 하는 데 있어서 미래의 사고를 대처하기 위해 가입하는 것이 바람직하다.

민영보험의 종류

생명보험	• 사람의 사망과 생존을 주된 보험 사고로 보장하는 보험 • 종신보험 : 피보험자가 사망할 때까지를 보험 기간으로 정한 후 사망하면 보험금을 지급 • 연금보험 : 피보험자가 보험 기간 동안 생존해 있는 경우에 연금 형태로 보험급을 지급
손해보험	• 피보험자의 재산상의 손해를 보상하는 보험 • 화재보험 : 주택이나 건물 등의 화재 사고 시 손해를 보상 • 자동차보험 : 자동차를 운전 중에 발생한 사고에 대해 본인이나 상대방의 신체적, 물질적인 손해에 대해 보상
제3보험	• 생명보험과 손해보험의 두 가지 성격을 동시에 운용하는 보험 • 상해보험 : 피보험자가 보험 기간 중에 사고로 다친 경우에 보상하는 것으로 일반상해보험, 교통상해보험, 운전자보험, 여행자보험 등이 있다. • 질병보험 : 질병에 걸리게 된 경우 질병으로 인한 진단, 수술, 입원, 통원 등에 대하여 보장하는 것으로 건강보험, 암보험, 실손의료보험 등이 있다.
갱신형	일정 시점마다 보험 계약을 다시 갱신하는 보험
비갱신형	납입 기간 동안 보험료의 변동이 없이 동일하게 납부
보장성 보험	위험 보장이 주요 목적이며 만기환급금이 없거나 적다
저축성 보험	위험 보장 외에 목돈 마련 등 저축의 기능이 더해진 보험

출처 : '탄탄한 노후를 위한 금융생활 설계', 금융감독원, 2018

실손의료보험의 기본적 이해

실손 의료보험의 개요	• 질병이나 사고로 입원, 수술 등을 하거나 통원치료를 받을 때 실제 부담한 의료비(실비)를 정해진 약정에 따라 보장해주는 건강보험 • 대표적인 실손보상상품으로 지출한 실제 손해액 범위 내에서만 보장하며 대부분 갱신형 상품으로 변경 주기마다 보험료는 증가한다.

실손 의료보험의 개요	• 의사의 처방이 없는 약품이나 병원에서 치료와 무관하게 발생되는 비용 등은 보장이 되지 않으니 사전에 잘 알아보는 것이 필요하다.
노인실손 의료보험 개요	• 50~80세까지의 고령자가 가입할 수 있는 실손의료보험 • 의료비 지출이 많은 고령자를 대상으로 한 상품이어서 의료비 부담을 줄이는 데 도움이 되며, 본인부담금이 일정액 적용된다. • 모든 병원비를 보장하지 않으며 예를 들어 부분 틀니, 보신용 탕약, 건강검진, 영양제, 예방접종 등의 비용은 적용되지 않는다. • 1년마다 보험료가 갱신되고, 3년마다 재가입해야 계속 보장받을 수 있으며 특약에 따라 상해형과 질병형으로 구분해 보장한다.
유병력자 실손의료보험 개요	• 기존 병이 완치되었거나 투약만으로 질환을 관리하고 있는 경증 만성 환자를 대상으로 하는 실손의료보험으로 75세까지 가입이 가능 • 가입 요건을 완화한 대신 보장 범위가 적고 제한적이며, 일반 보험보다 2~5배 비싼 것이 단점이다. • 고혈압, 뇌혈관질환 등 만성질환과 중증질환, 낙상, 골절사고로 인한 부상 치료와 진료비 등 국민건강보험에서 보장하지 않는 비급여 항목의 비율이 높은 큰 질병이나 사고에 대한 부담을 덜 수 있는 장점이 있다. • 1년마다 보험료가 나이, 물가 등에 따라 갱신되고, 3년마다 재가입해야 계속 보장받을 수 있다.

출처 : '탄탄한 노후를 위한 금융생활 설계', 금융감독원, 2018

부동산 자산의 활용

노후 자산 중 부동산은 금액의 규모에서나 유동성 면에서 신중하게 다뤄야 할 자산이다. 〈2020 노인실태조사〉에서 보면 노인 가구 96.6%가 부동산을 소유하고 있으며, 그 규모는 평균 2억6,182만 원이다. 은퇴자 대부분 거주하고 있는 부동산 1채를 소유하고 있다 해도 주택연금과 같이 부동산에 금융 기능이 추가되어 있으므로 노후 자산으로서의 역할은 가능하다. 여기서는 부동산을 활용하여 지속적인 현금 흐름을 발생시키는 방법을 살펴본다.

부동산을 활용하여 현금 흐름 만들기

부동산 시장의 변화에 따라 자산 관리 방향이 설정된다. 부동산 시장이 급등하는 시기에는 시세 차익을 기대하는 자산관리 방식이 선호되며, 부동산 시장이 안정되는 시점에서는 임대 수익을 기대하는 자산 관리 방식을 선택한다.

노후 자산의 안정적인 소득의 확보라는 측면을 감안하면 수익형 부동산에 관심을 갖는 게 좋다.

수익형 부동산의 유형과 장·단점 비교

1주택 소유자인 경우 기존의 주택을 매각하고 수익형 부동산을 구입하는 방법과 현재의 주택을 임대하고 상대적으로 저렴한 외곽지역의 주택을 구입하거나 임차한 후 그 차액으로 수익형 부동산을 구입하는 방법 등이 있다. 수익형 부동산을 구입하는 데 부족한 금액은 금융권의 대출을 이용할 수 있다. 아파트보다 대출 규제가 자유롭기 때문에 적절하게 활용하는 것도 바람직하다. 수익형 부동산의 유형으로는 임대용 주택, 꼬마 빌딩, 상가 주택, 상가, 오피스텔 등이 있다.

	수익형 부동산의 유형과 장단점 비교
임대용 주택	● 다가구 주택을 구입하여 임대를 통해 수익 창출 – 장점 : 매월 일정 금액의 현금 흐름 창출(안정적) – 단점 : 개보수 등 주택 관리, 임차인 관리, 세금
꼬마 빌딩	● 통상 연면적 99~330m², 5층 미만의 건물 – 장점 : 시세 상승과 임대 수익을 동시, 대출 용이 – 단점 : 개보수 등 빌딩 관리, 임차인 관리
상가 주택	● 점포 겸용 주택으로 주택지 안에 소규모 점포가 있는 주택(1, 2층은 상가, 3층은 주택) – 장점 : 주택에 거주하면서 임대 수익 창출 – 단점 : 초기 투자금, 세금 혜택을 못 받음
상가	● 근린상가, 단지 내 상가, 주상복합상가, 집합상가 – 장점 : 직접 운영 수익 및 임대 수익 창출 – 단점 : 상권의 변화가 경기 변동에 민감
오피스텔	● 간단한 주거시설을 갖춘 사무실, 겸용 사무실 – 장점 : 상업지역의 경우 세입자 확보 용이, 최근 아파트 대체제로서 규제 완화 – 단점 : 시세 차익 미흡, 세입자 확보
지식산업센터 (舊 아파트형공장)	● 동일 건축물에 제조업, 지식산업 및 정보통신산업을 영위하는 자와 지원시설이 복합적으로 입주할 수 있는 다층형 집합건축물 – 장점 : 안정적인 임대 수익 창출 – 단점 : 지역에 따라 공실 위험, 임대가 하락 위험

4 ─────── 은퇴 재무 설계

은퇴 시점 정하기

은퇴 재무 설계를 위해서는 가장 먼저 은퇴 시점을 정해야 한다. 은퇴하는 시점부터 노후 생활비를 지출하기 시작할 뿐만 아니라 노후 생활에 소요되는 전체 금액을 산정할 수 있기 때문이다. 퇴직은 직장을 그만두는 것이고, 은퇴는 더 이상의 경제활동에 의한 수입이 없이 오로지 지출만 이루어지는 상태다.

따라서 퇴직은 했지만 다른 직업을 구하거나 파트타임으로 일하게 되면 은퇴 시점을 뒤로 미룰 수가 있다.

물론 은퇴 이후에도 비정기적이며 소소한 파트타임 일거리를 통해 소득은 올릴 수 있지만 고정적이고 생활비를 감당할 정도의 수입이 아닌 경우에는 은퇴 시기라고 보아야 할 것이다. 따라서 은퇴 시점을 명확하게 정하는 것은 각자가 처해 있는 상태 즉 건강, 재산 수준, 직업, 희망하는 은퇴 후의 라이프스타일 등에 따라 다르다는 것을 감안하여 스스로 결정해야 한다.

나의 은퇴 시점 정하기
나는 언제부터 은퇴가 시작하는 것으로 할 것인가? 그 이유는?

희망하는 은퇴 후 라이프스타일 그리기

은퇴 재무 설계의 두 번째는 희망하는 은퇴 후 라이프스타일을 그려보는 것이다.

  이를 통해 본인이 원하는 노후 생활에 대해 추상적인 생각에서 벗어나 보다 명확하고 구체적인 그림을 그릴 수 있다. 이를 통해 자연스럽게 희망하는 라이프스타일에 걸맞는 소요자금을 산정할 수가 있기 때문이다.

희망하는 은퇴 후 라이프스타일 설계는 기본 요소 3가지와 필수 요소 5가지로 나누어 할 수 있다. 기본 요소 3가지는 건강, 돈 그리고 거주지 선택이고, 필수 요소는 관계의 2가지인 부부/자녀 및 친구/반려 동물과의 관계이며 존재 가치의 3가지는 일과 배움, 봉사/재능 기부 그리고 여가/취미 활동의 총 8가지 요소로 구성되어 있다. 이 8가지 요소들에 대하여 각각 균형 있게 라이프스타일을 설계하는 것이 중요하다. 아래 노후 생활 설계(Life Portfolio Design) 요소를 참조하고 양식을 활용하여 희망하는 노후 라이프스타일을 작성해본다.

노후 생애 설계(Life Portfolio Design) 요소

기본 요소		건강한 몸과 마음
		필요한 노후 자금
		거주지 선택(누구와 어디서 살 것인가?)
필수 요소	관계	부부 관계(자녀/친지)
		친구 관계(지인/네트워크/반려 동물)
	존재 가치 / 자존감	일(평생 현역 되기)
		봉사/재능 기부
		여가/취미, 사회활동, 자기계발

희망하는 은퇴 후 라이프스타일 그리기

구분	희망하는 은퇴 후 라이프스타일(달성 모습)
건강 (내가 바라는 건강 상태는?)	
재무 (원하는 노후 생활 수준은? 필요한 자금은?)	
거주지 (어디서 누구와 어떤 집에서 살고 싶은가?)	
부부 관계 (내가 바라는 배우자와의 관계는?)	
자녀 관계 (내가 바라는 자녀와의 관계는?)	
친구 관계 (내가 바라는 친구/반려동물과의 관계는?)	
여가 활동 (무엇을 하면서 시간을 보낼 것인가?) – 취미 – 사회 생활 – 자기계발	
봉사 (의미 있는 봉사 활동은?)	

내가 바라는 행복한 노후의 모습은?

은퇴 후 소요 자금 산출하기

소요 자금 산출 기간 정하기

희망하는 은퇴 후 라이프스타일을 보내기 위해서 필요한 소요 자금을 산출해야 한다. 소요 자금을 산정하는 기간은 은퇴 시점에서 부부가 생존하는 기간과 배우자가 홀로 생존하는 기간 그리고 남은 배우자가 최종적으로 사망하는 시점까지의 기간을 고려해야 한다.

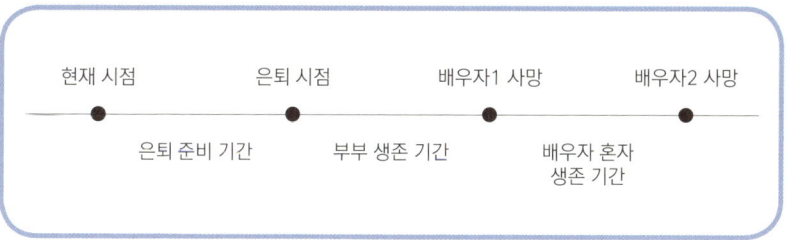

기간 산정 시 노후 기간을 가능하면 100세까지로 넉넉하게 잡아야 한다. 실제로 80~85세까지를 노후 자금 사용 기간으로 계산했다가 90세 이상을 살게 되면서 당황하는 사례도 빈번하기 때문이다. 80세 이후부터 급격하게 증가하는 의료비에 대한 자금 등 특정 기간도 고려하여 준비해야 한다.

연령대별 은퇴 자금 준비의 핵심 포인트

은퇴 자금 준비는 빠르면 빠를수록 좋다. 투자 기간이 길수록 적은 금액으로도 큰 효과를 볼 수가 있다. 투자 상품에서 발생하는 수익이 곧

바로 재투자되는 복리 효과를 극대화할 수 있으며, 은퇴 자금 준비 기간이 짧으면 짧을수록 준비해야 할 금액이 급증하기 때문이다.

그러나 "늦었다고 생각할 때가 가장 빠르다"는 말처럼 현재 시점에서 각자가 처한 연령과 상황에 맞추어 적절하게 준비하는 것도 매우 중요하다.

또 은퇴 자금 준비도 연령에 따라 적절하게 준비하는 것도 중요하다. 각 연령별 은퇴 자금 준비의 핵심 포인트는 다음 표와 같다.

연령대	은퇴 자금 준비의 핵심 포인트
20~30대	● 연령별로 환산되는 돈의 가치가 다르기 때문에 은퇴 자금의 준비는 빠르면 빠를수록 좋다. ● 준비 기간이 길기 때문에 적은 금액으로도 준비가 가능하며, 투자에서 발생하는 수익을 다시 재투자해서 돈이 불어나는 복리 효과를 높일 수 있어 투자 대비 효과가 크다. ● 직장에 취업하면 가장 먼저 시드머니(종자돈)를 만드는 데 힘써야 하며, 금융 공부를 병행하면서 기대수익률이 높은 곳에 공격적인 투자를 한다. ● 세제 혜택이 주어지는 개인연금은 반드시 가입하여야 하며, 직장을 옮기더라도 '퇴직금은 절대 손 대지 않겠다'라는 확고한 신념을 갖는다. ● 자기계발에 들어가는 돈은 아끼지 말고 투자하라
40대	● 40대에 노후 자금의 70% 정도를 마련하는 것을 목표로 하라. ● 행복한 노후 생활에 대한 목표 설정과 그에 따른 준비 자금을 산정한다. ● 부족한 은퇴 자금을 채워줄 수 있는 치밀한 투자 계획을 중장기적(10~20년)으로 수립하라. ● 공격적인 투자와 안정적인 투자 상품을 7대 3정도로 배분하여 중장기적으로 운영을 한다. 이때 전문가의 상담과 자문을 받는 것이 좋다. ● 가급적이면 부채는 정리하고, 새로운 대출은 받지 않도록 한다. ● 자녀교육비는 가능한 최소화하여 노후 자금 마련에 힘쓴다.

50대	• 50대는 노후 자금의 90% 이상을 준비하는 것을 목표로 한다. • 여윳돈이 생기는 대로 부채를 미리 정리한다. • 위험률이 높은 곳에 공격적으로 투자하기보다는 기대수익률은 낮추고 안정적인 투자로 전환하여야 한다. • 가급적이면 현재 보유중인 각종 투자 자금을 연금 자산으로 전환하여 노후에 안정적인 현금 흐름을 구축하여야 한다. • 자녀결혼비는 가능한 범위에서 지출하여야 한다. • 행복한 노후 생활을 보내기 위한 명확한 목표 설정과 자금 준비와는 별도로 균형 잡힌 노후 준비를 병행하여야 한다.

은퇴 자산 개념 이해하기

은퇴 자산은 총자산 중에서 은퇴 시 실질적으로 은퇴 자금으로 사용될 수 있는 자산이다. 금융 자산과 부동산 자산의 합계인 총자산에서 대출을 제외하면 순자산이 된다. 은퇴 자산은 이 순자산에서 연금 자산과 보장성 자산의 합계를 의미한다.

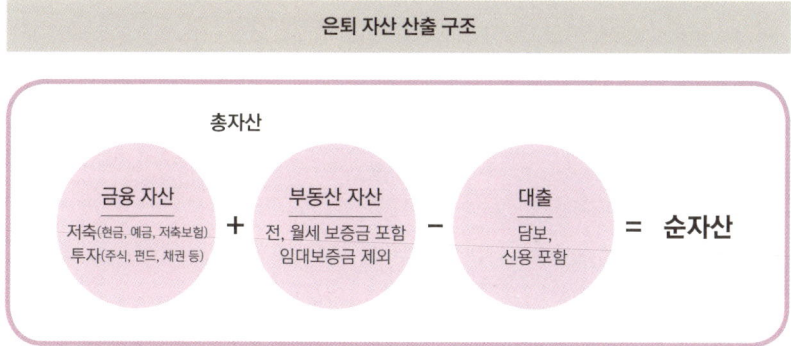

은퇴 자산 산출 구조

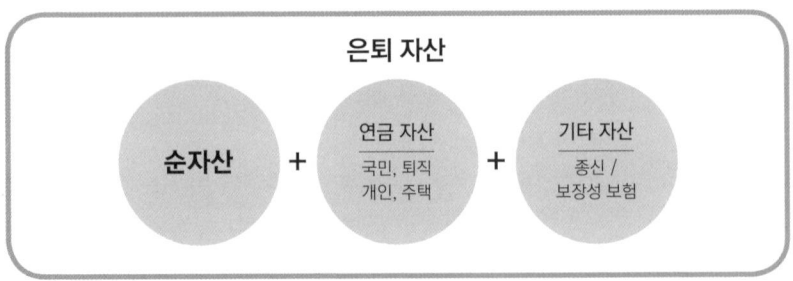

나의 은퇴 자산 산정해보기

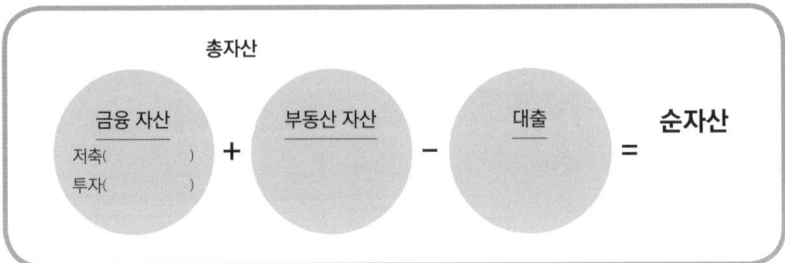

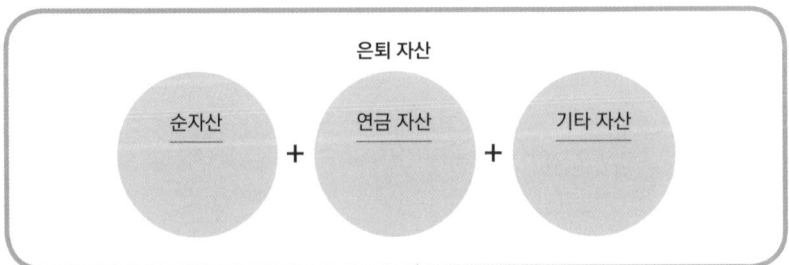

희망하는 은퇴 후 라이프스타일에 맞는 소요자금 산출하기

통계청의 가계금융복지 조사에 의하면 노후에 필요한 월평균 최소 생활비는 개인은 117만 원, 부부는 197만 원이었고, 손주들에게 용돈도 주고 여행이나 여가 생활이 가능한 적정 생활비는 월 283만 원이었다. 물론 각자의 소득과 라이프스타일에 따라 천차만별이겠으나 이 수치는 평균치로 이해하면 되겠다.

따라서 본인의 생활 패턴과 매달 지출하는 고정비용 등을 종합적으로 고려하여 산출하는 것이 필요하다.

소요자금의 내역은 월 생활비(기본생활비+여가생활비+비상금)와 목돈으로 나눌 수 있다. 기본생활비는 생활에 필요한 의식주 비용을 말하며, 여가생활비란 취미활동이나 여행 등 본인이 원하는 삶을 보내기 위해 필요한 비용을 의미한다. **월 생활비에 12달을 곱하면 1년 생활비가 산출되며, 여기에 예상되는 노후 기간을 곱하면 노후 생활에 필요한 노후 자금 총액이 도출된다.** 물론 자녀 결혼이나 의료비 등 목돈은 별도 금액으로 보아야 한다. 또 미래 물가상승분을 감안하여 최종적으로 결정해야 한다.

빅데이터를 통해 살펴본 노후 소비 패턴

KB국민카드에서 2020년 1월부터 9월까지 사용한 카드 사용 패턴에 대한 빅데이터 분석을 통해 각 연령대별로 소비 패턴을 발표했다. 연령 구분은 20~49세, 50~64세 그리고 65세 이상으로 분류했다. 이 분석 결과를 통해 은퇴족이라고 할 수 있는 65세 이상의 소비 패턴, 즉 어디에 얼마만큼 어떻게 쓰고 있는지를 살펴보고 노후 재무계획을 수립하는 데 참고하는 것이 필요하다.

카드 사용 시간대

65세 이상 세대들은 다른 연령대에 비해 일찍 자고(10~11시 이전) 일찍 일어나는(6~7시) 생활 패턴을 보인다. 따라서 생활하는 시간대는 아침 일찍부터 시작됨으로써 소비도 아침 일찍부터 시작되어 10시부터 7시 사이에 하루 소비의 78.3%가 발생하고 있고, 그래서 다른 연령대에 비해서는 저녁 시간대와 심야 시간대 소비는 현저하게 줄어드는 경향을 보인다. 즉 남들이 열심히 일하는 시간에 소비가 많은 특징을 보이고 있어 일반적인 직장인의 소비 시간대와는 반대의 패턴을 보이고 있다.

결제 한 건당 평균 금액

카드 결제 1건당 평균 금액은 20~49세가 3만2,389원, 50~64세가 4만9,762원, 65세 이상이 5만997원으로 가장 높게 나타났다. 이는 기왕이면 좋은 것을 구입하려는 성향과 자주 나오기가 어려우므로 한 번에 많이 구매하는 것으로 유추된다.

한 달 지출 금액

65세 이상인 분들이 한 달간 카드로 결제한 금액은 53만 원이었다. 부부가 각각 사용하고 다른 카드로도 사용한 금액과 현금 사용분을 포함하여 월 생활비를 유추해보면 국민연금에서 조사한 노후에 필요한 개인 기준 117만 원과 부부 기준 최소 금액 197만 원과 비슷해진다.

업종별 소비 금액

아래 표에서 보듯이 65세 이상 노인들이 다른 연령대와의 차이점은 의료비 비중이 높다는 것이다. 이는 나이가 들어가면서 생기는 자연 발생적인 현상이라고 본다. 질병 때문에 갑자기 큰돈이 들어가게 되면 노후 생활이 위험해질 수 있는 가능성이 높아지기 때문에 은퇴 생활에 있어서 의료비는 굉장히 중요할 수밖에 없다. 국민건강보험공단에 따르면 2019년 노인 1인당 진료비로 491만 원을 소비했고, 이 금액은 전체

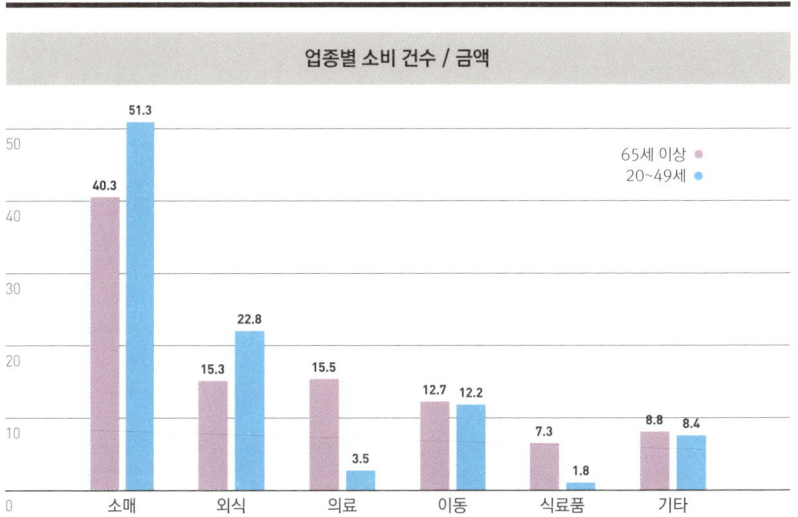

출처: 각 연령대별 카드사용 소비패턴, KB국민카드, 2020.1~9월

1인당 진료비 168만 원의 3배가량 된다. 또 외식 비중이 낮으면서 대신에 직접 차려 먹을 수 있는 식료품 비중이 상대적으로 높게 나왔다. 이는 은퇴족 같은 경우에는 다른 소비는 덜하고 먹는 것에 집중하는 경향이 있고, 또 최근 포장이나 배달음식이 성장한다고 했지만 여전히 이 연령층에서는 직접 음식을 해먹는 패턴이 식료품 업종의 비중 크기에 영향을 준 것으로 볼 수 있다.

65세, 온라인 소비의 큰손에 등극하다

65세 이상 노인들의 사용처별 소비 형태를 보면 약국(12.5%), 슈퍼마켓(13.5%), 편의점(15.3%)인데 비해 온라인 쇼핑몰이 19%로 가장 비중이 높았다. 초기에는 온라인 쇼핑이 익숙하지 않아 자녀에게 부탁해야 하는 번거로움 때문에 이용이 적었으나 코로나로 인해 사회적 거리 두기가 장기화하면서 이용할 수밖에 없는 환경이 되었고, 직접 해보니 편리해서 자연스럽게 이용 비중이 높아진 것으로 여겨진다. 이러한 추세에 따라 앞으로도 65세 이상 연령대의 온라인 쇼핑에서의 큰 손 비중은 점차 높아져가리라 본다.

사용처별 소비 형태

출처: 각 연령대별 카드 사용 소비패턴, KB국민카드, 2020.1~9월

"할미가 용돈 쐈다" (아시아경제, 2021.11.03.)

자영업자 박경숙(67,가명) 씨는 최근 모바일뱅킹을 사용하는 재미에 푹 빠졌다.

모바일뱅킹을 통해 우대금리를 주는 적금에 가입하고 터치 몇 번으로 손자에게 용돈을 보냈다. 지난 20여 년간 텔레뱅킹만을 고집해오던 박씨가 모바일뱅킹을 사용하게 된 계기는 시니어 고객에 특화된 애플리케이션(앱) 화면 덕이었다.

큰 글씨에 박씨가 자주 쓰는 기능만을 모아둔 덕에 어렵게만 느껴졌던 모바일뱅킹을 이용할 수 있었다.

은행권이 시니어 고객 편의성 제고를 위해 다양한 상품과 서비스를 제고하는 이유는 65세 이상의 고령층 증가와 함께 디지털 전환에 따른 점포 급감 등의 요소가 맞물려 있다.

5 나의 은퇴 자금 준비 자가진단

나의 은퇴 자금 준비 자가 진단 / 리스트

문항별로 자신의 상태를 체크하고, 각각 배정되어 있는 점수를 합산하여 자신의 은퇴 자금에 대한 준비 상태를 진단해보자.

문항	점수		
	3	2	1
은퇴 자금에 대한 준비는 언제부터 하고 있는가? 또는 언제부터 하려고 하는가?	30~45세	46~55세	56세 이후
노후 자금 준비를 언제까지 정하고 준비하고 있는가?	100세까지	90세까지	80세까지
자녀 교육(취업 전까지 보살핌 포함)에 대한 자금 운영은 어떻게 할 것인가?	소요 자금 준비 완료	적정 범위 내에서 운영	빚을 내서라도 운영
자녀 결혼에 들어가는 비용(주택 포함)은 어떻게 할 것인가?	소요 자금 준비 완료	적정 범위 내에서 운영	빚을 내서라도 운영
연금 체계는 어떻게 준비하고 있는가?	국민/퇴직/개인연금 모두 가입	국민/퇴직/개인연금 중 2개 가입	국민/퇴직/개인연금 중 1개 가입

문항	점수		
	3	2	1
의료비 관련 보장성 보험에 가입했는가?	부부 모두 가입 완료	부부 중 1명만 가입	아직 가입이 안 되어 있음
퇴직금 수령 예상 금액은?	3억 이상	1~3억	1억 이하
퇴직 후 일은 언제까지 할 수 있는가?	66~70세	61~65세	60세까지
부채(주택 관련 대출 포함) 현황은?	1억 이하	1~3억	3억 이상
부동산 상황은?	자가 외 수익부동산 보유	자가 보유, 주택연금 대상	자가 미보유
합계			

17점 이하 : 불행한 노후 생활을 할 수 있으니 당장 준비 요망
18~25점 : 부족한 부분에 대한 보완 요망
26점 이상 : 노후 준비가 잘 되어 있으니 계속 관심을 갖고 관리 요망

진단 결과에 대해 느낀 점과 향후 노후 자금 준비에 대한 계획을 작성해보세요

"멀리 내다보는 생각이 없으면
반드시 가까운 날에 근심이 있게 된다."
-논어

6 희망하는 라이프스타일에 맞는 노후 자금 설계

희망하는 라이프 스타일에 맞는 노후 자금 소요 금액 산출

노후 기간 산정(은퇴 시점~배우자 사망 예상 기간 포함) :

예상 소요 자금	
– 생활비(월 생활비 × 노후 기간)	
– 목돈(자녀 결혼, 의료비 등)	

노후 자금 만들기 계획(연금 + 금융, 보험, 부동산)

연금 자산(현금 흐름 만들기) 준비

연금 유형	현재 상태 점검	향후 추진 계획
국민연금		
퇴직연금		
개인연금		
주택연금		

자산 유형		현재 상태 점검	향후 추진 계획
금융 자산	현금		
	저축성(예금/적금)		
	투자 (주식/채권/가상화폐)		
보험 자산	보장성 보험		
	연금성 보험		
부동산 자산	임대 수익		
	시세 차익		

금융, 보험, 부동산 자산 점검 및 조달 계획

7 ─── 노후 자금 인출 시 기본 원칙

노후 자금 중에서 공적연금(국민연금)은 물가상승률에 연동하여 지급될 뿐만 아니라 종신토록 나오기 때문에 그대로 수급하면 된다. 그러나 나머지 노후를 위해 준비한 퇴직연금, 연금저축 등 다양한 자금은 그렇지가 않다. 따라서 언제부터 얼마나 꺼내쓰고 어떻게 운용할지에 대한 나름대로의 원칙이 필요하다.

노후 자금 인출 시 참고할 3가지 원칙 비교	
법칙	내용
4% 법칙	• 은퇴하는 첫해에 노후 자금의 4%를 인출하고 이듬해부터 물가상승률에 맞춰 인출금액을 늘려가면 30년 이내에 노후 자산이 소진되는 일이 없다는 원칙 • 은퇴 첫해 인출액 : 은퇴 시점의 금융 자산 x 4% • 다음해 인출액 : 직전 연도 인출액 x 물가상승률

카이턴의 4가지 인출 규칙	자산의 인출 순서	• 지난해 운용수익률이 좋은 자산부터 먼저 인출 • 손실이 난 자산에서는 인출하지 않거나 나중에 인출 - 자연스럽게 포트폴리오 리밸런싱 효과
	인플레이션	• 평상시에는 물가상승률 만큼 감안하여 지출 • 손실을 입은 경우에는 인출금을 늘리지 않고 예년만큼만 인출 - 자연스럽게 포트폴리오 리밸런싱 효과
	과도한 인출 방지	• 당해 연도 인출률이 은퇴 시점과 비교하여 20% 이상 늘어나면 직전 연도보다 10% 감액하는 방식으로 조정 - 인출금이 과도하게 늘어나는 것 방지
	최소한의 소득 수준 보호	• 당해 연도 인출률이 은퇴 시점과 비교하여 20% 이상 감소한 경우 올해 인출금을 전년보다 10% 인상하여 사용 - 일정 수준의 소득과 생활 보장
종신연금과 투자 자산으로 나누어 인출		• 노후 자금 중 일부는 종신연금(가입자가 사망할 때까지 매달 일정한 금액 수령) • 남은 자금은 투자에 집중하여 수익 창출(수익성) - 장점 : 투자 성과가 좋지 않을 때도 안정적으로 생활비 확보 가능(안정성 확보) - 단점 : 종신연금은 유동성과 인플레이션에 취약, 중도 해지 불가 - 연금자산의 비중은 노후 자금의 규모와 공적연금 수령액을 고려하여 결정

출처 : '은퇴금융아카데미', 한국주택금융공사, p135~137

노인 생활 실태(2020년 노인실태조사 결과 요약)

개요	조사 기간: 2020년 3~11월 조사 대상: 전국 969개 조사구의 거주 노인 1만 97명 대상, 면접조사 조사 내용: 가족 및 사회적 관계, 건강 상태, 경제 상태, 여가 및 사회활동 등
경제 상태 및 경제 활동	소득 변화: 노인 개인 소득은 계속 증가로 경제자립성이 높아지고 있음 자산 부채: 노인 가구 96.6%가 부동산 소유, 규모는 2억6,182만 원, 금융자산 77.8%가 보유(3,212만 원), 부채 27.5%(1,892만 원)

경제 상태 및 경제 활동	소비: 식비(46.6%), 주거비(22.3%), 보건의료비(10.9%) 순으로 지출 경제활동 참여: 65~69세 경제활동 참여율 (55.1%)로 계속 증가 경제활동 실태: 단순노무직(48.7%), 농어업(13.5%), 서비스(12.2%), 고위직(8.8), 판매종사자(4.7%) 순이며 41.5%는 주5일 근무를 하며, 47.9%가 월 150만 원 이상 근로소득 경제활동 이유: 생계비(73.9%), 건강(8.3%), 용돈(7.9%), 시간(3.9%) 고학력, 고소득일수록 능력 발휘, 사회 기여 등 비경제적 농어촌(79.9%), 독거노인(78.2%)은 생계비 마련 이유 노인 일자리: 공익활동(71.9%), 취창업형 사업단(13.9%), 서비스형(5.9%)
건강 및 기능 상태	주관적 건강 상태: 좋다(49.3%)가 나쁘다(19.9%)보다 많고 증가 추세 매우 건강(4.5%), 그저 그렇다(30.8%), 매우 나쁨(2.3%) 우울증상: 2017년 21.1%에서 2020년 13.5%로 감소, 85세 이상 24%로 연령이 높아질수록 심함, 남자(10.9%), 여자(15.5%)가 높음 만성질환: 1개 이상(84%)이며 평균 1.9개, 고혈압(56.8%), 당뇨병(24.2%), 고지혈증(17.1%), 골관절염(16.5%), 요통/좌골신경통(10%) 순 건강행태: 흡연율(11.9%)은 큰 변화가 없고, 과음주율(6.3%)와 영양 개선(8.8%)은 개선되었고 운동실천(53.7%)은 저하 됨 건강검진 : 수진율은 77.7%로 낮아졌으나 치매 검진은 42.7%로 증가 함

5장

평생 현업 만들기

1. 퇴직 이후에 일을 갖는 것의 중요성 〈평생 현역 되기〉

퇴직자에게 일을 갖는다는 것은 여러 가지로 좋은 의미와 효과가 있기 때문에 어떠한 형태로든 일을 하는 게 좋다.

첫째는 경제적인 면에서의 효과이다. 노후에 필요한 자금이 부족한 경우에는 당연히 취해야 할 행동이고, 기본적인 경제적 여건이 갖춰졌다 하더라도 풍요로운 노후의 삶을 위해서도 더 많은 자금이 필요하다. 또 노후에는 예상치 못한 곳에 갑자기 목돈이 들어갈 일도 생길 수 있으므로 비상금도 필요하다. 오늘날과 같은 저금리 시대에 월 100만 원을 번다는 것은 자산 10억 원의 가치를 발휘하는 것과 같은 효과가 있다. 여하튼 노후에 자금은 다다익선이기 때문에 가능한 한 일을 꾸준히 하는 것이 필요하다.

둘째는 자기에 대한 존재 가치의 확인이다. 퇴직 후에 대표적으로 사라지는 것이 그동안 나라는 존재를 나타내 주던 명함이다. 많은 퇴직자가 명함이 없다는 것에서부터 '나는 누구인가' 하는 의문이 드는 정체성의 혼란에 빠지기 시작하면서 멘탈이 붕괴되기 시작한다. 특히 우리나라처럼 그 사람이 하는 일로 사람을 규정하는 사회에서는 더욱 그렇다. 이와 같이 일자리를 잃는다는 것은 자신을 표현하거나 묘사할 방법을 잃은 것처럼 느껴진다. 따라서 일을 통해 자신의 존재 가치를 확인할 뿐만 아니라 존재감이 높아질 수 있기 때문에 중요하다.

셋째는 건강이다. 신체적 건강의 효과는 물론이고, 특히 정신 건강 면에서도 매우 중요하다. 퇴직자는 불확실한 미래에 대한 불안감을 호소한다. 그 불안감의 내면에 "퇴직 후 무슨 일을 해야 할지 너무 막막하다"는 고백에 담겨 있다. 자기의 역할이 가족이나 사회적으로 점차 사라져가면 상실감에 따른 우울증 등으로 급격하게 건강을 해치게 된다. 실제로 퇴직 후에도 계속 일하는 사람들보다 일이 없는 사람들의 우울증 수치가 높게 나타났다.

끝으로, 관계 교류 증진에 의한 행복 수치의 증가다. 하버드대학교에서 75년 동안 행복의 비결에 대해 조사한 결과 "사회적 관계가 좋은 사람들이 결국 행복했다"는 결론이 나왔다. 특히 노후에 주변과 교류가 없이 홀로 고립이 심화되는 것은 좋지 못한 결과를 초래하게 되며, 그 결과 불행한 노후를 보내기 때문이다. 일을 통해 주변과 교류하면서 행복감을 느낄 수 있다는 측면에서도 매우 중요하다. 아울러 무료함의 지옥에서도 벗어날 수 있다. 목적의식의 상실이 수입의 손실보다 은퇴자들에게 더 심각한 불안감을 준다.

서울대 노화·고령사회연구소의 조사 결과를 보면, 노후에 가장 바라는 삶은 "어떻게 생산적이고 의미 있는 삶을 살 수 있을까?"였고, 가장 염려되는 것은 "경제적 필요 때문에 일을 해야만 하는 상황"이었다. 또 가장 큰 고민은 생활비(51%), 할 일 없는 것(22%)의 순이었다. 이와 같이 노후의 3대 불안은 돈, 건강, 외로움으로 나눌 수 있다. 앞에서 살펴보았듯이 이 3대 불안을 모두 한꺼번에 해소할 수 있는 해결 방안은 바로 일을 갖는 것이다. 따라서 퇴직 전에 미리미리 평생 현역이 될 수 있도록 시간적 여유를 가지고 차분하고 냉철하게 준비해야 한다. 이는 대다수의 퇴직자들이 퇴직을 앞둔 후배들에게 강력하게 권고하는 말이다.

일의 역할과 기능

- 경제적 도구(생계 유지 및 노후 대비 수단)
- 삶의 주요 구성요소 (삶의 활력소, 삶의 규칙 및 몰두할 대상 제공)
- 심리적 만족과 보상을 주는 도구
  - 성취 추구와 타인 및 사회에 기여
  - 사회에서 인정을 받을 수 있는 도구
  - 소속감과 사회적 관계를 만들어가는 도구
  - 자신의 가치를 인정받고 하고 싶은 것을 할 수 있는 도구

출처: 베이비부머 경력경로 조사를 위한 질적 종단 연구보고서, 김은석 외, 2013

2 ─── 퇴직 후에 할 수 있는 일의 유형

퇴직 후 일하는 것에 대한 효과와 의미에 대해서는 앞에서 살펴보았듯이 매우 중요하다. 통계청이 2021년에 발표한 〈경제활동인구조사 고령층 부가 조사〉결과에 따르면 장래 근로를 희망하는 고령층(55~79세) 인구 비중은 68.1%로, 2016년 61.2%에서 매년 계속 증가하고 있다. 노후 일자리를 희망하는 이유는 경제적인 이유가 59%이고 건강, 자기 발전, 여가 생활 및 사회 공헌 등의 이유가 41%였다. 그러면 노후에 할 수 있는 일의 종류는 어떤 것들이 있을까.

시대 흐름에 따라 다양하게 나눌 수 있으나 크게 3가지로 나누면 아래와 같다.

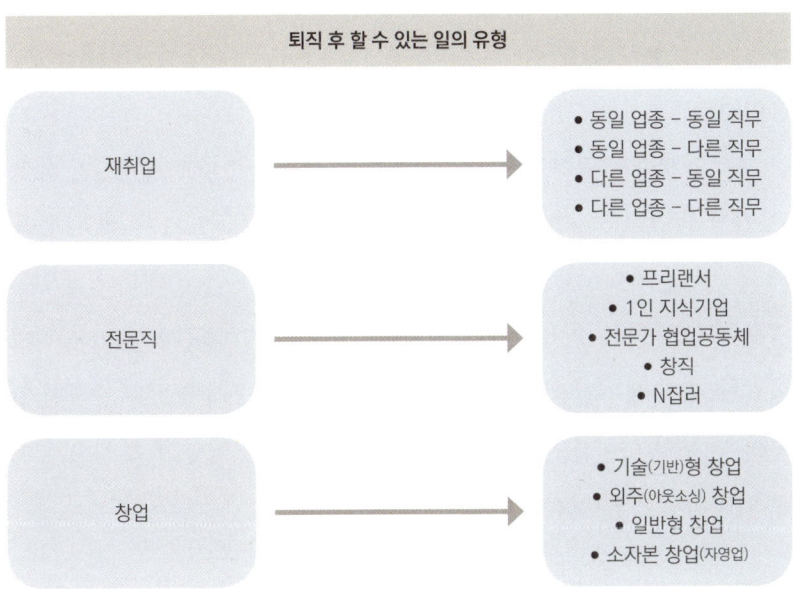

출처 : 사무직 베이비부머 퇴직설계 프로그램 진행자 매뉴얼, 한국고용정보원, 2014

재취업

퇴직 후 재취업의 실태

2021년 전국경제인연합회가 40세 이상 구직자 306명을 대상으로 온라인 설문 조사를 한 결과를 보면 40세 이상 중장년 퇴직자의 10명 중 7명은 비자발적인 퇴직이었다.

퇴직 이유로는 ▶권고사직, 명예퇴직, 정리해고, 계약 종료(59.5%) ▶정년퇴직(19%) ▶사업 부진, 휴·폐업(12.4%) ▶기타(7.1%)였다. 구직 활동시 어려운 점은 ▶중장년 채용 수요 부족(32.9%) ▶나이 중시하는 사회 풍토(30.2%) ▶새 기술 직무역량 부족(13.5%) ▶눈높이 조정 어려움(10.6%) 순이었다.

또 "언제까지 일하고 싶은가?"에 대한 응답은 70~75세까지가 50%로 가장 많았고 65~70세는 26.1%였으며, 75세 이상도 17%에 달했다. 65세 미만은 6.9%에 그쳤다. 이 조사의 결과를 보면 40대부터 본인은 원하지 않지만 10명 중 7명은 비자발적인 퇴직에 내몰려 있고, 구직자의 67%가 70세 이상까지 일을 하고 싶지만 막상 구직 활동은 중장년 일자리 부족 및 나이를 중시하는 사회 풍토와 신기술 역량 부족 등으로 매우 어려워지고 있다는 것을 나타내고 있다.

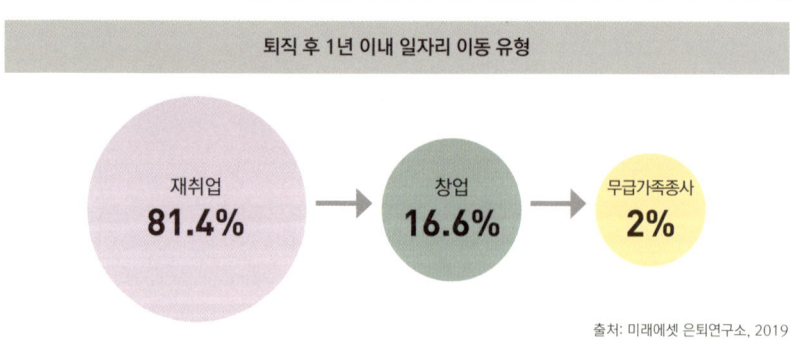

출처: 미래에셋 은퇴연구소, 2019

퇴직 이후 1년간 일자리 유형을 보면 재취업이 81.4%로 가장 많았고, 이 중 30%가 같은 분야에 직무 전문성을 갖고 재취업했다. 그러나 나머지 70%는 과거 경력을 활용할 수 없거나 자발적으로 새로운 일에 도전하는 경우 등 기존 업무와는 전혀 다른 분야에 재취업했다. 기존에 쌓아왔던 직무를 활용할 수 없고 생계를 위해 전혀 다른 분야의 일을 등 떠밀려 한다면 당연히 성과가 미흡할 뿐만 아니라 행복하지 않은 하루하루를 보낼 수밖에 없다.

결국은 다른 분야에 취업하기 위해서는 미리 철저히 준비를 해야 한다는 것을 반증하고 있다.

예를 들어 시대에 변화를 반영하여 창직(創職, 창조적인 아이디어를 통해 자기 주도적으로 기존에 없는 직업이나 직종을 새롭게 만들어내거나 기존 직업을 재설계하는 활동)을 준비하거나 사전에 이를 위한 경험을 해보는 준비를 한다면 퇴직 이후가 오히려 새로운 일에 도전하는 기회의 장으로 활용될 수 있다.

재취업의 유형과 발굴 방법

유형 1. 동일 업종 · 동일 직무로 재취업

특징	가장 일반적인 재취업 방법이며, 최근까지 근무한 업종과 직무를 함으로써 재취업과 적응이 용이하다.
발굴 방법	• 근무했던 기업의 하청 및 협력회사 • 근무했던 기업의 경쟁 회사 • 동일 업종의 중견/중소기업(대기업인 경우) • 현 근무지와 다른 지역의 회사에 재취업도 고려

유형 2. 다른 업종 · 동일 직무로 재취업

특징	업종은 다르지만 최근까지 수행한 직무를 함으로써 재취업과 적응이 용이하다.
발굴 방법	• 근무했던 회사와 비즈니스 방식이 유사한 업종 • 근무했던 업종과 고객을 공유하는 업종 • 새롭게 등장하는 신생 업종

유형 3. 동일 업종 · 다른 직무로 재취업

특징	최근까지 근무한 업종이지만 일하는 직무와 방식에 변화가 있으며 높은 전문성과 경험 보유를 요구
발굴 방법	• 동일 업종의 중견/중소기업을 대상으로 자문/컨설팅/교육을 하는 회사 • 근무했던 기업의 협력회사, 경쟁사를 대상으로 자문/컨설팅/교육을 하는 회사

유형 4. 다른 업종 · 다른 직무로 재취업

특징	다른 업종과 직무로 취업하는 것으로 사전 준비가 되어 있을 경우에는 새로운 기회가 된다.
발굴 방법	• 퇴직 후 산학협력 교수로 재취업 • 물류업체 퇴직 후 물류 IT컨설팅회사로 재취업 • 국방기술품질연구원 퇴직 후 방산업체 기술자문

유형 5. 전문 계약직으로 재취업

특징	대기업에서 20년 이상의 경험과 전문성을 갖춘 실무 전문가들이 단기간 전문 계약직으로 재취업
발굴 방법	• 신사업 추진, 임원 결원, 중대 위기상황, 단기 경영 문제 해결을 목표로 계약직으로 채용 • 상황 분석, 대안 제시 및 실행까지 담당 • 1~2년 단기 계약으로 중소기업에서는 전문가를 채용하는데 부담이 없음(선진국형)

출처: 사무직 베이비부머 퇴직설계 프로그램 진행자매뉴얼, 한국고용정보원, 2014

재취업에 성공한 사람들의 유형별 특징

삼성생명 은퇴연구소는 재취업에 성공한 중장년 43명의 사례를 분석하여 7가지 유형을 제시하면서 유형별 대응 전략도 내놨다.

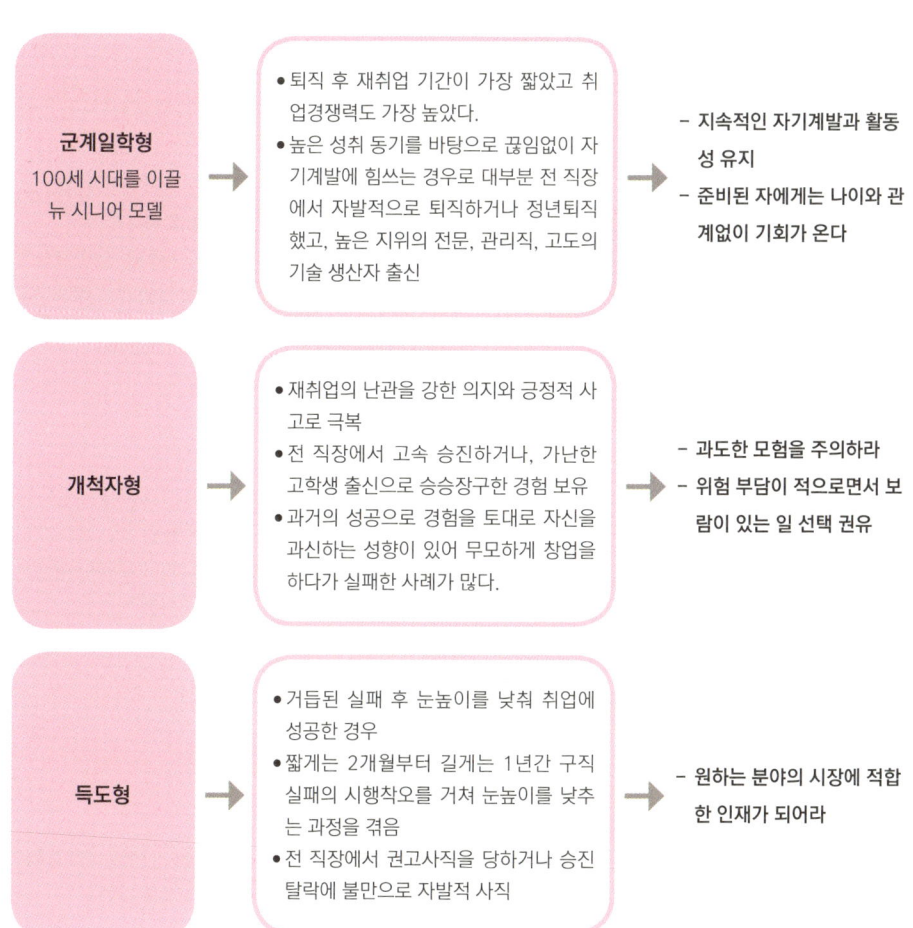

군계일학형
100세 시대를 이끌 뉴 시니어 모델

- 퇴직 후 재취업 기간이 가장 짧았고 취업경쟁력도 가장 높았다.
- 높은 성취 동기를 바탕으로 끊임없이 자기계발에 힘쓰는 경우로 대부분 전 직장에서 자발적으로 퇴직하거나 정년퇴직했고, 높은 지위의 전문, 관리직, 고도의 기술 생산자 출신

− 지속적인 자기계발과 활동성 유지
− 준비된 자에게는 나이와 관계없이 기회가 온다

개척자형

- 재취업의 난관을 강한 의지와 긍정적 사고로 극복
- 전 직장에서 고속 승진하거나, 가난한 고학생 출신으로 승승장구한 경험 보유
- 과거의 성공으로 경험을 토대로 자신을 과신하는 성향이 있어 무모하게 창업을 하다가 실패한 사례가 많다.

− 과도한 모험을 주의하라
− 위험 부담이 적으면서 보람이 있는 일 선택 권유

득도형

- 거듭된 실패 후 눈높이를 낮춰 취업에 성공한 경우
- 짧게는 2개월부터 길게는 1년간 구직 실패의 시행착오를 거쳐 눈높이를 낮추는 과정을 겪음
- 전 직장에서 권고사직을 당하거나 승진 탈락에 불만으로 자발적 사직

− 원하는 분야의 시장에 적합한 인재가 되어라

재취업 성공 포인트

인생 3모작 시대다. 퇴직 이후에도 경제적·사회적 관계, 건강 관리의 수단으로 새로운 일을 하는 것은 이제 당연한 시대가 되었다. 그러나 우리나라의 고용시장의 현실은 고용의 질이 낮고 재취업을 한다고 해도 직업 만족도가 높지가 않아 고용 안정성이 매우 낮다는 것이 문제점이다. 한국고용정보원이 최근 발간한 생활경력 개발정보 웹진 〈커리어Info〉 제9호는 중장년층 전직 성공 노하우 6가지를 소개했다.

한국 중장년층 전직 성공 노하우 6	
노하우 1	• 꾸준한 자기계발을 통한 직무 전문성 확보 - 기업은 꾸준한 자기계발로 직무 전문성을 확보하여 업무 성과를 달성하는 인재를 선호 - 자기 직무에 대한 경험과 노하우를 갖고 있으며 교육 및 자격증 취득으로 꾸준히 전문성을 심화 - 재취업 시 직무 전문성에 대한 강한 어필로 재취업에 용이
노하우 2	• 직무 강점 중심의 전직 목표 설정 - 자신이 무엇을 가장 잘할 수 있는지 알아야 한다. - 다양한 업무를 했더라도 업무 상호 간 연관성을 융합하여 자신만의 전문성을 확보하여야 한다. - 전문성은 객관성이 담보가 되어야 하며 자격증은 도움이 된다. - 기업은 실질적으로 업무 수행이 가능한 사람을 원한다.
노하우 3	• 지원 분야별 맞춤형 이력서 작성 - 단순히 학력, 근무처, 근무기간, 자격증 등을 나열한 이력서보다는 자신의 직무 전문 영역에 대한 컨셉을 명확히 한다. - 이를 바탕으로 자신의 직무 전문 영역에 대한 전문성과 경험을 나타낼 수 있는 실적이나 수상 경험 등 강조하여 작성

노하우 4	• 현장 중심의 적극적인 구직 활동 - 현장 중심의 적극적인 구직활동을 통해 스스로 고용 기회 창출 - 재취업을 하는 데 장애물이 있다고 하여 회피하거나 포기하지 않고 본인이 할 수 있는 최선과 주위의 도움까지도 이끌어내는 적극적인 구직 활동
노하우 5	• 긍정적 태도와 원만한 대인관계 - 긍정적 태도와 원만한 대인관계 역량 보유로 새로운 조직에 잘 융화하고 적응함 - 중소기업의 경우 부서 관리자가 지원자보다 연령이 낮은 경우가 많아 대인관계가 좋고 조직문화에 잘 적응하는 중년층 선호
노하우 6	• 고용 환경 변화의 이해와 우수한 정보 활용 능력 - 전직 목표 설정 → 고용 시장의 SWOT 분석 → 필요한 자격증과 직업훈련 정보 파악 → 관련 분야 전문가나 종사자를 직접 만나서 상담 및 자문을 구함. - 자신에게 필요한 정보와 도움을 어디에서 얻을 수 있는지를 알고 실천하는 것이 전직 성공에 중요

출처 : 〈커리어 Info 제9호〉, 노사발전재단 서울센터 황영희 수석 칼럼

재취업 관련 정보 탐색과 활용

재취업을 하는 데 있어 자신에게 필요한 정보가 어디에 있는지를 알고 이를 적극적으로 활용한다면 큰 도움이 될 것이다. 조사에 의하면 50대 구직자가 지난 1년간 이용한 구직 경로는 친구 및 친지 소개가 36%, 민간 직업 알선기관 20%, 신문·잡지·인터넷 13%, 노동부 고용지원센터 및 고령자 인재은행 10%의 순이었다.

친구 지인을 활용할 때는 먼저 목표 직업에 대한 사전 조사를 통하여 목표 직업과의 연관성을 가지고 전 직장 동료, 선후배와 개인 및 비즈니스로 맺어진 인맥 중 목표 직업에 소개 가능한 지인을 목록으로 작

성한다. 이 중에는 지인이 직접 접촉할 수 있는 사람이 있고, 아니면 지인을 통해 또 다른 인맥을 소개받을 수 있다. 요즘은 중장년층의 고용 문제가 사회 문제로 대두되고 있기 때문에 정부 및 지자체에서도 적극적인 지원 제도와 정책을 시행하고 있다. 따라서 개인 인맥을 활용하는 방법 외에도 정부나 지자체 그리고 민간단체에서 실시하는 재취업 프로그램에 적극적으로 참여하는 것도 좋은 방법이다.

대표적으로 중장년일자리희망센터는 전국 광역단체에 12개 센터와 업종별 센터 1개를 운영 중으로, 기업맞춤형 인재 추천, 중장년을 위한 생애경력설계 서비스부터 퇴직예정 중장년을 위한 전직 스쿨 프로그램, 구직자 재취업 지원을 위한 재도약 프로그램 등의 종합 서비스를 무료로 제공하고 있다.

인터뷰 (이광호, LG전자, 퇴직 4개월 앞둠)

퇴직이 얼마나 남으셨나요?

퇴직은 오늘 기준 4개월 남았습니다.

직장에서는 주로 어떤 일을 하셨나요?

교육 업무, 리더십 개발 과정과 리더십 코칭 코디네이터 강의와 코칭 활동입니다.

퇴직 이후의 준비를 언제부터, 어떤 방향으로 어떻게 준비하고 계시나요?

평소에 교육과 코칭 관련 자격증을 취득했고, 사내 강사 및 코칭 활동을 통해 경험을 쌓았습니다. 2021년 2월부터 회사에서 하는 'Brave my life' 프로그램에 참여하여 주 50%는 업무 수행을 하고 나머지 시간은 준비를 해오고 있습니다.

지식근로자로서 1인 기업을 운영하며 교육과 컨설팅, 코칭을 위한 전문 자격증 취득과 다양한 프로젝트에 참여하여 경험을 쌓고자 노력하고 있습니다.

준비하시는 데 애로사항은 무엇인가요?

업무 수행과 은퇴 준비를 병행하다 보니 시간에 제한이 있으며,

법률과 비즈니스 활동에 관련된 다양한 지식을 습득하는 데 어려움이 있습니다.

퇴직을 앞둔 후배들에게 해주고 싶은 조언은?
1. 퇴직 3년 전부터 방향을 잡고 자격증 취득과 인적 네트워크를 형성하는 것이 필요함.
2. '해야 하는 일'보다는 '하고 싶고', '잘하고', '흥미와 재미 있는 일'을 찾는 것이 중요함.
3. 배우자, 가족, 친구, 지인들과 좋은 관계 유지를 위한 활동은 미리부터 꾸준하게 하는 것이 무엇보다 중요함. 지금도 주말에는 전국 각지에 있는 지인들을 찾아가서 등산과 사이클을 함께 하면서 좋은 관계를 유지하고 있음.

정부 지원 제도 활용(노사발전재단 중장년일자리희망센터)

단계별, 유형별 고용 서비스 제공	
재직자 구직자	• 생애경력 서비스 장년에 진입하는 일정시점에서 본인의 생애경력을 점검하고, 인생 후반부에 대한 계획 수립과 경력 관리, 능력개발 활동 지원

퇴직 예정자	• 전직스쿨 프로그램 기업 내 퇴직예정자를 대상으로 퇴직 후 취업, 창업 등 향후 진로를 계획하고 미리 준비할 수 있도록 교육 프로그램 지원
퇴직자	• 재도약 프로그램 퇴직 이후 경력 목표에 따라 재취업, 창업, 귀농/귀촌 은퇴 지원

신중년 인생 3모작 패키지
50세 이상 장년을 대상으로 단계별, 유형별로 맞춤형 서비스 제공

금융센터 (업종특화 전직지원서비스)
금융권 퇴직(예정)자를 위한 특화서비스를 통해 재취업과 창업을 모색 지원

기업 지원 서비스
기업 인력난 해소를 위한 우수한 중장년 인재 추천 및 구인, 현장 면접 지원

출처: 중장년일자리희망센터 홈페이지

광역단체 및 지자체별 지원 제도 활용

정부/지자체 및 비영리법인 지원 기관 활용

고령자 인재은행	민간의 무료 직업소개 사업을 수행하는 비영리법인 또는 공익단체를 고령자 인재은행으로 지정해서 고령자(만 50세 이상) 취업을 돕는 제도 서울, 대전, 제주 등 전국 44곳 (25곳 YMCA, 여성인력센터 등)
각 지역 장년 워크넷	• 채용 정보 및 다양한 서비스 제공 (Work.go.kr/senior) • 전직 지원 서비스 • 생애경력 서비스 • 사회공헌활동 지원 사업

각 지역 장년 워크넷	• 중장년일자리희망센터 • 성장(성공 장년) 프로그램: 고용연장 지원금, 임금피크제 • 고용복지정책: 신 중년 적합직무 고용장려금 • 적성검사 및 직업상담사를 통한 진로 상담

각 지역별
유용한
중장년
일자리
사이트
	• 나라일터 홈페이지(인사혁신처)
	  - 채용정보, 인사/교육정보, 개방형직원, 대체인력뱅크
	  - 전국 공공인력 일자리 정보 총망라
	• 서울 50플러스센터(.www50plus.or.kr)
	• 부산 장노년일자리센터(www.busan50plus.or.kr)
	• 경기도 일자리지원재단(www.gjp.or.kr)
	• 인천 고령사회대응센터(www.inlife.or.kr)
	• 광주 평생교육진흥원(www.gie.kr)
	• 대전 인생이모작지원센터(www.daejeonsenior.or.kr)

광역 단체 및 지자체별 지원 기관 활용

대구: 달서시니어클럽(www.dgcsc.or.kr), ☎ 053-626-8310

울산: 내일설계지원센터(www.usnoinjob.org), ☎ 052-290-1665 또는 1670

강원: 사회적협동조합 희망리본, ☎ 033-256-8829

충북: 여성복지홈페이지(www.chungbuk.go.kr), ☎ 042-220-3915

충남: 인생이모작센터(www.cntcfol.co.kr), ☎ 041-635-1077

전북: 일자리종합센터 홈페이지(www.1577-0365.or.kr), ☎ 1577-0365

전남: 일자리통합정보망 홈페이지(job.jeonnam.go.kr), ☎ 061-287-1142~3

경북: 경제진흥원 경북일자리종합센터(gyeongbuk.work.go.kr), ☎ 1544-8819

경남: 경남 인생이모작센터(blog.naver.com/life4060), ☎ 055-286-8316

제주: 제주 평생교육 장학진흥원(jiles.or.kr/index.htm), ☎ 064-744-9852

지자체 홈페이지나 블로그에 나오는 모집 공고에 대해 문의 및 상담

유용한 직업 정보 및 일자리 찾기 정보

직업 정보 및 일자리 찾기

구분		내용
생애경력 서비스	지원 내용	만 40세 이상의 재직자 및 경력자를 대상으로 생애경력 설계를 지원(교육 및 상담)
	대상	만 40세 이상 재직자 및 구직자
	신청 방법	www.work.go.kr/lifeplan을 통해 신청 각 지역 중장년일자리희망센터에 문의
	교육비	무료(식사 및 수료증 제공)
	교육 장소	중장년일자리희망센터 강의실 기업 과정은 기업 내 자체 강의장 활용 가능
중장년 기술창업 지원센터 지원	지원 내용	중장년기술창업센터 지원 주관기관 운영비, 창업공간, 상담 및 지원, 커뮤니티 운영, 기업창업교육
	대상	만 40세 이상 (예비)창업자
	신청 방법	• 중장년기술창업센터의 K-스타트업 회원가입 → 기술창업센터 회원 신청 및 승인 → 기술창업센터 회원카드 발급 → 기술창업센터 이용 • 세대융합캠퍼스: K-스타트업 회원 가입
	문의	K-스타트업(1357 내선번호 3번) www.k-startup.go.kr
전직 지원 서비스	지원 내용	• 전직을 원하는 모든 퇴직(예정) 근로자에게 전문 취업/창업 지원 서비스 제공 • 취업 컨설팅(전문 컨설턴트들의 상담 및 알선) • 구직 활동 공감 및 휴게공간 지원 이력서 증명사진 무료 촬영
	대상	만 40세 이상 중장년 퇴직(예정)자
	서비스 기간	승인일로부터 6개월
	서비스 비용	무료

구분		내용
금융특화 전문 서비스	지원 내용	금융권 퇴직(예정)자에게 전문취업지원 서비스 제공
	대상	만 40세 이상 금융업 퇴직(예정)자 (은행, 증권, 보험업 등 경력자)
	신청 방법	중장년일자리희망센터에 문의
	지원 프로세스	워크넷 개인회원 가입 → 신청 → 전직 준비(자가진단, 구직전략, 정보탐색, 경력설계, 성공비법 찾기) → 개인별 컨설팅 → 직무 심화과정 → 직무 심화 역량강화 → 사후관리
국민취업 지원제도 (2021년 시행)	지원 내용	• 맞춤형 취업상담, 직업 훈련 및 일 경험 프로그램 • 각종 복지 문화, 금융지원 연계, 일자리 소개 • 이력서 작성 지원 • 단계별 참여수당(훈련비용으로 최대 300만원)
	대상	35~69세 기준 중위소득 100% 이하 구직자가 해당
	신청 방법	2021년 1월 1일부터 국민취업제도 홈페이지와 거주지 관할 고용센터에서 신청 가능
배움나라 사이트 무료 이용	지원 내용	• 왕초보를 위한 windows 10 활용 • 왕초보를 위한 기본 유틸리티 배우기 • 손쉽게 배우는 PC 자가 정비 • 엑셀, 한글, 파워포인트 활용 방법 • 유튜브, 블로그 개설 방법 • 포토샵, 웹툰, 인스타그램 개설 및 활용 방법 • 스마트폰 앱 개발 • 컴퓨터 활용 능력 시험 • 정보처리기사, 워드프로세서 자격증
	대상	전 국민 정보이용능력 향상을 위한 온라인 교육
	신청 방법	회원 가입 후 수강 신청
	서비스 비용	무료
신중년 경력형 일자리	지원 내용	사업 참여시 최저임금 이상(사업별 임금 수준 상이) 및 4대 보험 지급
	대상	해당분야 경력 3년 이상 혹은 전문자격증을 보유한 만 50세 이상 70세 미만의 퇴직 전문인력으로 사회서비스에 관심이 많은 사람

구분		내용
신중년 경력형 일자리	신청 방법	지자체 운영기관 공모 선정(고용부) → 참여자 및 참여기관 모집 및 매칭(지자체, 운영기관) → 사회서비스 제공(참여자, 기관) → 임금 지급(지자체, 운영기관)
	문의	지방 고용센터 또는 지방자치단체 소관부서
신중년 적합 직무 고용 장려금	지원 내용	근로자 1인당 우선지원 대상기업 월 80만 원, 중견기업 월 40만 원 지급(1년간 최대 960만 원 지급)
	대상	만 50세 이상 구직자를 신중년 적합 직무에 고용한 고용보험법상 우선지원대상기업 및 중견기업
	신청 방법	• 고용보험 누리집(www.ei.go.kr) → 기업서비스에서 온라인 신청 • 관할 고용복지플러스센터에 참여신청서 및 관련서류 제출
	문의	고용노동부 고객상담센터(1350) 중장년일자리희망센터(www.work.go.kr)

국비 직업훈련

직업훈련포털 HRD-Net(www.hrd.go.kr) : 정부 지원 직업훈련 정보 안내, 중장년층의 직업훈련 비용을 지원해주는 내일배움카드(근로자용)도 발급 신청 가능

한국폴리텍대학(www.kopo.ac.kr) : 베이비부머 국비 무료 직업훈련 과정 운영

민간기업 지원 프로그램 활용

민간기업 지원 프로그램 활용(사회적기업 '상상우리')

중장년들의 소중한 자원이 사회에 기여될 수 있도록 인생 2막의 설계와 전직, 취업, 창업을 위한 교육, 컨설팅을 제공하며 사회적 경제조직의 창업 및 인재관리에 대한 다양한 프로그램 등을 연구하고 있다.

커리어 서비스

경험과 지혜를 갖춘 중장년이 사회적 경제조직과 청년 스타트업의 좋은 파트너가 될 수 있도록 자질과 역량을 강화할 수 있는 프로그램 제공 및 기업 연결

중장년 교육 네트워크	- 인생설계 프로그램 - 상상학교 - 직장인 플랜 B프로젝트, 재야의 고수 프로젝트
창업 및 재취업 서비스	- 사회적기업 창업 아카데미 - 사회적경제 핵심인재 양성프로젝트 - 기업 대상 전직 지원 서비스 / 개인 상담 및 전직 지원 솔루션
workwiz	www.workwiz.kr 중장년과 기업이 만날 수 있는 온라인 플랫폼 운영

인터뷰 (신철호 대표, 중장년 전직, 취업 알선 사회적 기업 '상상우리')

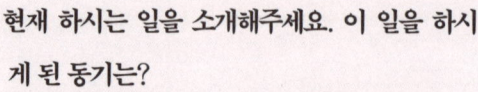

현재 하시는 일을 소개해주세요. 이 일을 하시게 된 동기는?

상상우리는 중장년의 경험과 지혜가 사회혁신의 자원이 되도록 하자라는 소셜 미션으로 창업을 한 사회적 기업입니다. 저희는 퇴직 중장년분들을 대상으로 인생 2막에 대한 교육, 상담, 일자리 매칭을 위한 온라인 플랫폼 사업을 통해 인생 2막을 준비하는데 필요한 요소들을 전달하고 있습니다. 동기는 매년 70~80만명의 중장년이 퇴직의 대상이 되고 있고 퇴직연령도 계속 빨라지고 있으면서 사회 문제가 심각해지고 있는데 이 문제를 해결하는 솔루션이 많지 않다는 것을 보고 창업을 했습니다.

중장년층을 대상으로 인생 2막 설계 및 전직/재취업을 도와주는 일을 하면서 느낀 보람과 애로사항은 무엇입니까?

작년에만 1,000명이 넘는 분들이 저희 회사의 서비스를 받았는데요, 그분들이 인생 2막에 대한 막연함을 해소했고 새로운 일을 하는 데 큰 동기부여가 되었다는 것이 가장 큰 보람입니다. 실제 많은 중장년분들이 이러한 서비스를 받고 싶어도 제공해주는 곳이 많지 않아서 고민만 하면서 시간을 보내고 있는데 저희 서비스를 통해 인생 2막을 그릴 수 있게 되고 함께할 수 있는 동료들을 만나면서 생각하지 못했던 새로운 활동을 하시는 것을 보는 것이 이 사업의 이유이자 지속할 수 있는 원동력이라고 생각합니다.

이 사업의 애로사항은, 우선 중장년분들의 일에 대한 역량이 좋음에도 불구하고 이분들에 대한 선입견으로 채용을 주저하는 기업이 아직도 많다는 것입니다. 저희의 가장 큰 도전이 그 선입견을 해소하는 것이고 이를 통해 나이가 아니라 실력으로 평가받는 문화가 더 커지길 바랍니다.

퇴직을 앞두고 있는 중장년분들에게 해주고 싶은 말은?

우선 본인이 생각하는 인생 2막에 대한 진로를 빠르게 정했으면 좋겠습니다. 퇴직 후 휴식을 갖는 것에 집중하다 보면 시간은 정말 빠르게 가고 그러다 보면 새로운 것을 할 수 있는 기회가 적어지게 됩니다. 진로를 빨리 정해서 바로 그 일을 하지 않더라도 차근차근 준비하면 좋겠고, 본인을 새로운 사람, 새로운 환경에 더 많이 노출되도록 하여 생각의 범위를 넓히는 것이 매우 중요하고 그렇게 되면 더 많은 기회가 생길 것입니다. 그리고 본인의 많은 경험 중 어떤 역량이 나의 핵심 역량인지에 대해 천천히 생각해보면서 그 핵심 역량을 더욱 계발하는 것도 매우 중요합니다. 나만의 핵심 역량을 가지게 되면 어느 회사나 조직에서도 환영하는 핵심 인재가 되실 겁니다.

통계로 본 유망직업(직업의 변화)

2021년 한국직업사전(1986년부터 발간된 우리나라 대표적인 직업정보서) 통합본 제5판을 통해 지난 8년간 새롭게 나타난 직업과 기존 직업의 직무변화 등 직업세계의 변화를 살펴보면 다음과 같다.

2021년 우리나라 직업은 총 1만6,891개가 등재되었으며, 2012년에 비해 5,236개의 직업이 늘었다. 특히 새로 등재된 직업은 주로 다음 네 가지 변화에 따른 것이다.

1) 4차 산업혁명 등 과학기술 발전
2) 고령화 등 인구학적 변화
3) 전문화 등 사회환경 변화
4) 정부 정책 등 제도 변화

4차 산업혁명 등 과학 기술 발전	빅데이터 전문가, 가상화폐 개발자, 인공지능 엔지니어, 드론 조종사, 디지털 문화재 복원전문가
고령화 등 인구학적 변화	유품정리사, 애완동물 행동교정사, 애완동물 장의사, 수납정리원, 임신육아출산 코치
전문화 등 사회환경 변화	모유수유전문가, 범죄피해자상담원, 산림치유지도사, 주거복지사, 게임번역사, 스포츠심리상담사, 직업체험매니저
정부정책 등 제도 변화	사회적경제활동가, 지속가능경영 전문가, 창업기획자, 도시재생 코디네이터, 농촌관광 플래너, 교육농장 운영자

새로 생긴 직업도 있지만, 한편으론 제품의 생산 중단과 디지털화 등 기술 발전에 따라 소멸된 직업 18개는 사전에서 빠졌다. 플라즈마 영상 패널 관련 생산직, 영화(필름)자막 제작원, 필름 색보정 기사, 테니스 라

켓 제작 관련 직업은 더 이상 종사자가 없어 한국직업사전에서 삭제되었다. 따라서 은퇴 후 직업을 선택할 때에는 시대가 요구하는 트렌드를 잘 살펴보고 향후에 각광받을 수 있는 직업에 대해 미리 준비하는 지혜가 필요하다.

유망 자격증과 활용 방법

한국산업인력공단이 취업 지원 누리집인 워크넷에 올라온 최근 3년(2018~2020)치 구인 공고를 분석한 결과를 발표했다. 이 기간에 게재된 22만6,000여 건의 구인공고 중 22만500건이 국가기술자격을 채용 요건으로 정하거나 우대하는 것으로 나타났기 때문에 유망 자격증을 취득하고 활용하는 것은 재취업 성공에 필요한 요소다.

취업시장에서 가장 인기 있는 자격증은 지게차운전기능사 자격인 것으로 나타났다. 이어 건축기사, 한식조리기능사, 전기기사, 토목기사 순이었다. 다음 페이지 표의 상위 8개의 자격증은 순위 변동이 없을 정도로 취업시장에서 계속 강세를 보이고 있다. 대기환경기사는 최근 탄소 중립 등 사업 환경의 트렌드가 반영돼 2018년 24위에서 15위로 급속하게 순위가 상승했다. 또 직업상담사(2급) 자격증은 지난해 20%나 구인 건수가 증가하는 등 기업으로부터 러브콜을 받으며 인기 자격으로 입지를 굳혔다.

국가기술자격을 요구하는 구인 건수가 많은 업종은 제조업, 건설업, 전문·과학 및 기술서비스업 순이었다. (가장 취업 잘되는 자격증은 지게차 운전, 중앙일보. 2021. 10. 05)

유망 자격증 10선 (워크넷 구인광고 활용 기준)	
취업시장서 인기 순위	구직자에게 인기 순위
지게차운전기능사	컴퓨터활용능력 1급
건축기사	컴퓨터활용능력 2급
한식조리기능사	지게차운전기능사
전기기사	한식조리기능사
토목기사	워드프로세서
전기산업기사	미용사(일반)
전기기능사	전기기능사
직업상담사 2급	전기기사
정보처리기사	정보처리기사
용접전기능사	굴삭기운전기능사

출처 : 한국산업인력공단

자격증

퇴직 후 창업은 결코 만만치 않다. 기존에 하던 일의 연장선인 경우와 사전에 철저한 준비를 한 경우를 제외하면, 대부분 퇴직 후 뚜렷하게 소득을 창출할 만한 일자리도 없고 은행 금리도 1% 미만에 그치고 있으니 더욱 마음이 급하여 창업에 뛰어드는 경우가 많다. 이렇게 준비가 덜 된 창업은 결과가 뻔하고 실패했을 경우 회복하기가 어려워 급격하게 빈곤층으로 밀려나는 경우가 빈번하다.

그러나 확고한 기술이나 자격증을 갖고 있으면 투자금에 대한 부담도 없고, 나이와 상관없이 지속적인 소득도 창출할 수가 있다. 따라서 퇴직 후 자기 상황에 맞는 자격증에 도전하는 것도 좋은 방법이다.

업종별 유망 자격증 5선 (워크넷 구인광고 118만 건 분석 결과)

제조업	보건/사회복지서비스업	도매/소매업
1위 지게차운전기능사	1위 요양보호사	1위 지게차운전기능사
2위 용접기능사	2위 사회복지사	2위 웹디자인기능사
3위 전기 기사	3위 간호조무사	3위 자동차정비기능사
4위 전기기능사	4위 보육교사	4위 컴퓨터활용능력
5위 전기산업기사	5위 간호사	5위 정보처리기사

건설업	숙박 및 음식점업	교육 서비스업
1위 건축기사	1위 한식조리기능사	1위 보육기사
2위 토목기사	2위 영양사	2위 한식조리기능사
3위 건축산업기사	3위 양식조리기능사	3위 직업상담사 2급
4위 전기공사산업기사	4위 제빵기능사	4위 직업능력개발교사
5위 건설안전기사	5위 전기산업기사	5위 유치원 정교사

농업, 임업 및 어업	정보통신업	수도하수물 폐기
1위 산림기사	1위 정보처리기사 1급	1위 수질환경기사
2위 지게차운전기능사	2위 정보처리기사 2급	2위 굴삭기운전기능사
3위 굴삭기운전기능사	3위 정보처리산업기사	3위 수질환경산업기사
4위 산림공학기능사	4위 정보통신기사	4위 대기환경기사
5위 전기산업기사	5위 정보처리기능사	5위 전기기사

금융 및 보험업업
1위 손해사정사
2위 건축기사
3위 워드프로세서
4위 컴퓨터활용능력 1급
5위 컴퓨터활용능력 2급

전기, 가스
1위 전기기사
2위 가스기능사
3위 전기산업기사
4위 전기공사산업기사
5위 전기공사기사

업종별 구인광고에 횟수에 따른 선호 자격증을 보면 기술을 요하는 경우가 대부분이다. 하지만 사무직 근로자로 은퇴한 사람들은 유형에 따라 사회복지사, 부동산중개사, 아파트관리사, 경영지도사, 직업상담사 2급, 비즈니스 코치 등이 유망 직업이다.

관련 법률에서 자격 취득을 고용 조건으로 하면 해당 자격증이 필수이므로 구인을 원하는 업체가 많아지니 이러한 법률적인 정보를 참조하는 것도 자격증을 선택하는 데 중요하다.

자격증 관련 정보는 큐넷(www.q-net.or.kr)의 자격정보, 종목별 상세정보, 우대현황 등을 참조하면 된다.

인터뷰 (강대성, 사단법인 굿피플 상임이사)

퇴직 전에 어떤 일을 하셨나요?

82년 SK그룹에 입사하여 석유사업 마케팅, 사장실장 업무 중국사업 등을 수행했고, 2011년부터 SK행복나래 대표이사로서 사회적 경제 관련 일을 하여 영리분야 30년, 사회적 경제 5년 경력을 가지고 은퇴했습니다.

현재는 어떤 일을 하고 계십니까? 어떻게 시간을 보내고 계십니까?

현재는 사회적협동조합과 사단법인 굿피플에서 상임이사로 재직하면서 활동 중이며 동국대 겸임교수로서 학생들을 간혹 만납니다. 또한 고용노동부 사회적기업 육성전문위원과 사회적기업학회 부회장 등으로 분주한 일상을 보냅니다. 매일 오전 5시 기상하여 한강변 걷기로 하루를 엽니다. 특히 매주 2회 필라테스 운동을 통하여 몸의 유연성을 기르고 있습니다. 주말에는 등산이나 둘레길 걷기, 종교활동을 하고 있습니다.

현재 하시는 일을 하게 된 동기는? 그 일을 하기 위해 어떤 준비를 하셨습니까?

사회적기업을 경영하면서 사회복지에 대한 공부의 필요성이 있어서 연세대에서 석사를 마치고 숭실대에서 박사과정을 수료했습니다. 현직에 있을 때 관련 서적을 보거나 관련 업종 사람들을 만나 다양한 이야기를 들어가면서 2라운드를 준비했었고 이 과정에서 책을 저술하기도 했습니다.

은퇴 생활을 보내면서 행복하고 보람 있었던 순간은? 노후를 잘 보내는 노하우는?

제가 가진 재능을 나누어서 상대방이 그 나눔으로 변화된 삶을 살아가는 모습을 보면 정말 보람이 있더군요. 노후라는 말이 저에게는 아직 어울리지 않습니다. 은퇴 후 가장 중요한 건강 관리 그리고 가치 있는 일 하기, 절대 긍정으로 스트레스 받는 일은 피하기 등 나름대로 즐겁게 살려고 노력하는 자세가 필요한 것 같습니다.

노후를 준비하는 후배들에게 해주고 싶은 조언은?

먼저 과거를 빨리 잊어버리고 현실을 냉철하게 인식하세요. 절대 돈에만 집착하지 마라. 매사 건강이 최우선이다. 가급적 스트레스 받는 일은 피하라. 내가 정말 사회에 공헌하는 삶을 살고 있는지 되돌아보라. 지속적으로 공부하면서 새로운 트랜드를 익히고 배워라. 가족과 많은 대화를 하라. 자신을 위하여 투자하라 (가족도 소중하지만 가장 중요한 것은 자기 자신이다.)

전문가, 프리랜서의 성공 포인트

퇴직 후 일을 선택하는 데 있어 가장 일반적인 방법이 기존에 해왔던 직무 경험과 노하우를 살려 동일 업종이나 다른 업종에 재취업을 하는 것이다. 그러나 재취업을 했다 하더라도 언젠가는 또 퇴직해야 하며, 퇴직 후 노후의 일에 대한 고민과 선택을 또 반복해야 한다. 또 다른 방법은 창업하는 것이지만, 이 또한 투자금에 대한 부담과 치열한 경쟁 속에서 살아남기 위해 지속적으로 노력하는 것도 결코 녹록지 않다.

그러나 1인 지식기업으로 대별되는 전문가 영역은 건강과 전문성이 뒷받침된다면 퇴직하지 않아도 되며, 투자 비용은 물론 잘못되었을 경우에도 손실액에 대한 부담이 없기 때문에 경제적으로 자유롭다. 전문가 영역의 유형으로 1인 지식기업, 협업 공동체(공동창업, 협동조합, 사회적기업 등), 창직(創職), N잡러 순으로 소개한다.

1인 지식기업	지식 상품	지식 서비스
창의성과 전문성을 갖춘 1인이 상시 근로자 없이 사업을 영위하는 기업	• 책, 전자책 • 온/오프 강의 프로그램 • 매뉴얼, 가이드, 툴킷 • 교육 도구, 템플릿 • 시장조사/컨설팅 보고서	• 강의 • 컨설팅, 코칭 • 멘토링 • 경영 고문 • 자문/상담

전문가 협업 공동체 성공 포인트

1인 지식기업이라고 해서 반드시 혼자 해야만 하는 것은 아니다. '1인 창조기업 육성에 관한 법률'에 보면 창의성과 전문성을 갖춘 1인이

상시 근로자 없이 사업을 영위하는 기업도 해당하지만, 공동창업자, 공동대표, 공동사업자 등의 형태로 공동으로 사업을 영위하는 자가 5인 미만일 경우도 1인 창조기업으로 인정한다. 즉, 5인 미만의 기업이라면 광범위하게 1인 창조기업으로 인정하는 것이다. (사무직 베이비부머 퇴직설계프로그램 진행자매뉴얼, 한국고용정보원) 이와 같이 서로 시너지를 낼 수 있는 영역의 전문가들이 함께 모여서 일을 하는 방식이다.

사실 전문가 1인이 할 수 있는 영역과 규모에는 한계가 있으며 브랜드 가치를 구축하는 데도 많은 시간과 비용이 소요된다. 클라이언트 입장에서도 다양한 영역에 대해 원스톱(one stop)으로 해결해주는 전문 공동체를 선호할 수가 있기 때문이다. 실제로는 협업공동체 성격이 강하다. 개인이 자기의 전문 영역에서 활동도 하지만 대형 프로젝트를 수주할 때는 공동으로 참여하여 일하는 방식이다. 협업공동체의 대표는 협동조합이다.

협동조합의 정의 및 유형

- 정의 : 재화 또는 용역의 구매, 생산, 판매, 제공 등을 협동으로 영위함으로써 조합원의 권익을 향상하고 지역사회에 공헌하고자 하는 사업조직

- 유형

소비자협동조합	소비자가 소비생활을 협동함으로써 가계를 더 잘 영위하기 위해 설립한 협동조합
직원협동조합	직원이 함께 소유하고 관리하며 자주적, 자립적, 자치적인 활동을 통하여 안정적인 일자리를 창출
사업자협동조합	구성원의 복리 증진, 상부상조 및 특정 업종이나 특정 지역의 건전한 발전 및 국민경제의 균형 있는 발전

다중이해관계 협동조합	둘 이상 유형의 조합원이 모여 상호 배려하면서 조합원의 경영 개선 및 생활 향상에 이바지
사회적협동조합	지역주민의 권익, 복리 증진과 관련된 사업을 수행 비영리 목적으로 취약계층에게 사회서비스 제공

이거 알아요!

인터뷰(권세진, 사회적협동조합 새바람 이사장)

퇴직 전에 어떤 일을 하셨나요?

SK네트웍스 경영기획파트에서 중장기 경영계획 수립, 신규사업개발 업무와 인하우스 컨설팅 팀장, 신경영기법 팀장, 사장 실장, 경영지원 실장, 카라이프 사업부 본부장을 거쳐 자회사인 스피드 모터스 대표를 역임하고 퇴직했습니다.

현재는 어떤 일을 하고 계십니까? 어떻게 시간을 보내고 계십니까?

사회적 협동조합 새바람 이사장, 지속가능 경영재단 사회적경제 센터장으로 사회적 경제를 지원하는 활동을 하고 있고, 사단법인 코인트리, 지속가능경영재단 이사로 NGO기관 지원 자문을 하고 있습니다. 이 외에도 교회에서 청년들을 대상으로 상담 및 멘토링을 하고 있으며, 시간이 허락하는 대로 새로운 영역에 대한 배움에 힘을 쓰고 있습니다.

현재 하시는 일을 하게 된 동기는? 그 일을 하기 위해 어떠한 준비를 하셨습니까?

- 노후에 보유 역량을 활용한 사회 공헌의 기회를 찾다가 직장 선배의 권유로 하게 되었습니다.
- 외부 교육 참가 및 사회적 경제 컨설팅에 참여하여 학습과 실무 경험을 쌓았습니다. 따복공동체 센터장 등 유관기관장을 역임하면서 현장 경험을 키워왔습니다.
- 사회적 경제 관련된 전문가들과의 교류와 지속적인 학습을 통해 준비해왔습니다.

은퇴 생활을 하면서 행복하고 보람 있었던 순간은? 노후를 잘 보내는 노하우는?

- 퇴직 후 3년간 78개국을 자유여행을 하면서 그동안 고생한 자신과 아내에게 보상 기회를 제공했습니다.
- 자신의 강점과 역량이 필요한 곳에 도움을 줄 수 있음에 행복하고 보람을 느낍니다.
- 봉사하고 있는 청년과 젊은 부부들에게도 선한 영향력을 줄 수 있어 행복과 보람을 느낍니다.

- 아내도 55세에 학위에 도전하여 60이 훨씬 넘은 지금 부부가 모두 각자의 일을 하는 것에 만족합니다.

노후를 준비하는 후배들에게 해주고 싶은 조언은?
- 1단계 : 50이 넘으면 가족 관계 회복이 가장 중요합니다.(부부와 함께 보내는 삶 등)
- 2단계 : 퇴직 후 30년에 대한 출구 전략을 고민하고 계획을 세워야 합니다.(좋아하는 일, 하고 싶었던 일, 할 수 있는 일에 대한 명확화, 여가를 어떻게 보낼 것인지 구체적인 실천계획 수립 등)
- 과거의 지식/경험/경력을 제로화하고 사회초년병으로 돌아가 새롭게 시작하는 것이 중요합니다.

창직의 유형과 성공 포인트

창직은 창조적인 아이디어를 통해 자기 주도적으로 기존에는 없던 직업이나 직종을 새롭게 만들어내거나 기존의 직업을 재설계하는 창업활동을 말한다. 자신이 하고 싶은 일을 새로운 직업으로 창조한다는 뜻이다. 기존에 없던 직업을 만들어낸다는 의미에서 거의 발명에 가깝다. 반짝이는 아이디어로 만들 수 있지만 기존의 직업을 융합하고 보완하고 세분화하면서도 만들어낼 수 있다.

다음은 한국창직협회에서 제시하는 다양한 창직 사례다.

로푸드 생활발효음식전문가 (한국형 로푸드 공방카페, 서경련)

– 창작 컨셉 : 효소를 기본으로 로푸드와 발효를 연결한 건강하고 대중성 있는 상품, 건강 카페형 공방 창업 교육 및 생활형 디톡스 프로그램 운영
– 프로세스 : 과감한 퇴직 감행 → 건강 관련 생활음식 연구 개발 → 책 출간

업사이클 전문가 국내 1호 (업사이클 전문 사회적기업 '터치포굿' 대표 박미현)

– 창작 컨셉 : 버려지는 자원의 가능성을 찾아 제품과 교육 컨텐츠로 재탄생시키기
– 프로세스 : 사회 문제에 대한 깊은 고민 → 일상에서 문제 찾기 → 시민단체 활동

소셜 문화 PD (50플러스코리안미디어협동조합 이사장 현정주)

– 창작 컨셉 : 문화예술, 영상, 소셜미디어, 소통 등 창직 활동을 위한 공동체 설립

노인스포츠전문가 (김영)

– 창작 컨셉 : 시니어에게 생활체육지도 및 웃음, 마술, 댄스, 뇌 건강, 시 낭송, 연극 등을 통해 정신적 풍요로움까지 줄 수 있는 전문가

밥상머리 교육사 (한국밥상머리교육진흥원 대표, 김정진)

– 창작 컨셉 : 가정에서 부모와 아이가 대화와 토론을 하며 지혜를 나누도록 교육/코칭

디지털 장의사

– 창작 컨셉 : 사망자와 온라인에 남은 기록으로 고통받는 사람들의 흔적을 없애 줌.

출처 : 한국창직협회 홈페이지

또 걷기 좋은 길을 열어가는 길잡이 '워킹 코디네이터', 반려견 보호자를 대신하여 반려견과 산책하며 반려견의 건강과 정서를 돕는 '도그 워커', 농촌 체험과 관광 가이드인 '농촌 일손 뱅크 운영자', 도시농업에

필요한 모든 도구를 제공하고 제반 시설을 설계·제작하고 설치하는 일을 하는 '도시농업메이커', 장애가 있는 동물이나 다친 동물을 위해 의족이나 의수, 휠체어 같은 보조기구를 만들어 반려동물의 재활을 돕고 가족에게는 새로운 희망을 제공하는 '동물재활공학사', 아름다운 길을 발굴하고 관련하여 여행 콘텐츠를 개발하는 '아름다운 길 연구가' 등이 있다. 이 외에도 텃밭 농원 디자이너, 업사이클 아티스트, 이혼 플래너, 우리 술 스토리텔러 주령사, 주거교육환경안정관리사, 윷놀이 지도사 등 매우 다양하며 지금 이 시간에도 많은 창직이 개발되고 있다.

창직의 방법 및 성공 포인트

창직의 조건으로는 창조적 아이디어를 통해 기존에 없던 지속가능한 새로운 직업을 발굴하여 고용시장에서 고용과 보급이 가능해야 하며, 기존 직무를 재설계(직무의 전문화, 세분화, 재구조화, 통합화)함으로써 직업의 가치를 창출해야 한다. 창직의 방법으로는 먼저 사회현상이나 일상생활에 대해 호기심과 문제의식을 갖고 접근하는 것이 출발점이 된다. 여기서 발견된 직업의 가치 구성을 위해 직무를 개발하고, 많은 시행착오를 거치면서 다듬어간다. 또 이미 선진국에서 직업으로서 전개되고 있는 직종을 한국 시장에 맞게 리뉴얼을 하는 것도 좋은 벤치마킹 방법이다. 어느 정도 창직이 완성되면 본격적으로 활동과 홍보를 하여 수익 창출 및 사회 공헌을 위해 기반을 다지면서 함께할 동역자들과 점차 영역을 확대해가는 것이 바람직하다.

또 창직 지원기관들의 도움을 받아 접근하는 방법도 있다. (사)한국

창직협회나 한국산업인력공단에서 운영하는 창직 지원 프로그램에 참가하여 교육은 물론 멘토링, 컨설팅, 사후 관리를 받을 수 있고 창직활동 지원금도 받을 수 있다.

호기심과 문제의식에서 출발하여 인내와 끈기로 새로운 일의 가치를 창출하고 재미와 의미를 갖고 일을 함으로써 수익 증대와 사회공헌의 기쁨을 만끽한다.

N잡러와 디지털 노마드 시대의 성공 포인트

N잡러란 2개 이상의 복수를 뜻하는 N과, 직업을 가진 사람을 뜻하는 jobber가 합쳐진 신조어로, 본업 외에도 다양한 부업(second job)을 하는 사람들을 일컫는 용어이다. 이와 유사한 용어로는 방송인 유재석이 폭발적으로 유행시키며 등장한 '부캐'가 있다. '부캐'는 초창기에 게임에 많이 사용된 용어로 주캐릭터(본캐)를 사용하지 못하는 상황을 대비하여 준비해놓은 부캐릭터를 의미한다.

오늘날의 경제적·사회적 상황 등을 고려해보면 본업만 가지고는 다양한 욕구를 충족시킬 수 없기 때문에 만약을 대비하여 부업을 준비하지 않으면 안 되는 시대가 되었다.

물론 생존의 측면에서도 필요하지만, 자신이 갖고 있는 다양한 잠재력과 탁월성을 발휘함으로써 자아실현을 통해 행복하고 풍요로운 생활을 추구할 수 있다는 면에서도 미래 사회에서 계속 강화될 수 있는 트렌드라고 할 수 있다. 100세 시대에 '평생 직장'이라는 단어는 사라지고

'평생 직업' 또는 '평생 현업'이라는 단어가 핵심으로 부각 되었다. 예전에는 '배우고-일하고-놀고(여생)'를 한 번이면 족했지만 오늘날의 100세 시대에서는 이러한 과정을 최소 두세 번은 해야 하게 되었다. N잡러의 유형과 사례를 살펴보면 다음과 같다.(월급만으로는 먹고 살기 어려워, 중앙선데이, 2021. 06.19)

N잡러 유형	사례
생존 및 생활비 목적	중소기업 근무자 서 모 씨(37)는 52시간 근무로 초과수당을 받을 수 없게 되자 부족한 생활비를 벌기 위해 퇴근 후와 주말에 배달 알바로 투잡
자아실현	본업인 일러스트외 부업으로 영어 강사를 하다가 영어 공연이 더 적성에 맞아 배우 및 영어 누래 강사 겸업
덕업일치(취미활동이 본업으로)	- 낮에는 PR 업무, 밤에는 작곡(CM송 채택 후 겸업) - 낮에는 대기업 직원, 밤에는 유튜버로 활동하다가 본업과 부업의 연봉 역전 후 완전 전업
본업 집중하니 부업의 기회가 오다	미스터리 쇼핑조사 용역 전문가에서 관련 서적 1인 출판 후 창업 컨설팅, 창업 강사, 대학 겸임교수로 점차 확장

은퇴 후 일자리를 선택할 때 이러한 트렌드에 맞추어 일에 대한 관점을 바꿀 필요가 있다.

이를 통해 소득 창출은 물론 다양한 일에 적극적으로 도전하고 시도하여 취미 생활이 본업이 될 뿐만 아니라 더 나아가 자아실현으로 제2의 전성기를 맞이할 수 있다.

N잡러 성공 포인트

1. N잡러가 되겠다는 적극적인 사고로 전환하라!
   - 기존의 본업에 의존하는 사고에서 '나도 N잡러로서 충분히 성공할 수 있다'는 자신감과 적극적 사고로의 전환이 필수이다.

2. 더 적극적으로 도전하고 시도를 반복하라!
   - 처음 시도해보는 것을 두려워하기 보다는 일단 도전하고 시행착오를 거치면서 새로운 창직을 만들어내는 적극적인 행동이 필수이다.

3. 자기만의 부캐를 꾸준히 발견하고 찾는 노력을 하라!
   - 경쟁력을 갖추고 자기만의 탁월성을 발휘할 수 있는 부캐를 꾸준히 발견하려는 노력이 필요하다.

4. 직장인 마인드에서 사업가 마인드로 전환하라!
   - 회사 주도로 수동적으로 수행했던 '직장인' 마인드로는 살아남을 수 없는 영역이기 때문에 스스로 계획하고, 실행하고, 주도하고 책임을 지는 사업가 마인드(CEO+고객중심)로 전환이 필수이다.

5. 디지털 노마드로 무장하라!
   - 디지털 노마드란 첨단 디지털 장비를 갖추고 언제, 어느 곳에서나 자유롭게 일하는 사람으로 '21세기형 인간'으로도 불린다. 디지털 시대에 걸맞는 최소한의 기술과 지식을 익히는 데 최선을 다해야 한다.

6. 관련 네트워크를 최대한 활용하라!
   - N잡러를 활용할 수 있는 관련 네트워크(크몽)와 개인적인 인맥 등을 최대한 활용함으로써 효과를 높인다.

이거 알아요!

인터뷰(은항재, 대학교 겸임교수/재무설계 전문강사)

퇴직 전에 어떤 일을 하셨나요?

은행에서 30년 간을 재직했습니다. 지점장을 마지막으로 희망퇴직했습니다.

현재는 어떤 일을 하고 계십니까?

아주대학교 경영대학원 겸임교수로 재직하면서 대학원생들에게 재무설계와 금융상품에 대해 강의하고 있고 금융강의와 채무자 구제제도, 금융사기 예방에 대한 강의를 하고 있습니다.

현재 하시는 일을 하게 된 동기는? 그 일을 하기 위해 어떠한 준비를 하셨습니까?

은행에서 제공해준 전직 지원서비스를 통해서 제가 평소에 좋아하고, 하고 싶었던 금융강사를 하기로 마음 먹었습니다. 이를 위해 노사발전재단의 금융강사과정을 1기로 수료를 했고, 금융감독원 금융강사 인증강사 과정(30시간)을 강의와 필기 시험 그리고 강의 시연을 통과하여 '금융강사 인증자격증'을 취득했습니다.

이를 통해 노사발전재단, 신용회복위원회, 서민금융진흥원, 한국신용정보원, 한국과학창의재단, 공무원연금공단, 우정사업본부, KB금융공익 재단 등에서 재무설계, 변화관리, 웰에이징 디자인과 생애설계과정을 강의하게 되었습니다.

은퇴 생활을 하시면서 행복하고 보람 있었던 순간은? 노후를 잘 보내는 노하우는?

평소부터 하고 싶었던 강사 일을 할 수 있어서 만족합니다. 또한 직장생활을 하면서 배운 지식으로 다른 분들에게 도움을 줄 수 있어서 행복합니다. 특히, 강의를 통해 실질적인 도움을 받았다는 얘기를 들을 때가 가장 보람을 느낍니다. 앞으로도 할 수 있을 때까지는 강의를 하고 싶고, 금융지식이 필요한 분들에게 지식을 전달하고자 합니다.

노후를 준비하는 후배들에게 해주고 싶은 조언은?

무엇보다 본인이 하고 싶은 일을 할 수 있도록 자기에 대한 성찰하는 일이 필요하며 재직 중 일때부터 체계적으로 준비하는 것이 좋다고 생각합니다.

N잡러 역량 자가 진단 및 활용 방안

기존에 갖고 있는 역량으로서 계속 경쟁력이 있다고 판단하는 나의 핵심 역량은?	
내가 하고 싶고 관심이 있는 영역과 이를 실현하는 데 갖추어야 할 역량은?	
시대 흐름에 따라 새롭게 장착하여야 할 필수 역량은?	

⬇

새롭게 시도해볼 수 있는 N잡러 영역(분야)과 갖추어야 할 역량은?
언제, 어디서, 누구와, 어떻게 시도를 해볼 것인가?

은퇴 후 창업, 대박과 쪽박의 갈림길

은퇴 후 창업은 은퇴 후 절대 해서는 안 될 5대 리스크에 포함될 정도로 금기시된다. 실제로 국세청 통계를 보면 개업한 지 1년이 채 되지 않은 개인 사업자의 폐업률이 26.15%, 1년 이상~2년 미만의 사업자 폐업률이 19.83%로 창업 후 2년 이내 창업자의 50%가 중도 포기한다는 것이다.

이 수치는 자영업자로 가면 더 심각하다. 2020년 자영업은 창업 대비 폐업률이 87.9%이다. 향후에도 최저임금 인상, 52시간 근무제도 확대, 배달과 온라인 쇼핑의 급격한 증가, 코로나 대응 등에 대해 적극적으로 틈새 기회를 찾는 노력을 하지 않는다면 이 수치는 계속 악화될 것이다.

그러나 이렇게 불안한 환경에서도 은퇴 후 소자본 창업이 계속되고 있는 것이 현실이다. 그 배경을 살펴보면 원치 않은 조기 퇴직이 근본 원인이다. 조기 퇴직 후 나이가 들어서 재취업을 한다는 것은 결코 녹록지 않다. 조기 퇴직자들이 '퇴직 후 어떻게 되겠지' 하는 막연한 생각으로 구직활동을 해보지만 점차 재취업의 벽이 높다는 것을 실감하면서 정신이 번쩍 들었다고들 한다. 이와 같이 재취업이 어렵고 이 시기에 나오는 조기 연금도 '용돈 연금'이라고 불리울 정도로 소액이기 때문에 또 다른 생계유지 수단이 절실하게 필요하다. 창업에 대한 부푼 대박의 꿈을 안고 퇴직금과 대출을 동원하여 열심히 최선을 다했지만, 실패하면 급격하게 빈곤층으로 추락하고, 예전 생활로 회복하기는 매우 어렵다.

그렇다고 창업을 마냥 피하기만 할 안 좋은 것인가? 막상 어렵게 재취업에 성공했더라도 본인이 대표가 아닌 이상 과연 얼마나 버틸 수 있을까? 퇴직 후 그 긴 시간을 또 어떻게 보내야 할까? 전문직도 프로답게 고수익을 올리기 위해서는 '1만 시간의 법칙'처럼 정말 많은 시간을 투자해야 할 뿐만 아니라 해당 전문 분야에서 계속 인정받기 위해서도 꾸준한 노력과 변신을 해야 한다. 그러나 창업에 성공하면 이러한 것들을 단번에 해결할 수 있는 정말 매력적인 영역이 된다. 사업(Business Model)이 지속 가능한 시스템으로 정착되면 노후에 안정적인 수익 창출은 물론 일도 계속 할 수 있을 뿐만 아니라 본인의 의지와 계획에 따라 시간을 마음껏 활용할 수 있다. 곧 노후의 삶을 자기 주도적으로 행복하게 보낼 수 있는 기반을 갖추는 것이다. 이 얼마나 매력적인가?

철저한 준비 속에 제대로 된 창업만이 살 길

앞에서 살펴보았듯이 이렇게 매력적인 창업을 왜 퇴직 후에 절대로 해서는 안 될 금기사항으로 여기고 있는가. 그것은 퇴직 후 창업이 실패할 확률이 높고 만약 실패하면 다시 회복하기가 매우 어렵기 때문이다.

그러나 창업을 통해 반드시 꿈을 이루고야 말겠다는 야심가들의 도전은 오늘도 줄기차게 이어지고 있다. 따라서 은퇴 후 창업 성공 요인을 살펴보고 사전에 철저한 준비해야 한다.

은퇴 후 창업 성공 포인트

- 과거의 나에서 과감히 탈피하여 초심의 마음으로 새 출발하라.
- 창업의 목적과 목표를 명확하고 구체적으로 정하라.
- 자신의 적성에 맞고 좋아하고 잘할 수 있는 분야에 도전하라.
- 본인의 경험과 지식을 활용할 수 있는 분야에 도전하라.
- 사전에 철저하고 냉철하게 준비하며, 충분한 숙련기간을 갖고 출발하라.
- 미지의 세계에 도전하는 개척자 정신과 상식을 깨는 이단자가 되라.
- 실패를 두려워하지 않고, 어떤 고난도 극복해나가겠다는 불굴의 의지를 가져라.
- 기회가 왔을 때 결단력과 집중력, 새로운 상황에 신속하게 대처하는 능력을 키워라.
- 시대 흐름을 잘 파악하고, 한발 앞서 길목을 지켜라.
- 틈새시장의 기회를 노리고 활용하라.
- 감당할 수 있는 범위 내에서 자금 계획을 세우고 집행하라.
- 창업 시 가족과 충분히 소통하여 협조를 구하라.
- 언제 어느때라도 고객의 입장에 서서 결정하고 행동하라.

창업 전개 프로세스

성공적인 창업을 위해서는 Why(왜, 무엇 때문에 창업하고자 하는가?)-What(어떤 업종과 아이템을 선정하여 창업할 것인가?)-How(성공적인 창업과 유지 및 성장을 위해서는 어떠한 전략을 정하고 실행할 것인가?)의 프로세스를 제대로 전개해야 한다.

Why
- 창업을 하는 목적과 목표를 명확히 했는가?
  - 왜 창업을 하려고 하는가?
  - 왜 창업을 하여야만 하는가?
  - 창업을 통해서 얻고자 하는 기대효과는?
- 창업을 통해서 기여하고자 하는 것은 무엇인가?

What
- 창업을 한다면 어떤 업종/아이템을 하고 싶은가?
  - 후보 아이템 선정 및 비교 분석
  - 후보 아이템의 사업 타당성 분석
  - 시장성 분석, 기술성 분석, 수익성 분석, 수행능력 분석, 성장성 분석, 안정성 분석, 위험요소 분석
- → 최적 아이템 선정

How
- 사업계획서 작성
  - 사업 개요 : 사업의 핵심 내용과 가치
  - 사업 내용 : 사업 목적 및 이념, 제품과 서비스 시장 진입 및 성공 전략
  - 시장조사와 분석 : 고객 조사, 경쟁자 분석. M/S 분석 등
  - 마케팅 전략
  - 자금 조달 및 수지 계획
  - 사업 추진 일정 계획
- 실행
- 사업 유지 및 R&D 혁신으로 지속적 성장

명확한 창업 목적 설정

성공적인 창업을 위해서는 무엇보다 창업을 왜 하려고 하는지, 창업을 통해서 얻고자 하는 것이 무엇인지에 대한 질문에 스스로 명확하게 답해야 한다.

창업이라고 하는것 자체가 결코 만만한 일이 아니기 때문에 창업을 하는 과정에서나 창업 후 수성하는 과정에서 극복해야 할 난제들을 숱하게 만날 수밖에 없다. 이럴 때 명확한 창업 목적과 목표를 가진 창업

자와 그렇지 못한 창업자는 위기가 왔을 때 대처하는 방법에 따라 결과의 차이가 명확해진다.

창업을 하기 전 스스로 다음 질문을 하면서 답해보길 바란다.

창업을 왜 하려고 하는가? 왜 하여야만 하는가?

창업을 통해서 얻고자 하는 목표(기대효과)는 무엇인가?

창업을 통해서 기여하고자 하는 것은 무엇인가?

어떤 업종(아이템)을 할 것인가?

성공적인 창업을 위해서는 객관적이고 체계적인 사업 타당성 분석을 통해 자신에게 가장 적합한 사업 아이템을 선정해야 한다. 사업 타당성 분석을 하기 위한 요소는 다음과 같다.

사업 아이디어 개발
- 개인적인 흥미와 관심사로부터 기본적인 아이디어를 개발
- 고객이 필요한 것을 제공할 수 있는 Something New 제공
- 기존 상품과 서비스보다 나은 Something Better 제공
- 기존 상품과 서비스보다 저렴한 Something Cheaper 제공
- 사회 변화와 트렌드를 관통하는 사업 아이디어 개발
- 기술력을 활용한 문제해결을 위한 수단으로 아이디어 개발

사업 타당성 분석

구분	세부 항목	내용
수행 역량 평가	적성 및 자질	- 보험심, 집념, 끈기, 신념 - 리더십, 스케일, 스타일
	경험 및 지식	- 경험, 학문과 지식, 실무 능력 - 인맥, 네트워크
	수행 역량	- 가족 협조 능력, 환경 적응 - 창업 멤버 구성, 기술 혁신
후보 아이템 타당성 분석	상품성	- 상품 적합성 - 상품 독점성
	시장성	- 시장 규모의 적정성 - 경쟁 우위성 - 성장 가능성
	수익성	- 자재 조달 및 생산의 효율성 - 적정 이윤 보장성
	안정성	- 위험에 대한 대처 역량 수준 - 자금 조달과 운영의 석성성 - 수요 공급의 안정성

창업 아이템 선정을 위한 자가 측정표

평가항목			가중치	후보 아이템 A	후보 아이템 B
항목		평가요소			
창업자 역량 평가	수행 역량 (20)	적성 및 자질(도전, 집념, 끈기)	7		
		경험 및 지식(경험, 실무 지식/역량)	6		
		리더십/수행 역량	7		
		소계	20		
후보 아이템 타당성 분석	상품성 (20)	상품의 적합성(시장 수요 효과)	12		
		상품의 독점성(희소 가치 효과)	8		
		소계	20		
	시장성 (20)	시장 규모 적정성(수요창출 효과)	6		
		경쟁 우위성(대 경쟁 우위요소)	8		
		성장 가능성	6		
		소계	20		
	수익성 (20)	자재 조달 및 생산의 효율성	8		
		적정 이윤 보장성	12		
		소계	20		
	안정성 (20)	위험에 대한 대처 역량 수준	7		
		자금 조달과 운영의 적정성	7		
		수요 공급의 안정성	6		
		소계	20		
		합계	100		

〈소자본 창업의 모든 것, 유재수, 저자재구성〉

창업 유망 아이템 선정의 조건 및 6선

창업에서 아이템 선정은 성공을 위한 가장 중요한 요소이자 출발점이다. 창업을 하기 전 주변 지인들에게 창업 아이템을 설명 후 그 반응을 보고 대박 여부를 알 수 있는 조사 통계가 있다. 창업 아이템을 듣고 지인들의 반응은 다음 세 가지로 나뉜다.

첫째는 아무런 관심이 없다, 둘째는 그 아이템을 해서는 안 된다고 말린다, 셋째는 정말 잘될 것 같다고 응원해준다. 이 세 가지 반응 중 실제 대박 나는 아이템은 "그 아이템을 해서는 안 된다고 말린다"였다. 사업에서 실제로 대박을 내기 위해서는 일반인의 상식을 뛰어넘는 새로움(Something new)이 있어야 한다는 반증이다.

성공적인 아이템 선정을 위한 기준으로는 다음 여섯 가지가 있다.

1. 시대 흐름(트랜드)에 적합해야 한다.
2. 미리 내다보고 길목을 지키고 있어야 한다.(선점 효과 극대화)
3. 자신의 적성과 성격에 맞아야 한다.(일하는 과정이 즐겁고 능률이 높으며, 난관이 있을 때도 극복하는 힘과 에너지가 되어준다.)
4. 경쟁자와 무언가는 달라야 한다.(매력적인 1mm의 차이)
5. 창업자의 경험이나 지식을 활용할 수 있어야 한다.
6. 자금은 조달 범위 내에서 한다.

최신 트렌드를 반영한 유망 아이템 6선

- 배달 및 언택트   • 반려동물 관련 사업(사료, 용품, 숙소, 장묘, 훈련, 케어 사업)
- 나홀로족(1인 세대 937만, 인구 40% 돌파)
- 시니어 라이프 비즈니스(초고령사회 진입에 따른 다양한 비즈니스 기회)
- 성인용품   • 과시용 득템 사업(똘똘한 상품을 득템하여 과시하는 심리 증대)
- 친환경 관련 아이템(친환경 강화 트렌드 연계)

사업계획서 작성 방법 및 활용

사업계획서는 '하고자 하는 사업에 대한 미래의 청사진을 예측해주는 문서'로 사업을 효율적이고 성공적으로 추진하기 위해 필요하다. 창업에 관련된 제반 사항을 객관적이고 체계적으로 작성함으로써 본인은 물론 창업의 동반자와 투자자를 포함한 제3자에 대한 설득자료(인·허가 및 자금 신청 등)로 활용되는 필수적인 자료이며 사업을 성공으로 이끄는 성공 지침서 역할을 한다. 사업계획서 작성 기준은 사업의 핵심적인 내용을 명확하게 서술하되, 객관적이며 공식적인 자료를 활용하여 신뢰도가 있어야 하며, 일반인도 쉽게 이해할 수 있도록 단순화해야 한다.

표준 사업계획서(일반 창업 외부기관 제출용)

- 기업체 현황 및 창업사업 개요
  - 회사 개요, 연혁, 창업 동기 및 사업의 기대 효과, 사업 전개 방안 및 향후 계획
- 조직 및 인력 현황
  - 조직도, 조직 및 인력 구성의 특징, 대표자 및 경영진 현황, 종업원 현황 및 고용계획
- 기술 현황 및 기술 개발 계획
  - 상품 내용/사업화 가능성 및 전망, 아이템 선정과정 및 전망, 기술 현황 및 R&D 계획
- 생산 및 시설 계획
  - 생산 및 시설 현황, 시설 투자 계획, 원/부자재 사용 및 조달 계획, 생산공정도 계획
- 시장성 및 판매 계획
  - 시장 현황, 경쟁사 현황, 판매 현황, 연도별 판매 계획 및 마케팅 전략, 제품 전략, 판매 경로 전략, 표적시장 선정(STP), 가격 전략, 광고 홍보 판촉 전략
- 자금 조달 및 운영 계획
  - 소요자금 명세, 자금 조달 규모 및 방법, 자금 수지(추정대차대조표/손익계산서) 계획
- 사업 추진 일정 계획
- 첨부 서류(정관, 사업자등록증, 경영진 이력서, 공업소유권 및 신기술 보유 관계 증빙)

그리고 상품의 타깃과 판매 전략에 일관성이 있어야 하며, 기존 사업이나 경쟁자에 비해 차별성이 있어야 한다.

표준 사업계획서 작성

사업계획서 작성 양식(표준 사업계획서 / 외부기관 제출용)		
사업 개요 및 기대 효과	계획사업 내용(총괄 요약)	
	창업 동기 및 사업의 기대 효과	
	사업 전개 방향 및 향후 계획	
기술 현황 및 기술개발 계획	사업화 가능성 및 전망	
	핵심 기술 개요 및 개발 계획	
시장성 및 판매 계획	시장 현황 및 전망	
	경쟁사 현황 및 경쟁우위 전략	
	표적시장 선정(STP)	
	마케팅 전략(4P)	
	연차별 판매 계획	
생산시설 및 생산 계획	생산 및 시설 현황	
	공정 계획, 시설 투자 계획	
	원, 부재료 조달 계획	
	연차별 생산 계획	
조직 및 인원 계획	조직 계획(조직도)	
	조직 및 인력구성의 특징	
	종업원 현황 및 고용 계획	
	대표자 및 경영진 현황	

자금 조달 및 운영 계획	연차별 자금 계획(총괄)	
	자금 소요 계획(자금소요 명세)	
	자금 조달 규모 및 방법	
	자금 수지(BS, PL) 계획	
이익 계획	연차별 이익 계획(총괄)	
	비용(원가) 계획	
	수익 계획	
추진 일정 계획	추진 일정 계획	
	추진 일정 지연/차질 시 대책	
첨부서류	정관, 사업자등록증, 경영진 프로파일, 공업 소유권, 신기술 보유관련 증빙서류	

창업 정보 및 창업비용 지원 제도 활용

창업도 재취업과 마찬가지로 내게 필요한 정보 수집과 상담 그리고 교육 및 창업 비용도 전액 또는 일부를 지원을 받을 수가 있다. 상담과 교육을 받는 것도 필요하지만 중요한 것은 최종 선택은 본인의 책임 하에 결단해야 하며, 창업하고자 하는 실제 현장에서 반드시 몸소 실질적인 체험을 하고난 후에 결단해야 한다. 다음의 창업 지원 기관을 적극적으로 활용하는 것도 바람직하다.

주요 창업 지원 기관

중소벤처기업부 창업보육센터 네트워크시스템(www.bi.go.kr), ☎ 031-379-0241
중소벤처기업부 K-start up(www.k-startup.go.kr), ☎ 1357
소상공인시장 진흥공단(www.semas.or.kr), ☎ 1899-8300
경기지방중소벤처기업청(www.mss.go.kr), ☎ 1357
(재)여성기업 정보포탈(www.wbiz.or.kr), ☎ 053-754-7891
서울시 소상공인 아카데미(www.edu.seoulsbdc.or.kr), ☎ 1577-6119

3 ─────── 평생 현역 되기 프로세스

내가 좋아하고 잘할 수 있는 일을 선택하라

퇴직 전의 일을 선택한 이유를 살펴보면 대개 자신의 흥미와 적성 등을 고려했다기보다는 당장 호구책으로 어쩔 수 없어서, 사회적 지위와 세속의 잣대에 맞추기 위해서 등이 대부분이다. 그러나 인생 후반부에는 자신이 진정 좋아하는 일은 물론 평소에 하고 싶었던 일을 할 수 있는 절호의 기회임을 자각해야 한다. 그러기 위해서는 자신에 대한 이해부터 시작해야 한다. 내가 무엇을 좋아하고, 하고 싶은지, 무엇을 잘할 수 있는지 알아야 한다.

우리는 각자의 성향과 기질, 흥미와 재능 등을 가지고 태어난다. 또 남보다 뛰어난 탁월성을 갖고 있다. 이러한 것들은 바꿀 수가 없기 때문에 오히려 적극적으로 활용하는 것이 좋다. 자신에 대한 이해를 바탕으로 선천적인 흥미와 재능을 활용할 수 있는 일을 선택하는 것이다. 이러한 선택을 하게 되면 '좋아하는 것을 하니 행복하게 될 터이고, 잘할 수 있는 것을 하니 성과가 날 수밖에 없는 것'이다. 노후에는 일하면서 행복해야 하고 좋은 성과로 인해 즐거워야 한다.

세상을 바꾼 3인이 있다. 퍼스널 컴퓨터 시대를 연 빌 게이츠(Bill Gates), 스마트폰 시대를 연 스티브 잡스(Steve Jobs), 전 세계를 하나로 소통할 수 있는 SNS 시대를 연 마크 저커버그(Mark Eliot Zuckerberg)다. 이들이 사람들에게 강조하는 말을 보면 공통점이 있다. "자신이 좋아하고 잘할 수 있는 일을 하라"는 것이다.

세상을 바꾼 3인이 강조하는 말의 공통점

| 자신이 좋아하고 잘할 수 있는 것을 찾아 도전하라! | 자신이 정말로 좋아하고 잘할 수 있는 흥미로운 일, 사랑하는 일을 찾아라 | 좋아하는 일을 하라! 그러면 도전에 더 많은 목적의식이 생긴다 |

세계 부자 순위 3위인 워렌 버핏(Warren Edward Buffett)도 "위험은 자신이 무엇을 하는지 모르는 데서 온다"며 자신에 대한 이해를 강조하면서 매일 아침 거울을 보면서 "오늘도 내가 정말로 좋아하는 일을 하고 있는지" 스스로 질문한다고 고백했다. 그는 "돈은 부차적인 것이다. 좋아하는 일을 미친 듯이 하다 보면 돈은 저절로 따라온다"면서 역시 좋아하

는 일을 하라고 강조한다.

미국의 블로토닉 연구소에서 아이비리그 대학의 MBA 졸업생 1,500명을 대상으로 '직업 선택의 동기와 부의 축적 여부'에 대한 조사를 했다. 졸업 당시 졸업생들에게 직업 선택의 기준을 물었더니 83%가 '월급을 많이 주는 일'이라 했고, 17%는 '좋아하는 일'이라고 했다. 그 후 20년이 지난 뒤 추적 조사를 했더니 전체 1,500명 중 101명이 백만장자가 되어 있었다. 그런데 그 결과가 참으로 흥미로웠다. 백만장자가 된 101명 가운데 단 1명만이 월급을 많이 주는 직장을 선택했고, 나머지 100명은 좋아하는 일을 택한 사람들이었다. 결국 자신이 좋아하는 일을 직업으로 가진 사람이, 단순히 돈만 좇는 사람보다 부자가 될 가능성이 높다는 사실이 입증됨 셈이다.

이제 삶의 후반기에는 잠깐 멈추어 서서 진정으로 좋아하는 일, 진짜 해보고 싶은 일, 내가 잘할 수 있는 일을 찾아보고 다시 시작해보는 것은 어떨까?

> 인생에서 성공하는 사람들은
> 자신이 평생을 바쳐 할 수 있는 일을 찾아내고
> 그 일에 집중해서, 날마다 조금씩 꾸준히 노력하는 사람들입니다.
> 행운이란 기회를 잡을 준비가 되어 있다는 뜻입니다.
> 행운을 기대하신다면,
> **일단 한번 멈춰서서**
> **진정으로 좋아하는 일, 진짜 잘할 수 있는 일을 찾아보고 나서**
> **다시 시작해 보십시오.**
> - 오프라 윈프리 -

자기가 누구인지 알아야 한다 (자기 이해를 기반으로)

사람들은 자신을 얼마나 알고 있을까? 사람들은 성공과 행복의 조건으로 '자신이 원하는 것을 이루는 데 있다'고 한다. 그러나 대부분의 사람들은 정작 본인이 무엇을 원하는지 명확하게 알지 못한다. 물론 세상의 잣대로서 추상적인 바람은 갖고 있지만 말이다. "내 안에 내가 너무나 많아"라는 노래 가사가 있다. 우리는 내 안에 있는 나도 잘 모르는 또 다른 나를 가지고 살아가고 있다.

지금까지 진실로 자신에 대해 깊이 성찰해본 시간이 과연 얼마나 될까?

사람들은 저마다 다른 성향, 기질, 재능, 흥미를 타고난다. 나는 어떤 성향과 기질을 갖고 있으며 무엇에 흥미가 있고 어떠한 재능을 가졌는지 이제부터라도 정확하게 알고 제대로 활용하도록 노력해야 한다.

한 번뿐인 우리의 소중한 삶에서 정말 하고 싶고 좋아하는 일을 한 번쯤은 해보아야하지 않겠는가. 자신이 무엇을 좋아하는지, 어떤 것을 잘할 수 있는지 제대로 알아야만 가능한 일이다. 자기가 누구인지 잘 알지 못하고 또 다시 섣불리 일을 선택한다면 자신에게 전혀 어울리지 않는 역할을 하게 됨으로써 행복하지 않은 노후를 보낼 수밖에 없다. 따라서 은퇴 후 일을 선택하는 데에 있어서 자기를 아는 것은 매우 중요하다. 그러면 자기를 어떻게 알 수 있을까?

**자기가 누구인지 알아야만 한다.
그렇지 않으면 자신에게 전혀 어울리지 않는
역할을 하게 된다!**

조하리의 4가지 창을 통해 나를 알기

자신에 대해 알아보는 방법으로 JW 모델인 '조하리의 창'이 있다.

조하리의 창은 1950년대 미국의 심리학자 조셉 러프트(Joseph Luft)와 해리 잉햄(Harry Ingham)이 개발하였다. 각자의 이름을 결합하여 'JoHari' 모델이 되었으며 자신을 인식하고 성찰하는 훈련으로 널리 사용하고 있다.

조하리의 창은 4가지 영역으로 구성되어 있고, 이는 각각 자신이 자기를 아는 영역과 자신이 자기를 모르는 영역으로 나뉜다. 자기를 아는 영역은 다시 다른 사람이 아는 영역인 열린 창(Open area)과 다른 사람이 모르는 영역인 숨겨진 창(Hidden area)으로 나뉜다. 자기를 모르는 영역도 나는 모르지만 다른 사람들이 아는 영역인 보이지 않는 창(Blind area)과 나도 모르고 다른 사람도 모르는 미지의 창(Unknown area)으로 나뉜다.

1. 열린 창(Open area)은 자신에 관하여 스스로 알고 있는 것을 다른 사람들도 알고 있는 영역으로, 예를 들어 자신의 이름, 외모의 특징, 자신이 어느 직장을 다니고 있다는 사실 등이다. 이 영역은 자신에 대해 공개하는 정도와 다른 사람들로부터의 피드백 요청을 증가시킴으로써

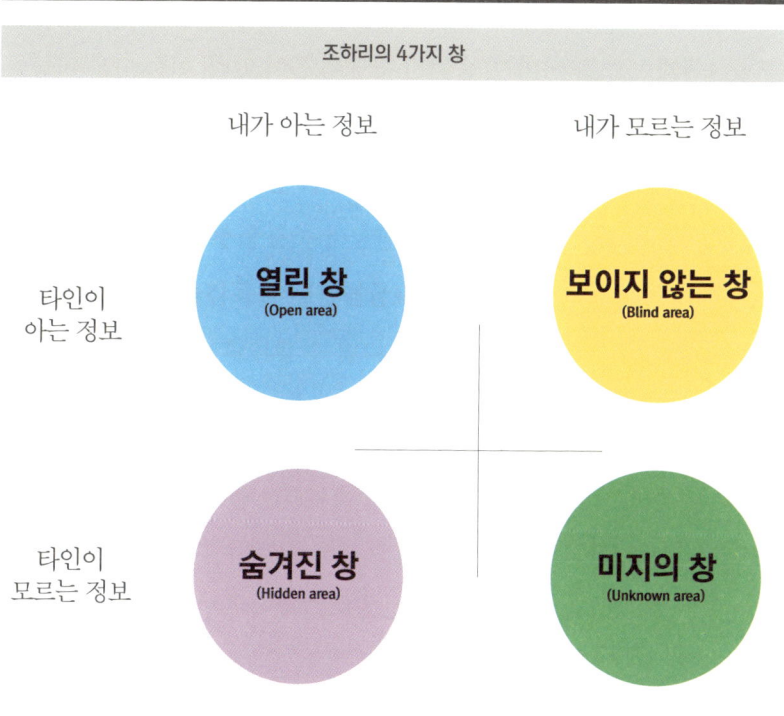

영역의 크기를 확대할 수 있다.

 2. 숨겨진 창(Hidden area)은 자신에 관하여 자신은 알고 있지만 노출을 안 하기 때문에 다른 사람들은 잘 알 수 없는 영역으로, 예를 들어 자신만이 알고 있는 비밀, 욕망, 좋아하는 것과 싫어하는 것 등이 있다. 자신의 처한 상황과 상대방과의 관계 정도에 맞추어 자신을 오픈함으로써 확대할 수 있다.

 3. 보이지 않는 창(Blind area)은 자신에 관하여 자신은 잘 모르고 있지

만 다른 사람들은 어느 정도 알고 있는 영역으로, 예를 들어 다른 사람들이 나에게 느끼는 이미지, 숨겨진 탁월성 등이 있다. 이는 다른 사람들로부터 피드백을 요청하는 정도에 따라 확대할 수 있다.

4. 미지의 창(Unknown area)은 다른 사람도, 자기 자신도 잘 모르는 영역으로, 자신이 의식적으로 표현하기도 어렵고, 일상적인 행동만으로는 남들도 알아채기 어렵다. 그래서 객관적인 검사를 통해 알아가는 노력을 해야 한다.

구분	내용 1, 2는 스스로 작성. 3, 4는 타인 피드백 / 검사 후 작성
1. 열린 창(Open area) : 나에 관하여 스스로 알고 있고 이를 남들도 아는 영역	
2. 숨겨진 창(Hidden area) : 나에 관하여 스스로 알고 있지만 오픈을 하지 않기 때문에 남들은 모르는 영역	
3. 보이지 않는 창(Blind area) : 나에 관하여 자신은 잘 모르나 남들이 알고 있는 영역	다른 사람들의 탁월성 경청과 탁월성 피드백 실시
4. 미지의 창(Unknown area) : 나에 관하여 자신도 잘 모르고 남들도 잘 모르는 영역	객관적인 검사(DISC, MBTI, Holend, 재능 검사) 실시

나의 타고난 성향과 기질 이해하기

나의 타고난 성향과 기질 파악은 행동 유형(DISC) 검사, 성격 유형(MBTI) 검사, 흥미 검사(Holland), 재능 검사의 4가지 검사로 진행된다. 이 4가지 검사의 결과로 내가 좋아하는 것과 잘할 수 있는 것에 대해 1차로 파악

한다. 그리고 직업 전문성 파악과 직업 가치관 탐색의 결과를 결합하여 내게 맞는 일을 선택하는 데 참조한다.

행동유형(DISC)별 특징 및 활용

유형	특징	배려	직업

D(주도)형
 	
나를
따르라
	• 리더십과 지도력이 있다.
	• 활동적이며 결과를 빨리 만든다.
	• 매사에 주도적이며 자신감이 충만하다.
	• 성취욕이 강하고 모험적이며 도전적.
	• 솔직하고 단순하며 결론 위주로 명쾌함.
	• 자아/직관력이 우수히며 결정에 단호함.
		• 커뮤니케이션 배려
		  - 핵심만 직선적으로 결론부터
		  - 간략하고 명확하게 말함.
		• 일 부여 시 배려
		  - 통제가 아닌 권한과 선택 부여
		  - 도전적이고 창의적인 큰 그림
		  - 업적/성취 결과 및 안목 칭찬
			• 지도자
			• 정치인
			• 사업가
			• 관리직
			• 군인, 경찰
			• 공직/판사

I(사교)형
 	
좋아,
가는 거야
	• 매사에 낙천적이고 열정적이다.
	• 풍부한 상상력이 있다.
	• 말 솜씨가 좋아 설득력이 뛰어나다.
	• 호의적인 인상과 패션 감각이 좋다.
	• 폭넓은 인간관계를 가지고 있다.
	• 매너가 좋고 사교적이다.
	• 분위기를 이끄는 능력이 탁월하다.
		• 커뮤니케이션 배려
		  - 사교적인 환경과 신나는 분위기 제공
		  - 칭찬/격려, 친밀한 관계 유지
		• 일 부여 시 배려
		  - 다양함을 경청해주고 지지
		  - 생각을 충분히 표현 기회 제공
		  - 표현과 상상력에 대한 칭찬
			• 방송 개그맨
			• 영화배우
			• 강사
			• 세일즈맨
			• 여행 가이드
			• 서비스 업종

S(안정)형
 	
우리
함께 해요
	• 일관성과 꾸준함으로 예측이 가능
	• 협조적이며 상대방 배려심이 높다.
	• 성실하고 안정적이며 온화하다.
	• 남의 말을 잘 들어주며 경청을 잘함
	• 갈등보다는 평화와 안정을 추구
	• 인내심이 강하고 참을성이 있다.
	• 겸손하고 정직하며 양심적이다.
		• 커뮤니케이션 배려
		  - 천천히 부드럽게 말하고 충분히 경청
		  - 친근하고 비 위협적인 태도
		• 일 부여 시 배려
		  - 추상적이 아닌 구체적인 지시
		  - 수단과 절차를 명확히 제시
		  - 인정, 성실, 배려에 대한 칭찬
			• 관리자
			• 경리/의사
			• 간호사
			• 상담사
			• 코치
			• 디자이너

유형	특징	배려	직업
C(신중)형 돌다리도 두드린다	● 완벽을 추구하고 매사에 신중하다. ● 일을 정확하고 유능하게 한다. ● 논리적이고 객관/분석적이다. ● 원칙과 기준을 잘 지킨다. ● 도덕성이 높고 예의 바르다. ● 질적 가치를 중시하고 보수적이다. ● 과묵하고 자존감이 높다.	● 커뮤니케이션 배려 - 감정적 표현은 피하고 사실에 근거 - 약속 철저, 숫자 중시, 구체적 합의 ● 일 부여 시 배려 - 구체적, 숫자 활용 업무지시 - 탁월함, 유능, 원칙, 신뢰에 대해 칭찬	● 엔지니어 ● 컨설턴트 ● 부동산중개인 ● 약사 ● 재무분석사 ● 감독/심사관

〈저자 재구성〉

나의 DISC 유형 특징과 활용 방안

자기의 DISC 성향을 고려하여 퇴직 후 일을 선택하는 데 참조함은 물론 향후 일을 하는 데 있어서 활용 방안을 작성해보자.

┌─────────────────────────────────────┐
│   나의 DISC 유형과 일 활용 방안   │
│ _____   │
│ _____   │
│ _____   │
│ _____   │
│ _____   │
└─────────────────────────────────────┘

대상별 DISC 파악 및 소통과 관계 방향 설정

노후에 일과 가정을 잘 병립해야 진정한 행복이 온다. 지금 또는 앞으로 일을 하면서 함께할 대상과 가족을 대상으로 DISC 검사(오링테스트)

를 실시한다. 다음 양식에 의거하여 검사 대상자의 이름과 관계를 작성한다. 각 검사 대상자별로 DISC 검사 전 평소의 행동을 보고 예상되는 유형을 적어본다. 그리고 실제 검사 후의 결과를 작성한다. 각 대상별로 나온 DISC 결과에 따라 각 성향을 배려하는 방법을 작성한다.

이름	관계	DISC 예상유형	DISC 실제결과	소통/관계 방향 설정

DISC 성향 파악 및 배려 소통/관계 설정

성격 유형(MBTI) 검사 및 활용

MBTI 검사 결과에 나온 4개의 알파벳을 서로 조합하면 다음 16가지 타입 중 하나로 결정된다. 자기 MBTI 성향의 특징을 좀 더 파악하고자 하면 MBTI 전문 서적이나 인터넷을 통해 자료를 얻을 수 있다. 자기의 MBTI 성향을 고려하여 퇴직 후 일을 선택하는 데 참조함은 물론 향후 일을 하는 데 있어서 활용 방안을 작성해보자.

ISTJ 소금형	ISFJ 권력형	INFJ 예언자형	INTJ 과학자형
한번 시작한 일은 끝까지 해내는 성격	성실하고 온화하며 협조를 잘하는 사람	사람에 관한 뛰어난 통찰력을 가진 사람	전체를 조합하여 비전을 제시하는 사람
ISTP 백과사전형	**ISFP 성인군자형**	**INFP 잔다르크형**	**INTP 아이디어형**
논리적이고 뛰어난 상황 적응력	따뜻한 감성을 가지고 있는 겸손한 사람	이상적인 세상을 만들어가는 사람	비평인인 관점을 가진 뛰어난 전략가
ESTP 활동가형	**ESFP 사교형**	**ENFP 스파크형**	**ENTP 발명가형**
친구, 운동, 음식 등 다양함을 선호	분위기를 고조시키는 우호적인 성격	열정적으로 새 관계를 만드는 사람	풍부한 상상력으로 새로운 것에 도전
ESTJ 사업가형	**ESFJ 친선도모형**	**ENFJ 언변능숙형**	**ENTJ 지도자형**
사무적, 실용적, 현실적인 스타일	친절, 현실감을 바탕으로 타인에게 봉사	타인의 성장을 도모하고 협동하는 사람	비전을 갖고 타인을 활력적으로 인도

나의 MBTI 유형과 일 활용 방안

흥미 유형(Holland) 검사 및 활용

이 책 55~56쪽 내용을 참조 자신의 홀랜드 유형의 특징을 기록하고, 이 특징을 활용하여 노후에 하고 싶은 일을 선택해본다.

나의 Holland 유형 특징	
유형 1(　　　)형	유형 2(　　　)형

나의 흥미 유형을 고려하여 하고 싶은 일 선택 → 선택 이유와 활용 방안	
하고 싶은 일 선택	선택 이유 & 활용 방안

나의 재능파악 및 활용

재능은 어떤 일을 하는 데 필요한 재주와 능력이다. 개인이 타고난 능력과 훈련에 의하여 획득된 능력을 아울러 이른다. 이 책에서는 훈련에 의해 획득된 능력은 직무 전문성으로 구분했기 때문에 여기서 말하는 재능은 선천적으로 타고난 것을 의미한다. 이 책 57~58쪽에서 발견된 재능에 대하여 노후에 활용하는 방안을 도출해보자.

	발견한 재능 목록 정리하기		
	재능	재능 발휘를 통해 얻은 성과는? 재능을 발휘했을 때 소감은?	재능을 발휘했을 때의 주변의 반응은?
1			
2			
3			
4			
5			

재능발견 질문을 통해 발견한 나의 재능 목록 5가지

⬇

나의 재능을 활용하여 나의 일 찾기

나를 이해하기 총정리

나의 탁월성과 나를 객관적으로 알기 위한 4가지 검사 결과(특징)를 정리해보고 향후 행복한 노후 만들기에 활용 방안을 도출해보자.

구분(검사)	검사 결과/특징
DISC	
MBTI	
흥미(Holland)	
재능	

검사 결과를 이용해 평생 현역 만들기 계획 수립 시 활용 방안은?

나의 직무 전문성 파악하여 정리하기

퇴직 후 일을 하기 위해서 그동안 쌓아온 본인의 직무 전문성을 연계하거나 활용하는 것도 중요하다. 특히 재취업을 하고자 할 때는 필수 요소이며, 창업을 하거나 전문직을 할 때도 기왕이면 직무 전문성과 연계하는 것이 필요하다.

직무 전문성은 장기간 일을 하면서 습득한 지식, 기술, 노하우, 일하면서 맺은 인맥, 자격증, 외국어 등이 포함된다. 그동안 근무한 회사와 부서에서 습득한 직무 전문성 중 가장 자신 있고 대표적인 직무 전문성을 아래 표에 작성한다.

나의 직무 전문성 정리하기(사무직)

업무를 통해 습득한 지식, 기술, 노하우, 통찰력은?	
업무 수행 과정에서 작성한 표준, 매뉴얼, 가이드, 지침은?	
업무 수행 과정에서 취득한 학위, 자격증은?	
업무 수행 과정에서 축적한 비즈니스 인맥은? (고객, 가입 단체 및 협회 포함)	
업무상 습득한 외국어 종류 및 수준은?	

출처 : 사무직 베이비부머 퇴직설계 프로그램 진행자 매뉴얼, 한구고용정보원, 2014.

나의 직업 가치관 탐색하기

직업 가치관은 직업을 선택할 때 중요하게 생각하는 가치다. 퇴직 후 나의 일을 선택할 때는 본인이 직업을 통해 추구하고자 하는 가치를 파악하여 충분히 고려하는 것이 '평생 현역'을 위한 준비 자세다. 직업 가치관 검사는 워크넷(http://www.work.go.kr)에서 무료로 할 수 있으며, 13가지 직업 가치로 분류된다. 13가지 가치 요인을 보고 본인이 중시하는 가치 3가지에 체크해보자.

가치 요소	내용
1. 성취	일을 통해 성취감을 느끼는 것을 중시
2. 봉사/공헌	자신의 이익보다 사회적 이익 고려하여 남을 위해 봉사
3. 개별 활동	여러 사람과 어울려 일하기보다는 혼자 일하는 것을 중시
4. 직업 안정	해고나 조기퇴직이 없이 안정적으로 일하는 것을 중시
5. 변화 지향	반복적/정형화되지 않고 다양하고 새로운 것을 하는 경험 중시
6. 몸과 마음의 여유	스트레스를 적게 받으며 몸과 마음의 여유를 갖는 것 중시
7. 영향력 발휘	타인에게 영향력을 발휘하고 주도적으로 일하는 환경 중시
8. 지식 추구	일을 통해 새로운 지식과 기술을 얻는 것을 중시
9. 애국	국가나 사회 발전에 기여하는 것을 중시
10. 자율	지시나 통제를 받지 않고 자율적으로 일하는 것을 중시
11. 금전적 보상	경제적인 어려움이 없고 돈을 많이 벌 수 있는지를 중시
12. 인정	다른 사람들로부터 인정과 존중을 받을 수 있는지를 중시
13. 실내활동	주로 실내에서 신체 활동을 적게 하는 환경이나 일 중시

퇴직 후 나의 일(평생 현역)을 선택할 때 중시하는 가치 3가지는, 선택 이유는?

선택한 가치(3가지)	선택 이유

내가 선택한 직업 가치를 충족 시켜줄 수 있는 일(직업)은?

평생 현역 만들기(종합)

평생 현역 만들기	
나의 DISC 특징 및 활용 방안	나의 MBTI 특징 및 활용 방안
나의 흥미/재능 검사 결과 및 활용 방안	직무 전문성/가치 파악 결과 및 활용 방안

내가 평소 꼭 해보고 싶었던 것, 잘할 수 있는 것 등을 적어보세요

⬇

내가 지금부터 하고 싶은 일(취업, 창업, 전문직) Top 3 선택

6장

좋은 관계는 행복한 노후를 위한 축복이다

1   부부 관계

은퇴 후 달라진 부부 생활 제대로 알기

배우자와 친밀한 관계가 중요한 이유

노후가 행복하려면 가장 먼저 은퇴 후 부부관계에 대한 인식의 전환을 통해 관계를 재정립해야 한다. 그 이유는 두 가지다.

첫째는 은퇴 전과 후의 환경 변화에 따른 부부 관계의 급격한 변화에 어떻게 적응하느냐에 따라 행복한 노후와, 첨예한 갈등으로 인한 불행한 노후로 나뉘기 때문이다. 둘째는 자녀들이 성장하여 부모 곁을 다 떠나면 결국 은퇴 후 긴긴 시간을 부부가 함께 보내야 하는데 이 기간 동안 부부 관계의 질에 따라 노후의 행복과 불행이 갈리기 때문이다.

은퇴 전과 후의 환경 변화는 남편과 아내 모두 겪게 된다. 아내 입장에서 보면 그동안 많은 시행착오를 겪으면서 겨우 적응이 완료된 '나만의 환경'에서 '이제 조금 쉬고 싶다'고 하는 바로 그 시점에 '권력의 인간'인 남편이란 사람이 들어와서는 새로운 변화를 요구하는 상황이다. 또 남편 입장에서 보면 평생 가족을 위해 온갖 풍파를 이겨내면서 최선을 다하다가 은퇴 후 가정이라는 휴식처에서 그동안의 노고에 대해 가족들로부터 존중과 보상을 받으면서 쉬고 싶었는데 '삼식이', '소파 몬스터'(종일 TV리모컨을 들고 소파에 달라붙어 있는 모습) 하물며 '종간나'(종일 집안에서 뒹굴거리면서 간식까지 챙겨달라며 나를 괴롭히는 남자) 라는 소리까지 들으면서 기대치와 전혀 다른 삶을 살고 있는 상황이다.

은퇴 후에 대한 희망과 기대치가 남편은 남편대로 아내는 아내대로 서로 다르기 때문에 이러한 차이를 인정하고 적극적으로 변화에 적응해야만 행복한 노후가 펼쳐진다. 인간으로 살아가면서 숙명으로 안고 가야 할 대상, 특히 노후에 더 부각되는 고독과 외로움을 가정이라는 울타리를 통해서 치유하는 것이 가장 바람직하다. 이와 같이 편안하고 행복한 노후를 위해서는 집안의 화목함, 그중에서도 부부 간의 사랑과 화목이 무엇보다 중요하다.

은퇴 후 부부가 처하는 현실 제대로 알기

노후에 행복한 부부 생활을 한다는 것은 그 전의 삶을 잘 살아왔다는 것을 보여준다고 할 수 있다. 노후에 행복한 부부 생활을 하기 위해서는 먼저 은퇴 후 부부 간에 나타나는 현실을 올바르게 인식하고 인정해야 한다. 이 변화는 남편과 아내 모두에게 일어나기 때문에 서로 인정하고 존중하면서 소통으로 풀어가는 것이 무엇보다 중요하다.

일본에서는 퇴직하고 집에 눌러앉아 있는 남편을 일컬어 '누레오치

바'라 하여 일명 '바지에 붙은 젖은 가랑잎'이라고 표현한다. 평생을 가족을 사랑하기에 새벽부터 밤늦게까지 집과 직장을 오가며 헌신했던 남편이 아내로부터 외면당하고 있는 이유는 무엇일까?

이제 가사(家事)에서
해방되나 했는데…
집에 들어와서
회사처럼 명령질이야!

이제는 하루 종일
소파를 차지하고 있는
당신 얼굴
꼴도 보기 싫어~!

그동안
가족을 위해서
내가
얼마나
고생했는데…

뼈빠지게 일했더니
이제 와서
꼴도 보기 싫다고~???

　　퇴직 후 남편과 아내에 나타나는 생각과 행동의 차이는 서로가 처한 입장 때문이다. 먼저 남편은 그동안 가족을 위해 수고한 것에 보상을 받고 싶고 집에서 포근한 안식을 취하고 싶다. 그러나 아내는 그동안 남편과 자녀를 위해 헌신한 것에서 벗어나 그동안 소홀히 했던 자신을 위해 하고 싶은 것을 찾아가고 싶고, 가사에서도 독립하여 자유를 맘껏 만끽하고 싶다.

　　또 아내는 남편이 곁에 없어도 일상생활에 전혀 지장이 없는 구조 속에 이미 적응한 상태이지만, 남편은 '전업 남편'이라는 전혀 생소한 영역으로 진입하여 매사에 어려움에 봉착하는 시기다. 은퇴 후 아내와 남편에게 나타나는 행동을 살펴보면 다음과 같다.

은퇴 후 나타나는 남편의 행동	은퇴 후 나타나는 아내의 행동
• 잠옷 차림으로 종일 거실에서 빈둥거린다. • 소파에 누워 TV만 본다.(소파몬스터) • 헤어 및 옷차림새가 초라해진다. • 부쩍 인색해지며 신경질적이 된다. • 매사 아내의 일에 참견한다. • 아내가 외출하려고 하면 꼬치꼬치 묻는다. • 아내의 전화에 귀를 쫑긋 세우고 듣는다. • 가급적이면 집에서 식사하려고 한다.(일식, 이식, 삼식이) • 아내에게 반찬 투정을 한다. • 시장에 가는 아내를 따라 나선다. • 아내 곁을 떠나지 않는다. • 아내가 밖에 있으면 수시로 전화를 한다.(확인 및 문의)	• 남편이 집안일을 알아서 도와주기를 바란다. • 남편이 아침에 나가 저녁에 들어오길 바란다. (인기 남편 1위 : 집에 없는 남편) • 식사는 밖에서 해결하고 들어오길 바란다. • 가사노동에서 벗어나고 싶어한다. • 자유롭게 외출하고자 한다. • 남편의 간섭과 구속을 더 이상 받고 싶지 않다. • 여자로서 대우를 받고 싶어한다. • 남편으로부터 그간의 노고에 감사를 받고 싶어한다. • 다양한 주제로 대화하고 싶어한다. • 다양한 문화생활 및 취미 생활을 즐기려 한다.

출처: '은퇴 후 부부생활 그 이상과 현실', 박영재의 친절한 은퇴스쿨

남편의 입장에서 본 실태와 대응

은퇴 전까지 남자의 삶은 목표를 성취하고 세상을 정복해야 하는 '권력의 인간'으로서의 속성이 있었다. 그러나 은퇴를 하는 순간부터 성취할 목표도, 정복해야 할 대상도 한순간에 사라진다. 더 이상 자기를 필요로 하는 곳도 없어지기 때문에 존재감에 대한 실망으로 자존감에 상처를 입는다. 또 사회 및 주변과의 교류와 관계도 급격하게 단절되기 때문에 외로움이 증대되고 심지어는 우울증으로 발전하는 경우도 빈번하

다. 여기에 더하여 미래에 대한 불확실성과 준비 부족으로 두려움이 커지고 자신감이 떨어진다. 게다가 가족을 위해 헌신한 것에 대한 보상 심리로 가족들에게 위로와 존중을 받고 싶지만 가족에게, 특히 아내에게 부담스러운 존재로까지 추락한 현실은 실로 참혹하다.

이러한 변화된 환경에 적응하지 못하고 부부 간의 갈등이 누적되다 보면 황혼 이혼(20년 넘게 결혼생활을 해온 부부의 이혼을 말하며, 은퇴 시기에 몰린 베이비부머들에게 급증하는 이혼 추세에 따라 나온 신조어)까지 이르는 경우도 있다. '아내들의 반란'으로 표현되는 조사 결과로 은퇴 후 아내들 3명 중의 한 명은 "여보, 이제 우리 좀 서로 떨어져 살자"고 하는 의향이 있다고 조사되고 있다. 실제로 졸혼(卒婚, 결혼 생활을 졸업한다는 뜻으로, 이혼하지 않은 부부가 서로 간섭하지 않고 독립적으로 살아가는 일)이 늘어가고 있고, 새로 결혼하는 부부보다 황혼 이혼을 하는 수치가 더 많아지는 역전 현상이 일어나고 있다.

노후에 필요한 것에 대해 남편들은 '아내, 집사람, 마누라, 애들 엄마, 처'로 처음부터 끝까지 아내라고 했다. 한마디로 아내가 없으면 살 수가 없는 '아내바라기'라고 할 수 있다. 그러나 같은 질문을 아내들에게 했더니 아내들은 '돈, 딸, 친구, 반려동물, 찜질방' 순으로 남편은 아내에게 거의 필요 없는 존재거나 오히려 짐만 되는 존재로 인식되었다. 비록 우스갯소리로 회자되는 말이긴 하지만 무시해서도 안 되는 현실이 잘 풍자되어 있다.

한국보건연구원의 조사 결과에 의하면 아내의 71.8%가 나이 든 남편이 짐이고 스트레스가 되어 매우 부담스럽다고 답변했다. 이와 비슷한 조사 결과는 실로 많다. 은퇴 여성의 45%가 '남편이 귀찮다'고 한 결과도 있다. 일본에서 조사한 바에 의하면 은퇴 후 가장 인기 있는 남편 1위는 '집에 없는 남편'이라고 나온 사실이 이를 대변한다. 한국에서도 가장 인기 있는 남편이 95세까지 현역으로 일하고 있는 전국노래자랑의 사회자 송해였다는 것과도 일맥상통한다.

이러한 조사 결과는 평생 가족을 위해 헌신한 남편의 입장에서 보면 실로 큰 충격이 아닐 수 없다. 실로 한순간에 천덕꾸러기로 전락한 것이다. 참으로 서글픈 현실이다. 그러나 어찌할 것인가? 하루빨리 현실을 인정하고 부부가 행복하게 노후를 보내는 방법을 배우고 실천하여 인생 최대의 위기를 최대의 기회로 바꾸는 노력을 하여야 한다. 우리는 한 번뿐인 삶을 살고, 오늘은 다시 오지 않기 때문이다.

이런 부부일수록 은퇴 후가 위험해요!

- 나는 좋은 남편(아내)라고 생각한다.
- 부부 간 대화의 주제는 대부분 자녀나 손자, 손녀 이야기이다.
- 부부 간 공통 취미가 없다.
- 서로 '○○ 아빠', '○○ 엄마'로 부른다.
- 남편(아내)에게 하고 싶은 말이 있어도 싸울 것이 뻔하기 때문에 그냥 참는다.
- 남편(아내)이 제일 좋아하는 것이 무엇인지 잘 모른다.
- 자식에게 좋은 부모이면 그것으로 괜찮다고 생각한다.

출처: 《아직도 상사인 줄 아는 남편, 그런 꼴 못 보는 아내》, 호사카 다카시, 매일경제신문사, 2014

은퇴 후 아내들이 원하는 남편의 모습은?

'아직도 상사인 줄 아는 남편과 그런 꼴은 절대 못 보는 아내'. 남편의 은퇴 후 부부가 처한 상황을 한 문장으로 적절하게 표현한 글이다. '은퇴 후 아내 증후군'은 "은퇴 후 남편에게 매번 식사를 챙겨주어야 하고, 매사에 직장 상사처럼 참견하는 남편으로 인해 새로운 시집살이가 시작되었다고 고통을 호소하는 현상"을 말한다.

이와 같이 남편과 아내의 생각이 서로 다르기 때문에 서로의 생각과 서로에게 원하는 바를 잘 알고 이에 맞게 행동하는 것은 매우 중요하다. 부부 관계를 연구하는 일본의 연구소에서 55세 이상 부부 1,000명을 대상으로 은퇴 후 원하는 남편과 아내에 대해 조사한 결과는 아래와 같다.

《아직도 상사인 줄 아는 남편, 그런 꼴 못 보는 아내》, 호사카 다카시, 매일경제신문사, 2014)

아내는 은퇴 후 이런 남편을 원한다
• 1위 : 자립적인 남편(가정 일에 대해 아내의 손을 빌리지 않고 스스로 해결하는 남편)
• 2위 : 밖에 나가 적극적으로 활동하는 남편(일이나 취미 활동 등 외부와 적극적으로 교류하고 소통하는 남편)
• 3위 : 건강에 신경을 쓰는 남편(정기 검진은 물론 평소 꾸준히 운동하고 스트레스를 관리하는 남편)
• 4위 : 가사 분담을 해주는 남편(아내와 집안일을 분담하여 스스로 해주는 남편)
• 5위 : 아내 말에 진심으로 귀 기울여 주고 존중해주는 남편(아내의 말에 진심 어린 대화를 해주는 남편을 최고로 생각한다)

남편의 입장에서 개선할 부문은? → 어떻게 개선하겠는가?

은퇴한 남편들이 원하는 아내의 모습은

남편들이 은퇴 이후에 겪게 되는 여러 현상은 당연히 생애 처음 겪는 것이며, 특히 부정적인 상황은 은퇴 전에 예상하지 못했거나 '이 정도는 아니겠지'라고 막연하게 생각한 것일 수 있다. 이로 인해 자존감의 상실과 자신감의 결여 등 많이 위축된 상태가 된다. 그러나 쥐 죽은 듯 지내는 것 같지만 그들은 분명 수컷이다.

아내들은 이러한 수컷들의 소리 없는 마음의 외침에 귀를 기울여 주고 최대한 맞추어주려고 노력하는 것만으로도 남편들은 감동하고 행복한 부부가 되도록 더욱 노력할 것이다.《아직도 상사인 줄 아는 남편, 그런 꼴 못

은퇴한 남편들이 원하는 아내

- 1위 : 건강하고 활기찬 아내(정기 검진 및 평소 꾸준한 운동과 식습관 관리로 건강하고 활기찬 아내)
- 2위 : 잔소리 않고 간섭하지 않는 아내(남편을 좀 더 믿어주고 기다려주는 아량을 베풀어주는 아내)
- 3위 : 나와 같이 취미를 즐기는 아내(남편과 함께 놀아줄 줄 아는 아내)
- 4위 : 나보다 장수하는 아내(남편이 가는 날까지 필요한 것은 아내이기 때문에)
- 5위 : 좋아하는 일에 도전하는 아내(그동안 남편 때문에 청춘 시절의 꿈을 미뤘다고 원망하기보다는 이제 부터라도 과감히 꿈을 향해 도전하는 아내의 모습)

아내의 입장에서 개선할 부문은? → 어떻게 개선하겠는가?

보는 아내》, 호사카 다카시, 매일경제신문사, 2014)

노후에 행복한 부부가 되는 방법

어느 60대 노부부 이야기

젊었을 때는 부부 싸움을 격렬하게 했던 부부들도 "어느 날 갑자기 배우자의 모습이 짠해지면서 예전처럼 화도 못 내겠다"고들 고백한다. 배우자도 늙고, 나도 늙어가고 있음을 실감하는 순간이 온 것이다. 탄력 없고 주름진 얼굴, 하얗게 변한 머리, 얇아진 허벅지 등 젊었을 때의 팽팽했던 모습은 아련한 추억으로나 남아 있다. 애지중지 키운 자녀들이 하나둘 부모 곁을 떠나가고, 단둘이 남아 서로 생을 마치는 순간까지 함께하다 마지막 가는 길을 배웅해주는 소중한 사람이 부부다. 이런 마음이 김광석의 노래 〈어느 60대 노부부 이야기〉에 절절하게 표현되어 있다.

어느 60대 노부부 이야기

곱고 희던 그 손으로 넥타이를 메어주던 때
어렴풋이 생각나오, 여보 그때를 기억하오
막내아들 대학시험 뜬 눈으로 지내던 밤들
어렴풋이 생각나오, 여보 그때를 기억하오
세월은 그렇게 흘러 여기까지 왔는데
인생은 그렇게 흘러 황혼에 기우는데

큰딸아이 결혼식 날 흘리던 눈물방울이

이제는 모두 말라, 여보 그 눈물을 기억하오

세월이 흘러감에 흰머리가 늘어가네

모두 다 떠난다고, 여보 내 손을 꼭 잡았소

세월은 그렇게 흘러 여기까지 왔는데

인생은 그렇게 흘러 황혼에 기우는데

다시 못 올 그 먼 길을 어찌 혼자 가려 하오

여기 날 홀로 두고, 여보 왜 한마디 말이 없소

여보 안녕히 잘 가시게, 여보 안녕히 잘 가시게

여보 안녕히 잘 가시게

행복한 부부관계를 유지하기 위해 매일 하는 7가지 행동

　부부 상담 전문가 짐 워크업 박사(Dr. Jim Walhup)는 뉴욕에서 40년간 부부 상담을 하면서 발견한 내용을 책으로 썼다. 행복한 부부는 아무런 노력을 하지 않았는데도 어느 날 갑자기 되어 있는 것이 아니고 평소에 꾸준하게 남다른 노력을 해야 가능하다는 것이다. 하루아침에 또는 매일 실천하기가 어려울 수가 있겠지만 그럼에도 불구하고 행복한 노후를 위해서 '행복한 부부가 매일 하는 7가지 행동'은 시도해볼 가치가 있다.

행복한 부부 관계를 유지하는 방법 (매일 하는 7가지 행동, 짐 워크업 박사)

1. 둘만의 시간을 갖는다.
   - 마치 연애를 할 때처럼 집중력을 가지고 둘만이 오롯이 대화에 흥미진진하게 몰입하는 시간을 갖거나 둘만의 외출을 한다.
2. 사랑의 언어를 사용한다.
   - 꼭 말이 아니더라도 다양한 행동을 통해 사랑의 언어를 사용한다.
3. 매일 20초 이상 포옹을 한다.
   - 의례적인 짧은 포옹이 아니라 진하고 강하게 20초 이상 포옹한다. 20초 이상 포옹하면 행복의 옥시토신이 분배된다.
4. 배우자의 말을 경청한다.
   - 시선을 마주치면서 리액션까지 해주면 배우자에게 존중받고 있다는 것을 느낄 수 있다.
5. 서로의 일과를 공유한다.
   - 서로에 대한 정보를 공유하면서 기쁨과 슬픔을 나눈다.
6. 미래를 함께 계획하고 공유한다.
   - 부부는 One Team이며 운명공동체의 동반자이기 때문이다.
7. 서로에게 위안이 되어준다
   - 마지막까지 함께 할 유일한 사람인 배우자에게 쓸데없는 자존심을 앞세워 상처주는 말을 하지 말고 서로 격려하고 응원해주는 말을 한다.

부부 상호간 인정과 존중해주기

노후에 행복한 부부가 되기 위해 첫 번째로 해야 할 일은 서로 인정하고 존중하는 것이다. 테레사 수녀는 "이 세상에는 빵에 굶주린 사람보다 사랑과 인정에 굶주린 사람이 더 많다"고 했고, 어느 철학자는 "사람은 평생 인정을 받기 위해 투쟁한다."며 인정을 받고자 하는 인간의 본성을 강조했다. 이와 같이 자기 존재를 인정받고 싶어하는 욕구는 하루 세 끼 식사처럼 인간에게 필수불가결한 것이다. 사람은 누구나 기본적으로 인정을 받고자 하는 욕망과 본성이 있다.

노후 생활에서 가장 소중한 사람인 부부에게는 그 중요성이 더욱 강조된다. 인정을 못 받고 비교당하는 부부 사이라면 그곳은 지옥과 다름없다. 그러나 서로 부족한데도 불구하고 인정과 칭찬이 오고간다면 그곳이 바로 천당일 것이다. 아래 사례는 남편이 아내를 인정하는 칭찬을 적어 카카오톡으로 보낸 것이다.

소중한 사람(아내) 칭찬하기 사례

20년 동안 같이 살면서 남편 ○○이 발견한 아내 ○○의 수많은 장점 중에 탁월한 장점을 아래와 같이 정리하여 칭찬합니다.

1. 너무 예쁘고 귀여운 미모와 성격
2. 세심한 내조와 아들 ○○를 지혜롭게 잘 케어한다.
3. 음식을 정말 맛있게 잘한다.
4. 똑똑하고 판단력이 빠르다.
5. 살림을 알뜰하고 합리적으로 잘한다.
6. 주위 사람들에게 진심으로 잘하려고 노력한다.
7. 애교가 정말 만점이다.
8. 신앙 생활도 아주 열심히 잘한다.
9. 사물에 대한 통찰력이 있고, 식물 관리도 너무 잘한다.
10. 부지런하고, 예쁜 마음을 가지고 있다.
11. 남을 잘 배려하고 이해심이 많다.
12. 사고의 유연성이 아주 좋으며 모든 일 처리를 똑 부러지게 잘한다.
13. 책임감이 강하고, 약속을 칼 같이 잘 지킨다.
14. 순수한 영혼과 마음을 가지고 있다.

모든 시대를 통틀어 칭찬은 기적을 일으키는 힘으로 간주되었다. 기독교 통합파의 창시자 찰스 필모어(Charles Fillmore) 목사도 칭찬을

찬양했다.

"칭찬과 감사의 말은 에너지를 확대시키고 해방시킨다. 칭찬은 약한 육체에 건강을 주고, 두려운 마음에 평온과 신뢰를 주고, 상처 난 신경에 휴식과 힘을 준다."

부부 간에 모든 게 마음에 들어야만 인정하고 칭찬을 하면 그것은 비즈니스 관계다. 마음에 안 들더라도 한 번 더 상대편의 입장에 서보려고 노력하면서, 함께 늙어가는 삶의 동반자로서 애틋한 마음을 담아 칭찬하는 것이다. 사람들이 죽을 때 후회하는 순위 1위는 "사랑하는 사람들에게 사랑한다는 표현을 못 하고 보냈다는 것"이라고 한다. 지금 바로 노후를 함께 할 삶의 동반자인 소중한 배우자만을 생각하면서 아래의 '당신에게 보내는 칭찬 10가지'를 바로 시행해보길 바란다. 배우자에게 인정받았다는 것은 죽는 날까지 갖고 갈 수 있는 행복의 원천으로 작용할 테니까.

배우자에게 보내는 칭찬 10가지

나 00는 지금까지 ○년 동안 ○○와 같이 보내면서 많은 장점을 발견했는데, 그 중에서 특별히 뛰어난 장점을 아래와 같이 정리하여 칭찬합니다.

1. _____
2. _____
3. _____
4. _____
5. _____
6. _____

7.
8.
9.
10.

칭찬에도 요령과 방법이 있다

진심 어린 칭찬은 작지만 더 없이 강한 감동을 전한다. 누구나 칭찬을 받으면 고마움과 약간의 쑥스러운 감정을 갖게 마련이다. 그렇게까지 칭찬을 받을 일도 아닌 것 같은데, 내가 그런 칭찬을 받을 만한 일을 했나 싶어 어깨가 으쓱해지게 마련이다. 그러나 진심으로 칭찬할 마음이 없다면 차라리 입을 다무는 게 낫다. 마음이 담기지 않은 칭찬은 강도가 셀수록 역효과만 커진다. 따라서 칭찬에도 적절한 요령을 익히면서 반복해서 노력하는 것이 바람직하다.

칭찬의 5단계	칭찬의 방법 6가지
1단계 : 아부(진정성이 없이 이미 변질된 칭찬, 대가를 바라는 칭찬 등)	1. 상대의 존재를 있는 그대로 인정하고 존중해준다.
2단계 : 눈에 보이는 결과에 대해서만 칭찬	2. 상투적인 칭찬보다 상대가 생각하지 못한 내용을 칭찬한다.
3단계 : 눈에 보이지 않는 과정에 대해서도 칭찬	3. 직접 칭찬보다는 간접 칭찬이 더 효과적이다.
4단계 : 잠재되어 있는 탁월성을 끄집어내어 칭찬	4. 드러내 놓고 자주 칭찬하라.
5단계 : 존재 자체를 존중하면서 칭찬	5. 마음(진정성)을 담아 칭찬하라.
	6. 자신에게도 수시로 칭찬해주라.

사위지기자사(士爲知己者死)
"선비는 자기를 인정해주는
사람을 위해 죽는다."

서로 다름을 존중하고 배려하라

부부 간의 소통을 어렵게 하는 원인은 다양하다. 그중에서 가장 문제가 되는 것은 서로 타고난 성향과 기질에 대하여 무지한 탓에 발생하는 현상이다. 이혼의 사유로 가장 흔한 것이 '성격이 맞지 않아서'이다.

타고난 성격과 성향은 강제로 바꿀 수가 없다. 있는 그대로 받아들이고 이해해야 한다. 나와 다르다고 틀린 것은 아니기 때문이다. 나도 이런 내용을 알지 못한 젊은 시절에는 서로 틀렸다고 아내와 참 많이 다투었다. 성향에 따라 소통하는 방법과 행동이 극명히 다르다. 예를 들어 DISC의 D형은 소통할 때 핵심 위주로 대화를 한다. 즉 결론부터 이야기를 한다. 그러나 S형은 천천히 서론, 본론을 이야기하면서 결론을 제일 나중에 내린다. MBTI에서 J는 어떤 일을 시작하기 전에 목표를 설정하고 치밀한 계획을 세운다. 이에 비해 P는 목표와 치밀한 계획을 굳이 세우지 않고 유연하게 바꾼다. 여행이나 쇼핑을 가기 전에 이러한 반대 성향 때문에 갈등이 발생할 수밖에 없다. 지금이라도 늦지 않았다. 서로의 성향과 기질에 대하여 파악해보고 나와 다름에 대해 존중하고 배려해야 한다.

부부 상호 간 경청과 맞장구 쳐주기

세계에서 가장 유명한 앵커 두 명의 공통점

21세기 가장 탁월한 앵커 두 명을 꼽으라면 단연 래리 킹(Larry King, 1933~2021, 앵커,《대화의 법칙》저자)과 오프라 윈프리(Oprah Winfrey, 1954~, 방송인, 영향력 1위, 존경받는 부자 1위 선정)다. 두 앵커의 방송 프로그램이 장수하면서 대단한 영향력을 발휘한 사실이 그 증거다.

그러면 두 사람의 공통점은 무엇일까? 그것은 바로 방송 프로그램 80%의 시간을 듣는 데 할애한다는 것이다. '커뮤니케이션의 달인'으로 불리는 CNN의 명사회자 래리 킹이 "나의 대화의 첫 번째 규칙은 상대방의 말을 잘 들어주는 것"이라고 고백한 말 속에 그 비결이 숨어 있다. 솔직하고 깊이 있게 상대의 마음과 입을 열도록 하는 것은 자신의 듣는 태도에 달려 있기 때문이라는 것이다.

이 두 사람뿐 아니라 세상의 각 분야에서 성공하여 영향력을 발휘하는 탁월한 리더들의 대화법은 평범한 사람들과는 무언가 다르다. 가장 큰 차이는 상대의 말을 충분히 경청하고 난 후 자기 의사를 전달한다는 것이다. 이와 같이 성공적인 소통에서 핵심 중의 **핵심은 경청이다.**

부부 간의 대화에서도 경청은 질문하기와 더불어 가장 중요한 커뮤니케이션 방법이다. 듣기는 상대방을 이해하기 위한 가장 기본적이고 중요한 방법이다. 또 사람은 누구나 자신에게 다가와 눈을 마주 봐주고 자기 말에 귀 기울여주는 사람에게 호감을 갖고 신뢰감을 형성한다.

경청의 사례와 효과

정신분석학의 창시자이며 의사인 프로이트(Sigmund Schlomo Freud, 1856~1939)는 경청의 스승으로도 매우 유명하다. 그의 진료를 받고 나오는 환자들은 한결같이 "프로이트가 내 말을 듣는 모습이 너무 인상적이라 도저히 잊혀지지 않는다"고 고백한다. 환자를 대하는 다정한 얼굴, 온화한 눈빛으로 경청을 하며 간간이 아주 친절하게 저음의 목소리로 공감을 해주어 정신적인 환대를 느꼈다는 것이다.

미국 100달러짜리 지폐에 그려진 벤자민 프랭크린(Benjamin Franklin)은 미국인이 존경하는 인물 중의 한분이다. 그는 이렇게 말했다.

"저는 누구를 만나든, 어떤 모임을 가든, 다른 사람들의 이야기를 먼저 충분히 듣습니다. 그 이야기 속에서 공통 부분을 발견하여 거기에 내 의견을 종합하여 이야기합니다. 그러면 모인 사람들 다수가 제 의견에 동조하게 되고, 자연스럽게 저는 그 모임의 중심인물이 됩니다. 제 성공은 경청을 통해 남의 마음을 헤아린 후 말을 한 결과입니다."

기업의 임원을 코칭할 때의 일이다. 임원은 MIT 박사 출신으로 엘리트 과정만을 밟아왔고, 이런 아빠를 둔 아들은 아빠만 보면 왠지 모르게 위축이 되었다. 그런 아들이 고3이 되었고 아빠로서 아들의 미래 진로에 대해 질문을 한 적은 있었으나 아들이 게임 이야기를 해서 중간에 말을 끊어버렸다는 것이다. 코치와 경청을 학습하고 난 후 아들의 이야기를 30분간은 무조건 경청하겠다고 했다. 아들의 이야기를 30분을 듣고 나니 아들이 게임을 하겠다는 것이 아니었고, 게임을 개발하는 학과를 가겠다는 거였다. 말을 끝나자마자 아들이 "아빠, 이야기를 다 들어 주

셔서 고마워요" 하면서 펑펑 울더라는 것이다

> 어떤 칭찬에도 동요하지 않는 사람도
> 자신의 이야기에 마음을 빼앗기고 있는
> 상대에게는 마음이 흔들린다.

제발 들어만 주세요

지금 우리는 남의 이야기에 귀를 기울이기보다는 자기 이야기를 하기에 온통 빠져 있는 시대에 살고 있다. 가정에서도 부부 간의 대화를 떠올려 보면 대부분 "제발 들어만 주세요" 하는 서로의 외침을 자기중심적 사고와 태도로 무시하는 경우가 많다. 그러나 부부 간에도 서로가 외치는 '제발 들어만 주세요'를 귀담아 들어주어야 한다. 실제 심리치료의 90%가 경청을 통해 치유된다.

이야기를 들어달라고 하면
당신은 충고를 하지
나는 그런 부탁을 한 적이 없어
이야기를 들어달라고 하면
그런 식으로 생각하면 안 된다고 당신은 말하지
당신은 내 마음을 짓뭉개지

이야기를 들어달라고 하면
나 대신 문제를 해결해주려고 하지
내가 원하는 것은 이런 것이 아니야

들어주세요
내가 원하는 것은 이것뿐
아무 말 하지 않아도 돼
아무것도 해주지 않아도 좋아
그저 내 얘기만 들어주면 돼
-조신영·박현찬,《경청》중에서

또 잘 듣기 위해서는 인내심, 이해력, 자비로움, 개방성, 사려 깊음, 집중력, 이타심, 공감력, 균형감각이 월등해지므로 잘 들어주는 경청 능력은 부부 관계뿐 아니라 세상을 살아가는 데 있어 풍요로운 삶을 살 수 있는 중요한 지혜라고 할 수 있다.

> 말을 너무 많이 한다는 비난은 있지만
> 너무 많이 듣는다는 비난은
> 들어본 적이 없을 것이다
> -성 아우구스티누스

Hearing와 Listening 〈알프레도 토마티스 Altred Tomatis〉

Hearing(가만 있어도 들리는 것)	Listening(의도, 감정, 깊이 등을 새겨 들음)
● 히어링 하는 사람들의 특징 1. 귀로만 잘 듣는 척한다. 2. 자기가 말하고 싶은 내용만 생각하면서 초조하게 기다린다. 3. 듣고 싶은 것만 듣고 머릿속은 다른 생각으로 가득 차 있다.	● 리스닝 하는 사람들의 특징 1. 상대방의 존재 자체를 인정하고 존중하며, 존중을 느끼게 한다. 2. 상대의 말을 순수하게 받아들이며, 의도와 감정을 살핀다. 3. 상대가 말하려는 요점을 정확히 파악하면서 리액션을 해준다.

리스닝을 하지 않으면
대화는 있으나 소통은 없다

경청에도 단계가 있다

부부 간에도 5단계인 공감적 경청을 목표로 서로 노력해야 한다.

공감적 경청은 상대방을 이해하려는 의도를 갖고 듣는 것이다. 살짝 윙크하거나, 부드럽게 손을 잡거나, 등을 가볍게 두드려 주는 것만으로도 엄청난 메시지가 전달된다. 배우자의 말 한마디도 가볍게 듣지 말고 귀 기울여 보라! 사랑하는 배우자가 말하고자 하는 의도와 감정을 파악하고 공감하면서 말이다.

〈출처: 삶을 움직이는 힘 코칭핵심, 최효진외, 2006〉

경청의 의미와 방법

경청의 의미

傾聽

배우자가 말을 하기 시작하면
일단 하던 일을 멈추고 몸을 배우자에게 돌리고 눈을 마주보며
배우자 이야기를 몰입하면서 듣고, 적정한 리액션을 보내주면서
열 개의 눈으로 배우자의 신체적 언어와 감정, 의도 등을 관찰하면서
배우자와 온전히 한마음처럼 공감하면서 듣는 것.

경청의 방법	
3-2-1 대화의 법칙	일단 하던 일을 멈추자
	말하는 사람을 향해 몸을 기울이자
• 3분간 상대방의 말을 경청하고,	눈을 마주보자
• 2분간 맞장구 쳐주고 ,	온 몸으로 리액션을 보내주자
• 1분간 나의 말을 한다.	공감대를 가지고 몰입하자

경청이란 진실한 마음으로, 고집을 버리고, 마음을 활짝 열고서 상대방을 맞이하는 것

'5가지 사랑의 언어' 실천하기

행복한 노후의 부부를 위한 소통에 도움이 되는 언어 중 게리 체프먼 (Gary Chapman)의 〈5가지 사랑의 언어〉(The Five Love Language)를 소개한다.

이 책에서는 먼저 사랑의 언어를 활용해야 할 이유에 대해 세 가지 전제를 말한다.

첫째는, 연애 감정은 일시적이다. 따라서 사랑을 지속하기 위해서는 의지적인 노력이 필요하다. 둘째는, 사람마다 고유한 사랑의 언어가 있다. 셋째는, 사랑을 소통하려면 상대방 고유의 사랑의 언어를 구사해야 한다. 따라서 먼저 자신의 사랑의 언어를 알아야 하고 또한 배우자의 사랑의 언어를 이해해야 한다.

'5가지 사랑의 언어' 테스트 검사는 (http://blog.naver.com〉gamzebox)에서

검사지를 내려받거나 《5가지 사랑의 언어》의 부록에 있는 검사지를 활용하면 된다.

사랑에도 언어가 있다! 5가지 사랑의 언어에는 인정하는 말, 함께하는 시간, 선물, 육체적인 접촉/스킨십, 나를 위한 봉사! 바로 사랑의 5가지 언어다.

이를 한 가지씩 살펴본다.

인정하는 말

어린 시절에 경험한 안아주기, 쓰다듬어 주기와 같은 신체적 스트로크의 욕구는 성인이 됨에 따라 칭찬이나 인정 같은 정신적인 스트로크 욕구로 옮겨간다. 이와 같이 자기 존재를 인정받고 싶어하는 욕구는 하루 세 끼 먹는 식사처럼 인간에게 필수불가결한 것이다. 사람들은 누구나 기본적으로 인정받고자 하는 욕망을 가지고 있다.

배우자에게 인정하는 말을 하기 전에 먼저 해야 할 일은 배우자를 진정으로 사랑하는 마음과 배우자가 존중받아야 할 존재라는 것을 내 마음에 새기는 일이다. 이때 중요한 것은 내 마음의 진정성(거짓이 없고 참되며 애틋한 정이나 마음을 품는 것)이다. 사람에게는 마음의 파장이 존재하고, 이는 상대방에게 전달된다. 굳이 말하지 않아도 이미 상대방에게 파장이 전달되어 사랑하는 마음을 느끼는 것이다.

칭찬하는 말이나 감사의 표현은 사랑을 전달하는 강력한 도구다. 이제 사랑하는 부부끼리 서로 칭찬하고 감사하는 말과 글을 작성해 보고 상호 표현해보자.

아내	배우자로부터 인정 (칭찬, 감사) 받고 싶은 말 3가지	
	배우자를 인정 (칭찬, 감사) 하고 싶은 말 3가지	
남편	배우자로부터 인정 (칭찬, 감사) 받고 싶은 말 3가지	
	배우자를 인정 (칭찬, 감사) 하고 싶은 말 3가지	

함께하는 시간

부부가 함께하는 시간이란 따로 시간을 내어 서로에게 전적으로 관심을 집중하는 것을 의미한다. 별도의 시간을 내어 식사를 한다고 해도 서로가 핸드폰에 집중한다면 제대로 된 시간 함께하기가 아니다. 진정으로 함께하는 시간이란 상대방에게 마음, 관심, 생각과 감정 그리고 눈맞춤까지, 즉 몸과 마음 모두를 온전하게 몰입하는 것을 의미한다.

이런 전제하에서 배우자와 함께 아래 양식을 활용하여 배우자와 함께 시간을 내서 전적으로 집중하고 싶은 목록을 알아보고 실현 가능한 것부터 실천하면서 점차 함께하는 시간의 양과 질을 높여보는 것이 좋겠다.

	배우자와 함께 해보고 싶은 목록을 적어보기 배우자와 함께 시간을 내서 전적으로 집중하고 싶은 일은 무엇이 있을까요?
아내	
남편	

봉사

봉사란 내가 원하는 것이 아닌 배우자가 원하는 것을 기꺼이 즐겁게 하는 것이다. 은퇴 후 노후에는 부부가 서로 새로운 환경에 적극적으로 적응해야 한다.

남편이 먼저 즐겁게 도전해야 할 것은 그동안 아내 몫이던 가사를 적극적으로 분담하는 것이다. 그중에서 식사를 스스로 해결하는 것이 무엇보다 중요하다. 아내가 차려주지 않더라도 있는 밥과 반찬을 꺼내 직접 상을 차려 먹고 설거지까지 깔끔하게 마치는 것이다. 이러면 아내가 외출하거나 여행을 갔을 때도 전혀 불편하지 않게 된다. 먹는 것에 대한 최소한의 자급자족이 된다는 것을 의미한다. 더 나아가 직접 요리까지 하면 금상첨화다. 최근에는 요리를 직접 해봄으로써 숨겨진 재능을 발견하여 가족을 위해 맛있는 요리를 멋지게 차려내는 즐거움을 만끽하는 남편들의 사례도 심심치 않게 나오고 있다. 또 가사 중 집안 청소와 재활용 및 음식 쓰레기 버리기다. 이는 집안 가사도 돕고 운동도 병행하는 일거양득의 좋은 방법이라고 생각만 바꾸면 즐겁게 할 수 있다.

아내가 쇼핑을 하거나 외출 시 운전을 해주는 것도 좋은 방법이다. 운전을 하며 오가는 중에 서로 대화할 수 있는 시간으로도 활용이 가능하다. 더 나아가 아내가 가사로 힘들거나 갱년기로 몸이 아플 때 안마를 기꺼이 해주는 것도 아내를 위한 좋은 봉사라고 할 수 있다.

아내가 남편을 위해 해줄 수 있는 봉사 중 첫 번째는 은퇴 후에 생기는 변화에 대해 기왕이면 긍정적으로 받아들이는 모습으로 남편에게 부담을 줄여 주는 배려의 마음을 갖는 것이다. 더 나아가 남편의 건강을 배려한 음식 만들기와 약간의 잔소리(?) 그리고 사기를 북돋아주는 말과 행동에 남편들은 많은 감동을 받는다.

또 나이가 들게 되면 몸이 예전 같지 않기 때문에 배우자가 서로 안마를 해주는 것도 좋은 봉사 방법이다. 배우자를 위한 봉사를 할 때 가장 중요한 것은 서로가 원하는 것을 해주는 것과 기분 좋게 기꺼이 즐겁게 하는 것이다. 배우자와 함께 아래 양식을 활용하여 서로에게 원하는 봉사 목록에 대해 알아보고, 서로에게 기분 좋게 기꺼이 봉사를 해보는 것이 어떨까?

배우자로부터 봉사를 받고 싶은 목록을 적어보기
배우자로부터 봉사를 받고 싶은 것은?

아내	
남편	

| 배우자가 원하는 목록 중에서 최소한 이것만은 해줄 수 있다는 것은 무엇인가요? |

아내

남편

선물

부부 간에 나누는 선물은 부부 관계에 윤활유 역할을 한다. 기념일을 기억하여 주는 선물도 있고, 어느 날 기대치 않았던 감동의 이벤트가 있을 수 있다. 아무래도 선물의 효과를 극대화하기 위해서는 예상한 시점에 예상되는 선물을 주는 것보다는 예상치 못한 시점에 전혀 예상하지 못한 기대 이상의 선물을 주는 것이다. 따라서 선물은 무엇을 어떻게 전달하느냐를 잘 기획하는 것이 중요하다. 물론 선물은 물질적인 것도 있지만 마음의 정성이 듬뿍 담긴 것이어야 더욱 빛을 발할 수가 있다.

선물은 받는 사람도 행복하지만 사랑하는 사람을 위해 선물을 준비하고 전달하는 과정에서도 행복함을 느낀다. 노후에는 부부 간에 소소하지만 마음을 전달하는 선물 주기를 자주 시도해보면 좋다. 아

배우자로부터 받고 싶은 선물 목록 적어보기
배우자로부터 받고 싶은 선물은?

아내

_____
_____
_____
_____

남편

_____
_____
_____
_____

↓

배우자가 원하는 선물 목록 중에서 최소한 이것만은 해줄 수 있다는 것은 무엇인가요?

아내

_____
_____
_____
_____

남편

_____
_____
_____
_____

래 양식에 서로가 원하는 선물과 가능한 것들에 대해 의논해보는 것도 좋은 방법이다.

선물(추억 만들기 이벤트)

'인생은 추억 만들기'라고도 한다. 노후를 함께 살아가는 부부도 과거에 함께 쌓아 온 추억에 행복감을 느끼고 힘들 때 서로를 지탱해주는 힘이 될 수 있다. 자녀와 함께 온 가족이 함께한 추억도 있지만, 부부 단 둘이 함께 누렸던 아름다운 추억은 더욱 소중하고 의미가 크다.

추억을 쌓는 유형은 여행을 비롯하여 다양한 이벤트 등이 있을 수 있다. 필자의 경우, 버킷리스트 중 60세의 라이프 이벤트로 '리마인드 웨딩'을 했는데 참 좋아서 소개한다. 여자에게 웨딩드레스는 나이와 상관없이 설렘과 함께 특별한 의미가 있다. 리마인드 웨딩 실행의 적정 시

기는 아내의 입장에서 보면 되도록이면 너무 늦은 나이보다는 어느 정도 여성으로서 젊음이 받쳐 줄 때가 좋다. 리마인드 웨딩 전문업체를 선택하여 예약을 하면 메이크업, 웨딩드레스, 촬영 등 제반 작업을 대행해 준다. 항목으로는 리마인드 웨딩 기념 촬영(부부, 가족), 상호 기념 선물 교환, 그리고 처음 신혼여행지에서 찍었던 사진과 똑같은 장소에 가서 똑같은 포즈로 리마인드 신혼 사진을 찍는다. 신혼 때의 추억을 다시 불러옴과 동시에 앞으로 살아가는 데 힘이 될 또 하나의 멋진 추억을 갖고 오는 것이다.

신체적 접촉

노후의 성생활은 젊었을 때와는 다르지만, 나름대로 중요한 요소다. 격렬한 신체적 접촉보다는 포옹이나 손을 잡는 것과 같은 가벼운 접촉이라도 자주 하는 것이 바람직하다.

가족하고는 그러는 것이 아니라는 우스갯소리도 있으나 노후에는 오히려 가벼운 접촉을 서로에게 자주 해주는 것이 좋다. 최근 각방을 쓰고 있는 부부도 많아지고 있다. 그러나 노후에는 부부가 간밤에 어떻게 될지 모르기 때문에 잘 때는 함께 자는 것이 만일의 사태에 대비하기 위해서라도 필요하다.

배우자로부터 받고 싶은 스킨십 (언제, 어느 때, 어떤 형태로 받고 싶은가?)
배우자로부터 받고 싶은 스킨십은?

아내

남편

⬇

배우자가 원하는 스킨십 중에서 최소한 이것만은 해줄 수 있다는 것은 무엇인가요?

아내

남편

좋은 부부 관계 만들기 (사랑의 5가지 언어)

항목	배우자가 원하는 목록	실천 계획 (방법)
인정하고 칭찬하는 말		
접촉, 스킨십		
함께하는 시간		
선물, 이벤트		
봉사		

2 ─────── 자녀와의 관계

자녀와의 관계를 재정립하라

TV에서 암 환자들을 주제로 하여 다큐멘터리를 방영한 적이 있다. 암에 걸렸다는 사실을 아는 것에서부터 시작하여 항암 치료를 거쳐 죽음에 이르는 마지막 순간까지를 보여주는 프로그램으로 제작 기간만 5년이 걸렸다고 한다. 이 프로그램에서는 암 환자마다 다양한 상황과 반응이 전개되지만 유일한 공통점이 있다. 그것은 암 환자의 임종을 곁에서 지켜주는 사람들이 모두 가족이었다는 것이다. 가족은 그만큼 구성원 서로에게 너무도 소중한 존재다.

    노후에 배우자와의 관계의 중요성과 방법에 대해서는 앞에서 언급했다. 이번에는 노후 생활을 잘 보내는 데 부부 못지않게 중요한 자녀와의 관계를 다룬다. 자녀와의 관계가 좋지 않으면 결국 부부 관계에도 악영향을 미쳐 노후를 힘들게 하기 때문이다. 자녀와의 관계를 잘하기 위해서는 먼저 시대의 변화에 대해 인정하고 적응해야한다.

상호 온전하게 독립하라

시대 변화의 핵심 중 하나는 부모와 자녀 모두 온전한 독립적인 주체가 되어야 한다는 것이다. 예전에는 부모가 자녀에게 노후에 부양을 받기 위해 자녀에게 올인을 했고, 자녀들은 당연히 부모님을 부양하는 줄로 알고 있었다. 요즈음 베이비부머 세대는 과도기적인 시기에 샌드위치 신세로 이중부담을 겪고 있다. 자신이 부모를 부양하는 것을 어느 정도 당연히 여기고 있으나, 훗날 자신들이 노후가 되었을 때는 자녀들에게 의존하지 않고 스스로 노후에 대비해야 하는 입장이 된 것이다. 실제로 나이든 부모를 누가 부양해야 할까? 이 질문에 2018년에는 26.7%가, 2020년에는 15.7%가 자식이 부모를 부양해야 한다고 대답했다. 10명 중 2명에도 못미친다. 이러한 변화는 자녀들뿐만 아니라 부모들에게도 급격하게 반영되고 있다. 2020년 노인실태 조사의 결과를 보면 자녀에게 노후를 의존하지 않고 부부가 독립적으로 살아가겠다는 노인들이 90%가 넘었으며, 이미 노인 부부 단독가구의 비율이 78.2%에 이르고 있다.

이러한 변화는 실제 지표로도 반영되고 있다. 2020년 노인실태조사 결과를 보면 노인들이 건강(건강상태를 긍정적으로 평가 49.3%), 일에 대한 참여와 소득 증대로 경제적 자립도 증가, 개인 생활의 향유 등의 자립적 요소에 따라 형성된 단독 가구(노인 부부가구와 1인 노인가구)가 78.2%에 이르고 있으며, 계속 증가 추세다.

이는 노인 가구의 96.6%가 부동산을 소유(평균 2억6,182만 원) 하고 있으며, 금융자산은 77.8%가 보유(평균 3,212만 원)하고 있고 기타자산도 45.6%가 보유(평균 1,120만 원)하고 있는 것도 기성세대가 자녀들에게 노후를 의존하지 않고 독립을 위해 노력하고 있다는 방증이다.

따라서 부모나 자녀 모두 서로에게 짐이 되지 않도록 독립을 잘해야 한다. 노후에 자녀가 독립하지 못하고 부모에게 기대어 사는 캥거루족이 되지 않도록 교육과 진로 지도를 해야 한다. 자라나는 자녀가 온전하게 독립하도록 하는 방법은 자녀 스스로 주도적으로 삶의 비전을 찾고 이와 연계한 진로 설정을 할 수 있도록 도와주는 것이다. 학교 및 사교육에만 의지하지 말고 사랑과 관심을 갖고 '무릎 교육'으로 끊임없이 소통해야 한다. 또 부모도 자녀에게 짐이 되지 않도록 노후 준비를 미리 해놓아야 한다. 행복하고 풍요로운 노후를 보내기 위해서는 재무와 비재무로 나누어 균형감을 가지고 준비해야 한다. 비재무 요소로는 건강, 일, 관계(부부, 자녀, 친구 등), 취미/여가 그리고 사회에 기여하는 봉사 등을 미리 준비해야 한다. 이 책 10장에 나와 있는 워크북을 활용하여 세세하게 준비하면 좋을 것이다.

부모와 자녀 모두의 온전한 독립은
행복한 노후 보장의 출발점이자
자녀와의 관계를 좋게 하는 핵심 요소다.

세대 차이에 따른 가치관의 차이를 인정하라

둘째로는 부모 세대와 자녀 세대의 가치관의 차이를 인정해야 한다. 요즘 사회적으로 이슈가 되고 있는 MZ 세대만 하더라도 기성 세대로서는 도저히 이해하기 어려운 사항에 대해 아주 당연하고 자연스럽게 하고 있지 않은가.

'나 때는 그렇지 않았다'고 항변만 하고 있을 것인가? 이렇게 자기의 가치관만을 주장하는 사람들을 일컬어 '꼰대', '라떼'라고 하는 신조어까지 탄생했다. 이와 같이 세대 간 근본적으로 다른 서로의 가치관의 차이와 다름을 인정하고 존중해주어야 한다.

노후에 관한 생각도 기성 세대와는 근본적으로 다르다. 최근 MZ 세대는 오히려 40대에 조기 은퇴를 꿈꾼다. 돈보다는 자신이 주도하는 삶을 살고자 하는 갈망의 결과다. 이를 경제적 독립과 조기 은퇴(Financial Independence, Retire Early)의 앞 글자를 딴 '파이어(Fire)족'이라고 하며, 이들은 경제적 자립을 통해 30대 후반에서 40대 초반 전후에 은퇴를 꿈꾼다. 이른 나이에 조기 은퇴를 목표로 하여 생활에 필요한 최소 비용만을 사용하고 이를 바탕으로 은퇴 기간과 소요자금을 산출한 후 이를 마련하는 행동을 한다. 조기 은퇴를 위해 투잡(Two Job)은 기본이고 금융상식에 대한 무장을 하고 공격적으로 부동산이나 주식에 투자하기도 한다.

이와 같이 부모 세대와 자녀 세대 간의 근본적으로 다른 가치관에 대해 서로 틀렸다고 공박을 하면 관계 형성에는 한계가 있다. 따라서 부모들도 달라진 자녀 세대의 가치관을 이해하려고 노력해야 하며, 자녀들에게도 부모 세대가 오랜 세월을 살아오면서 갖고 있었던 가치관을

MZ 세대의 특징 (출처 : 이코노미 조선, 2021.05.31.)

Millennials 세대(1980~1996)
N포세대, 워라벨, 욜로족, 가성비, 소확행, 착한 기업, 셀럽

Z 세대(1997~2004)
유튜버, 경험 중시, 짤, 공정성 나만의 기준, 다름, 젠더, 영상

- **다양성 인정**
  - 타인의 취향 존중
  - 삶의 방식을 선택사항으로 인식

- **자기 중심적 소비**
  - 나만의 스타일 추구
  - 맞춤형 선호

- **여가 중시, 현실성**
  - 워라벨(일과 삶의 균형) 중시
  - 노력 대비 공정한 보상/현재 중시

- **디지털 네이티브**
  - 신기술에 친숙
  - SNS를 통해 가치관/신념을 표현

- **재미 추구**
  - 즐기는 소비, 투자, 일
  - 커뮤니티로 취향 공유

- **환경, 윤리적 가치 중시**
  - 가치관, 신념 기반 소비/투자
  - 선한 영향력

이해할 수 있도록 설득해야 한다. 결국 자녀와의 관계 핵심은 서로에 대한 이해와 배려를 기반으로 한 소통에 달려 있다.

서로 다름을 존중하고 배려하라

부모 자식 간에 소통이 어려워진 원인은 다양하다. 그중에서 가장 문제가 되는 것은 자식에 대한 부모의 잘못된 인식이다. 자식은 부모와 완

파이어족 사례 (출처: 중앙일보, 2021.09.22.)	
조기 재테크파	안분지족(安分知足)파
2년 전 SK케미칼을 관두고 파이어족이 된 김○○(41) 씨는 경제적으로 독립하기 위해 월급이 아닌 자산 파이프라인 구축을 목표로 했다. 은퇴 후 노후 자금인 16억(3인 가족의 연 생활비 4,000만원 X 40년)을 목표로 5년 만에 종잣돈 4억을 만들었고, 이를 부동산에 투자를 하여 21억으로 불리며 당초 목표보다 1년 이른 2019년에 퇴사를 했다.	김○○(40) 씨는 부부가 은퇴를 위해 목표를 한 돈은 5억이었다. 부부는 합산 소득의 70% 이상을 무조건 저축했다. 퇴직금은 세금 감면을 위해 연금으로 받았다. 5년 만에 2억원을 마련했고 부족한 3억은 집을 줄여 지방으로 이사하여 마련할 계획이다. 55세 이후는 개인연금과 퇴직연금으로 10년을 살고 그 이후에는 국민연금과 노후연금으로 노후를 꾸릴 계획이다.

전 별개인 독립적인 주체인데도 불구하고 부모는 자기와 자식을 소유화내지는 일원화하려고 하는 것이다. 이러한 사례는 부모 자신이 이루지 못한 꿈을 자식을 통해 강제로 이루려 한다든가, 자식은 부모의 의견에 무조건 복종해야 한다고 생각하는 경우다. 이러한 부모의 욕심도 자녀가 어렸을 때는 통할 수 있을 수 있으나 자녀가 성인이 되고 나서는 갈등의 불씨로 작용하여 자녀가 부모와의 소통 자체를 거부하는 경우도 빈번히 발생하는 것이 현실이다.

또한 자녀의 타고난 성향, 재능, 흥미를 얼마나 알고 있나 파악해보아야 한다. 자녀 교육을 할 때 자녀의 적성과 재능보다는 사회적인 기준이나 남의 눈을 의식하거나, 나아가 자신의 욕심을 채우려 하지 않았는가? 자녀가 성인이 된 시점에서는 분명 달라져야 한다. 지금이라도 자녀의 성향과 기질에 대하여 파악도 해보고, 나와 다름에 대해 존중하고 배려해야 한다. 성향과 기질을 파악하는 방법에는 DISC, MBTI, Holland 흥미 검사, 재능 검사 등이 있다.(이 책 51~58페이지 참조)

소통의 기본을 지키며 충분하게 감정을 전달하라

소통(疏通)이란 서로 통하여 오해가 없이 막히지 않고 잘 통하는 것이다. 의사소통 능력이란 상대방과 대화나 문서를 통해 의견 교환을 할 때 의미를 정확하게 전달하는 능력을 말한다. 부모와 성인이 된 자녀 간에도 이와 같이 의사소통 능력을 갖추고 제대로 소통해야 한다. 제대로 소통하려면 서로의 감정, 정보, 사상, 의견이 전달되고 상호 교류가 되어야 하는 것이다. 의사소통을 하기 위한 전제조건은 '사람은 생각과 행동이 서로 다르다'는 사실과 '사람은 누구나 나와 다르게 생각하고 행동할 권리가 있다'는 사실을 인정하고 존중하는 것이다. 즉 무조건 상대방을 인간 그 자체로 존중해야 하며 상대방도 존중받고 있다고 느끼게 해야 한다. 따라서 자녀를 대할 때도 독립적인 인격체로서 존중해야 하고 존중받고 있다고 느끼게 해야 한다는 것이다. 앨버트 메라비언(Albert Mehrabian) 교수의 연구 결과를 보면 대화 중 말이 차지하는 영향은 7%밖에 차지하지 않는다. 나머지 93%는 말이 아니라 태도이며, 사람들은 '들려준 말'보다는 '보여 준 모습(태도)'을 더 기억하고 영향을 받는다는 것이다. 따라서 자녀와 대화 시 일단 하던 일을 멈추고, 자녀가 있는 방향으로 몸을 돌려 자녀와 눈을 맞추는 것부터 하여야 한다. 그리고 80%는 자녀의 입장에 서서 공감(맞장구, 추임새, 반응)하면서 듣고 20% 정도만

이야기하면 자녀와의 소통은 물론 관계도 더욱 좋아질 것이다.

우리는 말과 글을 사용하여 의사소통을 한다. 의사소통 시 말과 글은 각각의 특징과 장·단점이 존재한다. 따라서 말과 글의 특징을 파악하여 자녀와의 소통 시 말로 할 것인지, 글로 할 것인지, 아니면 말과 글을 함께 사용할 것인지 선택하는 것이 좋다.

부모는 자녀가 어릴 때는 부모로서 모범이 되고자 약간은 권위적이고 가식적인 모습을 보여주곤 한다. 자녀도 부모와 어느 정도 거리감이 있기 때문에 격의 없이 대화하기에는 왠지 친숙하지가 않다. 그러나 당당하고 강하게만 보였던 부모의 모습이 어느 순간 갑자기 힘없고 가녀린 노인으로 보일 때가 오는 법이다.

부모도 성인이 된 자녀와 대화 할 때에는 한 인간으로서 있는 그대로 진솔한 모습과 인간적인 모습을 보여주는 것이 좋다. 자녀를 대할 때 마음속에 있는 감정을 숨기거나 왜곡하지 말고 있는 그대로 보여줌으로써 자녀가 부모의 심정에 대하여 이해의 폭을 넓힐 수가 있으며 이로 인해 부모와 자녀 관계가 더 친밀하게 발전할 수가 있다.

기대를 안 하면 실망도 없다

갈등은 대부분 자기가 기대한 만큼의 결과나 반응이 나오지 않았을 때 생긴다. 많은 가정에서 부모와 자녀 간에 갈등을 겪고 있는데, 이 또한 마찬가지로 부모나 자녀가 서로에게 거는 기대가 충족되지 못한 경우에 갈등이 발생한다. 특히 재산에 대한 갈등으로, 심지어는 부모자식 간 또는 형제자매 간에 송사가 벌어지기도 한다. 오죽하면 상속 후 부모를 '나 몰라라' 하는 자녀들에 대한 제재 방법으로 '불효자식 방지법'(재산을 물려받은 자녀가 부모의 부양의무를 이행하지 않을 경우 물려준 유산 상속을 철회할 수 있도록 하는 법)을 입법하는 지경까지 와 있는 것이 현실이다.

자녀가 삶의 방향을 정하고 출발점에 설 때까지는 부모로서 최선을 다해야 한다. 그러나 자녀가 본인의 삶을 살아갈 수 있는 출발선에 섰을 때부터는 자녀에게 이래라저래라 간섭하면 안 된다. 곁에서 묵묵히 지켜보면서 지지해주는 것이 바람직하다. 자녀가 성장하여 온전히 독립할 때까지 부모로서 마땅히 해야 할 일을 하는 것은 본인의 노후 준비를 위해서도 반드시 필요하다. 부모 자녀 모두 온전한 독립만이 서로를 진정으로 도와주는 최고의 방책이기 때문이다.

그러나 이 모든 행동을 하면서 자녀들에게 어떠한 기대도 갖지 않는 것이 좋다. 마음을 단단히 먹고 평온한 마음을 견지해야 한다. 모든 갈등의 출발은 무리한 기대에 있다. 더 나아가 주변 자식들과의 비교도 절대 금물이다. 자녀들도 다른 부모들과 당신을 비교하기 시작하면 어떻게 할 것인가? 기대가 크면 실망도 크고 그만큼 서로에 대한 갈등의 폭은 깊어진다. 또 부모 자식 간에 건강 상태나 사회적 지위 등 가족 내 주도권이 부모에게서 자녀에게로 자연스럽게 바뀌는 시점이 오는 것을 미리 대비할 필요도 있다. 부모로서 일방적인 권위를 내세우기보다는 자녀와 진솔하게 소통하며 미리 준비하고 지속해야 한다.

기대를 안 하면 실망도 없다.
효도는 덤이다.

그럼에도 불구하고 사랑하라

말 못 하는 아기와 강아지가 자기를 사랑하는 사람을 알 수 있을까? 정답은 '알 수 있다'이다. 어떻게 알 수 있을까? 사람들은 마음의 파장이 있고, 이 파장이 상대방에게 전달된다. '영업의 신'이라고 불리는 지그 지글러(Zig ziglar)는 "모든 무기고를 다 뒤져 가장 강력한 무기는 진정성"이라고 했다. 바로 이 진성성이 상대방에게 강력하게 전달되는 파장이다. 그래서 사람의 마음을 얻으려면 이성적인 머리로 하지 말고 가슴으로 하라고 하는 것이다.

'형님 리더십'으로 유명했던 축구 감독이 있었다. 선수들은 한결같이 그 감독이 자기에게 심한 욕설도 하고 모욕감도 주었지만 정말 선수를 위하는 진정성 있는 마음을 알고 있었기에 전혀 문제가 되지 않았고 오히려 질책이 감사했다고 고백한다. 자녀들과 갈등이 있는가? 그럼에도 불구하고 사랑하자! 소중한 자녀들에게 진정성을 품자. 그리고 이 진정성을 자녀들도 느낄 수 있도록 '사랑한다'고 자주 표현해보자. 결국 사랑으로 충만한 가족이 삶의 본질이 아니던가?

> **노후 자녀와의 좋은 관계 유지법 6선**
>
> 1. 상호 온전히 독립하라.
> 2. 시대적 변화에 따른 가치관의 차이를 인정하라.
> 3. 서로의 성향이 다름을 존중하고 배려하라.
> 4. 소통의 기본을 지키며, 감정을 솔직하고 충분하게 드러내라.
> 5. 효도는 덤이다. 기대가 없으면 실망도 없다.
> 6. 그럼에도 불구하고 사랑하라.

상황별로 적정하게 대응하라

노후 준비 차원에서 자녀와의 관계 설정 및 대응을 하기 위해서 시기를 자녀 결혼 전, 자녀 결혼식, 자녀 결혼 후의 3단계로 나누어 접근하는 것이 바람직하다.

자녀 결혼 전(교육, 진로 지도)

자녀가 결혼하기 전에 자녀와 겪는 문제는 대부분 양육과 교육이다. 기본 양육이 끝나면 대부분 교육과 취업 준비로 귀결된다. 필자는 지난 16년 동안 청소년 비전스쿨을 운영했다. 이 과정을 수료한 청소년들은 이때 정한 비전과 로드맵대로 살아가고 있는 비중이 87%라는 놀라운 결과를 나타냈고 이러한 이야기는 《비전 메이킹》으로 출간되었다. 이러한 성과를 낼 수 있던 핵심은 자녀들이 스스로 주도적으로 공부할 이유, 즉 **삶의 비전을 자기가 좋아하고, 잘할 수 있는 것과 연계시켜 주는 것이었다.** 이와 같이 자녀가 잘 독립할 수 있도록 교육과 진로 지도에서의 부모의 역할은 향후 노후 준비의 측면에서도 매우 중요하다.

결혼 전		어떻게 하겠는가?	자녀와의 소통 방법은?
	교육		
	진로 지도		

자녀 결혼식

자녀가 결혼하게 되면 목돈이 들어간다. 2021년 웨딩 컨설팅 듀오웨드(대표 박수경)에서 조사한 〈신혼부부 결혼비용실태 보고서〉에 따르면 신혼부부의 총 결혼 비용은 2억3,618만 원이었다. 이중 주택 마련이 81.6%인 1억9,271만 원이 소요되었고 나머지 18.4%인 4,347만 원은 예식홀 896만 원, 웨딩패키지(스튜디오, 드레스, 메이크업) 278만 원, 예물 619

만 원, 예단 729만 원, 이바지 79만 원, 혼수 1,309만 원, 신혼여행 437만 원으로 구성되었다. 또 성별 결혼비용 부담률은 남자가 61%(1억 4,421만 원)이고 여자가 39%(9,197만 원)였다. 신혼부부는 주택을 제외하면 혼수(56.2%)를 가장 부담스러워했으며 예식홀 22.2%, 신혼여행 8%, 예물 6%, 예단 3.2%의 순으로 부담감을 느꼈다. 가장 축소하고 싶은 결혼 상품은 이바지(30.1%)로 나타났다. 그 다음으로 예단(26.6%), 예물(11.8%), 웨딩패키지(10.3%), 예식홀(5.6%), 혼수(4.9%)를 꼽았다. 성별로 보면, 여성은 이바지와 예단, 남성은 예물과 웨딩패키지에 대한 축소 의향이 상대적으로 강하게 드러났다.

그러나 부모의 전통적 사고방식(35.9%) 때문에 결혼을 간소화하지 못하는 사람이 많았다. 이유로는 고착화된 결혼 절차(29.1%), 예의와 절차를 따르고 싶은 의사(19.8%), 주변의 이목과 체면(14.1%)도 결혼 간소화를 막는 요인으로 작용했다.

결혼은 인륜지대사다. 그동안 애지중지 키우고 함께해온 자녀가 독립하는 날이기도 하다. 결혼식을 준비하는 과정에서 부모와 자녀 간의 상호 이해와 배려를 기반으로 하는 충분한 소통이 없이 진행될 경우 사소한 오해로 인한 섭섭함으로 향후 상호 관계를 지속하는 데 애로사항으로 발전할 수 있다.

부모는 부모대로 자녀는 자녀대로 솔직하게 자기의 생각을 표현하면서, 서로 부담해야 할 비용과 역할을 결정해야 한다. 형편이 안 되는데도 불구하고 빚까지 내어 무리한 결혼식을 추진함으로써 부모의 노후생활에 큰 짐이 되어서는 안 된다. 따라서 은퇴 준비계획을 수립할 때부터 부모로서 가능한 적정 금액을 준비하고 지출되도록 노력해야 한다. 자녀의 결혼이 온전한 축복의 장이 될 수 있도록 이 과정에서 부부 상호 간은 물론 자녀와도 온전한 소통을 하는 것은 무엇보다 중요하다.

	어떻게 대처하겠는가?
결혼식 - 결혼 제반 비용	
결혼식 - 주택 마련	

결혼식을 치루기 위한 비용을 처리하는 과정에서 자녀와 소통은 어떻게 할 것인가?

자녀 결혼 후

자녀 결혼 후에 나타나는 상황이 실질적으로 노후 생활과 직결된다. 많은 부모가 자식이 결혼하면 다 끝난 것으로 착각하다가 오히려 본격적인 관계가 형성되고 진행된다는 것을 깨닫는다. 따라서 노후 준비에서의 자녀들과의 관계 정립 중 가장 중요한 시기다.

결혼 후 자녀와의 소통이 필요한 경우의 대표적인 항목들은 다음과 같다.

가. 왕래
나. 손주 양육
다. 자녀가 자금 지원을 요청할 때
라. 재산 증여와 상속

왕래

결혼 초기에는 정기적으로 양가 부모님 집에 왕래하는 횟수를 정하기도 하지만, 자녀가 생기고 살기 바빠지면서 점차 방문 횟수는 줄어든다. 명절과 부모님 생일 외에 상호 소통을 통해 여행이나 이벤트를 만들어서 추억을 만드는 것이 좋다.

손주 양육

요즈음은 여성의 사회적 역할 증대 및 경제적 요인 등으로 대부분의 신혼부부가 맞벌이를 하고 있다. 결혼 후 아이가 생겼을 경우 부부가 서로 육아휴직을 활용하여 어느 정도 기간은 해결하지만 본격적으로 직장에 복귀할 시기부터는 누군가가 양육을 도와주어야 한다. 이때 가장 많이 동원되는 것이 양쪽 부모다. 어느 쪽 부모가 양육을 맡을 것인지, 양육 방법과 양육비 등 구체적인 협의를 하여야 한다. 협의 과정부터 양육 과정 중에도 사소한 오해라도 생기면 갈등의 소지가 되기 때문에 문제가 발생할 때마다 부모 자녀 간에 충분히 소통해야 한다.

자녀가 자금 지원을 요청해올 때

살다보면 자녀가 부모에게 주택 구입 자금이나 사업 자금 지원을 요청해올 때가 있을 수 있다. 이 과정에서 상호 오해와 섭섭함으로 향후 부모 자녀 간 관계에 악영향을 끼칠 수가 있으므로 충분한 소통이 필요하다. 한때 명예퇴직한 분들 중에 퇴직금을 일시불로 받아 자녀에게 준 사람들과 매달 연금으로 수령하는 사람들을 몇 년 후에 살펴보니 자녀에게 나누어준 사람들은 대부분 후회를 하고 있다는 통계도 있었다.

심지어 자녀가 이자를 감당하는 조건으로 부모가 살고 있는 부동산을 담보로 대출하여 이를 자녀의 사업 자금을 지원해주었으나, 자녀 사업이 부진하여 부모가 이자까지 부담하다가 더 이상 감당이 안 되어 살고 있는 집을 팔고 전세로 가는 사례도 빈번하게 발생하고 있다. 따라서 노후 자금을 잘 고려하여 감당이 되는 범위에서 부담해야 하며, 이 과정에서 부모의 노후 생활비에 관해서 솔직하게 자녀에게 공개함으로써 오해나 섭섭함이 없도록 자녀와 충분하게 소통해야 한다.

재산 증여와 상속

부모가 자녀에게 재산을 증여하거나 상속을 할 때도 사전에 철저한 준비와 상호 충분한 소통이 필요하다. 주택연금에 가입하는 문제도 사전에 자녀와 상의하는 것도 필요하다. (이 책 '생애 마지막 준비하기' 참조)

		어떻게 하겠는가?	자녀와의 소통 방법은?
결혼 후	왕래		
	손주 양육		
	자금 지원		
	상속 증여		

↓

각 상황별로 진행 과정에서 자녀와 소통은 어떻게 할 것인가?

자녀와의 좋은 관계 만들기

아래 질문은 정답이 따로 있는 것이 아니며, 상황별로 어떻게 할 것인지를 미리 생각해보는 것에 의미가 있으며, 어떤 결론이 나도 자녀와의 소통을 통해 하는 것이 좋다.

		어떻게 하겠는가?	자녀와의 소통 방법은?
결혼 전	교육		
	진로		
결혼식	결혼 비용		
	주택 마련		
결혼 후	손자 양육		
	자금지원 요청시		
	증여 상속		

앞으로 자녀와의 소통과 관계 개선을 위해 무엇을 어떻게 하겠는가?

3 ─── 친구와의 관계

퇴직 후 겪게 된 사례 두 가지

대기업 임원 출신인 지인이 퇴직 후 멘탈이 흔들렸던 사례 두 가지를 들려주었다. 첫째는, 퇴직 후 1년간은 회사에서 지원해 주기 때문에 6개월 정도는 아무것도 생각지 않고 원 없이 잘 놀았다고 한다. 1년이 지나면서부터는 슬슬 이력서를 작성하고 기업에 지원하기 시작했는데 아무데서도 연락이 오지 않았다는 것이다. 설마설마 했는데 점차 자신이 처한 현실에 정신이 번쩍 들더라는 것이다.

둘째는 딸 결혼식에서 있었던 사례다. 하객으로 초청할 사람들을 생각해보니, 그동안 평생을 바쳤던 직장에서는 상하 관계이거나 견제 대상이었고 비즈니스로만 관계를 맺었던 사이라 초청할 만한 사람이 실제로는 그렇게 많지 않았다. 또 학창 시절 친구들을 떠올려 보니 그동안 직장생활이 바쁘다는 핑계로 소원해져 있었기 때문에 이 또한 초대자가 손꼽을 정도였다는 것이다. 그동안 삶을 되돌아보니 대기업 임원이라는 자리가 진급하기도 어렵지만 매년 벌어지는 평가 속에서 그 자리를 지킨다는 것 자체가 치열한 삶의 연속이었다.

퇴직 후에 대한 준비도 없이 막연한 생각으로 직장을 나와서 겪은 이런 사건들을 통해 삶을 다시 한 번 관조(주의 깊게 바라보고 생각하는 것)하는 귀한 시간이었다고 고백했다.

이 지인은 늦으나마 다행히 관계에 대한 소중함을 깨달아서, 노후의 삶을 위해 주변의 여러 모임에 나가 자신을 알리고 순수한 마음으로 교제에 최선을 다하고 있다. 주변에 보면 모임에 전혀 안 나타나다가 갑자기 나타나 어느 날 본인의 행사에 참석해달라고 홍보하고는 행사가 끝나면 언제 그랬냐는 듯이 다시 잠수 타는 사람들을 보면서 씁쓸함을 느껴 보았을 것이다.

사람은 자기 이야기를 들어줄 단 한 사람만 있어도 절대 자살하지 않는다고 한다. 노후에 내 이야기를 귀 담아 들어줄 사람이 얼마나 있는가? 중요한 사실은, 내 이야기에 귀를 기울여 줄 만큼 친밀한 관계는 절대 하루아침에 이루어지지 않는다는 것이다. 이 지인이 후회하는 근본적인 이유가 바로 이것이었다.

노후의 3대 키워드는 사람과의 관계, 소득, 시간 보내기다. 따라서 노후의 주된 관심사는 혼자만의 시간을 잘 보내는 것과 친구들과의 어울림이다. 이러한 현상은 2020년 노인실태조사에서도 나타난다. 주 1회 이상 자녀와 왕래하는 비중이 2008년 44%에서 2020년 16.9%로, 자녀와 연락을 하는 비중도 2008년 77.3%에서 2020년 63.5%로 감소 추세다. 또 주

1회 이상 친구와 이웃과의 연락은 2008년 59.1%에서 2020년 71%로, 친인척과의 연락은 2008년 18.2%에서 2020년 20.3%로 증가 추세다.

이러한 결과를 보면 자녀와의 연락은 감소하는 반면 가까운 친인척 및 친구 그리고 지역사회 이웃들과의 연락은 증가하는 추세다. 이는 노인의 사회적 관계망이 가족에서 벗어나 점차 다각화되고 있는 것으로 볼 수 있다.

전문가에 의하면 노후에 5~12명과 친밀한 관계의 사람이 있을 때 행복하다고 한다. 좀 더 좁혀보면 좋은 친구 3명만 있어도 만족하다고 한다. 특히 노후에는 관계의 양보다는 질이 더 중요하다는 반증이다. 노후를 함께 한 '좋은 친구'를 만드는 방법은 기존 인연 중에서 만드는 방법, 새로운 인연 중에서 만드는 방법으로 나뉜다. 또 친구라는 개념을 단순히 동년배에서 연령과 관계없이 같은 취미와 관심사를 가진 사람으로 확대하는 것이 바람직하다.

따라서 노후를 함께 할 좋은 친구를 만드는 가장 좋은 방법은 가까운 지역에서 같은 취미와 관심사를 갖고 자주 접할 수 있는 사람을 찾는 것이다.

> 노후를 함께 할 가장 좋은 친구는
> 가까운 지역에서 같은 취미와 관심사를 갖고
> 자주 접할 수 있는 사람이다.

노후에 특히 친구가 중요한 이유

은퇴 후의 삶에서 친구는 가족 다음으로 중요하다. 친구와의 원만한 관계는 장수하는 데도 긍정적인 영향을 미친다.

은퇴 관련 전문서 《100세 시대 은퇴 대사전》에 따르면 호주 연구팀이 70세 이상 노인 1,477명을 10년 동안 추적 조사한 결과, 친구 관계가 좋은 은퇴자가 그렇지 않은 은퇴자보다 22% 정도 더 장수했다. 연구팀은 대화할 상대와 어려울 때 의지할 수 있는 친구가 있으면 은퇴 후 생활이 덜 외롭고, 생물학적 두뇌 활동과 면역체계가 활성화되기 때문이라고 장수 이유를 분석했다.

하버드대학교에서는 1938년부터 75년에 걸쳐 724명을 대상으로 실시한 행복의 비결에 관한 연구 결과를 발표했다. 이 연구는 하버드대학교에서 누적연구비 2,000만 달러(약 216억 원)를 들여 진행 중인 하버드 그랜트 연구(Grant Study)다. 이 연구의 결과에 의하면 행복의 비결은 '좋은 관계를 유지하는 것'이었다. 이 결과를 좀 더 세밀하게 살펴보면 혼자가 아닌 자기 주변 사람들 즉 가족, 친구, 이웃 등과 좋은 관계를 유지하는 사람이 더 행복하고 건강하게 오래 살았다는 것이다. 또 관계하는 사람들의 양보다는 좀 더 긴밀한 관계의 질이 더 중요하며, 은퇴 후 행복한 사람들의 공통점도 의지할 가족과 친구가 있었으며 진정한 친구를 만들기 위해 노력을 했다는 것이다.

친구는 가족이나 이웃과는 또 다른 면에서 가치가 있다. 친구 사이는 부부 사이에도 말할 수 없는 것을 공유할 수 있고, 특히 어릴 적부터 함께해온 친구와는 꿈과 추억을 함께 나눈 사이로 정말 격의 없는 대화와 행동이 가능하다. 친구는 내 인생을 완성하기 위해 필요한 과거 기억의 증인이 되어 내 인생의 비어 있는 나머지 퍼즐들을 채워준다. 그래서 '친구 없는 일생은 증인 없는 죽음'이라고 말하지 않던가.

또 같은 연배로서 동일한 시대를 살아가면서 느낄 수 있는 희로애락을 공유하면서, 미래에 대한 꿈도 나눌 수 있는 사이인 것이다. 따라서 친구는 나의 과거, 현재, 미래 즉 평생 내 인생의 일부분인 소중한 관계다. 친구라는 말만 들어도 마음이 따뜻해진다. 친구는 신이 우리에게 준 선물이라고도 한다.

친구와 관련된 아름다운 말을 살펴보면 다음과 같다.

金蘭之契 금란지계	사이좋은 벗끼리 마음을 합치면 단단한 쇠도 자를 수 있고, 난의 향기처럼 아주 친밀한 친구 사이
管鮑之交 관포지교	춘추시대 제나라의 관중과 포숙의 사귐. 즉 영원히 변치 않는 참된 우정
水魚之交 수어지교	고기가 물을 떠나서 살 수 없는 것과 같은 친밀한 관계. 유비와 제갈량의 사이를 빗댄 말
莫逆之友 막역지우	서로 거스르지 않는 친구, 아무 허물없이 친한 친구를 뜻함. 천지의 도를 깨달은 사람 간의 교류

竹馬故友 죽마고우	함께 죽마를 타던 벗으로, 아릴 때부터 같이 놀며 자란 친한 벗을 일컫는 말
芝蘭之交 지란지교	지초와 난초같이 향기로운 사귐이란 뜻으로, 벗 사이의 맑고도 높은 사귐을 이르는 한자 성어

노후 친구에 관한 남성과 여성의 차이

노후에 친구에 관한 생각과 태도는 남녀에 따라 차이가 있다. 부부 사이에도 이런 차이를 인지하고 상호 이해하는 것도 노후 생활에 지혜라 할 것이다. 남자는 친구 구성이 학교 동창이 주류이고 이웃, 직장 동료, 고향 친구 등이 순서이다. 반면에 여자는 이웃이 주류를 이루고 있고 학교 동창, 취미, 종교의 순이었다. 친구에 대한 남녀의 차이를 보면 남자들은 외부에 나가야만 관계망이 형성되는 것에 비해 여자들은 집 주변에서 많은 관계망이 연계되며, 오랜 시간을 통해 친밀하게 쌓아온 관계이기 때문에 남자보다 훨씬 관계의 양과 질이 높을 수 밖에 없다. 역시 친구와의 연락과 만나는 횟수도 남자에 비해 두배가 높았다.

따라서 노후에는 굳이 외부활동이 아니더라도 관계를 유지할 수 있는 여자들에 비해 남자들은 한번 집안에 홀로 박혀 있는 생활을 오랜 기간 하게 되면 정서적으로나 감정적으로 외톨이가 되어 우울증이 발생하는 등 매우 위험할 수 있다.

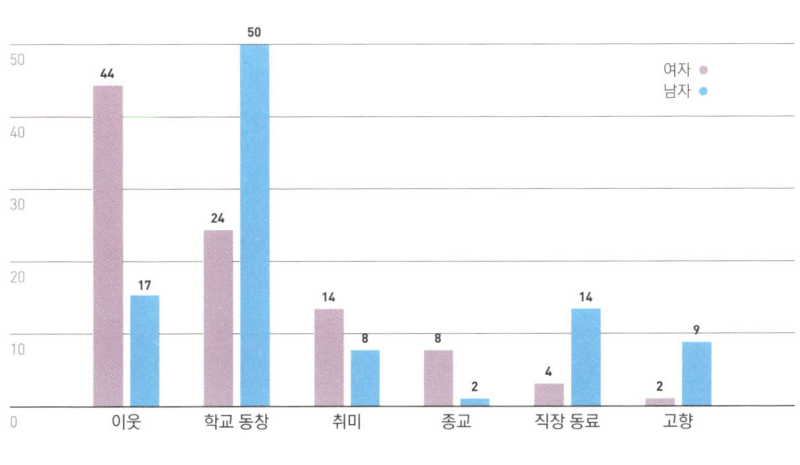

노후에 좋은 친구 만드는 방법

은퇴 후의 친구의 중요성에 대해서는 충분히 공감하리라 본다. 그럼 이제부터는 노후에 함께 할 친구를 만드는 방법을 살펴보자.

'친구' 개념을 새롭게 확립하고 기존 인연을 정리하고 관리하기

노후에 좋은 친구 만들기를 위해 제일 먼저 할 일은 본인이 생각하는 친구의 개념부터 재정립하는 것이다. 그리고는 친구 리스트를 정리하고 관리해야 한다. 물론 이 과정에서 기존의 인연만 가지고 하는 것이 아니고 새로운 인연을 맺고 관리하는 것도 포함한다. 또 노후에 함께할 친구는 동년배만을 의미하는 것이 아니고 선배, 후배는 물론 한참 어린 젊은이도 대상이 될 수 있다.

직장생활이나 비즈니스를 할 때는 인맥의 질보다는 양이 중요하다. 그러나 은퇴 후 노후에는 절대적으로 양보다는 질이 우선되어야 한다. 오히려 기존에 방대했던 인맥 리스트 중에서 옥석을 가려 과감히 정리하는 것도 필수적이다. 퇴직자들의 평균을 보면 퇴직을 하고 나서 전화번호부에 있던 명부의 80%는 자연스럽게 정리된다.

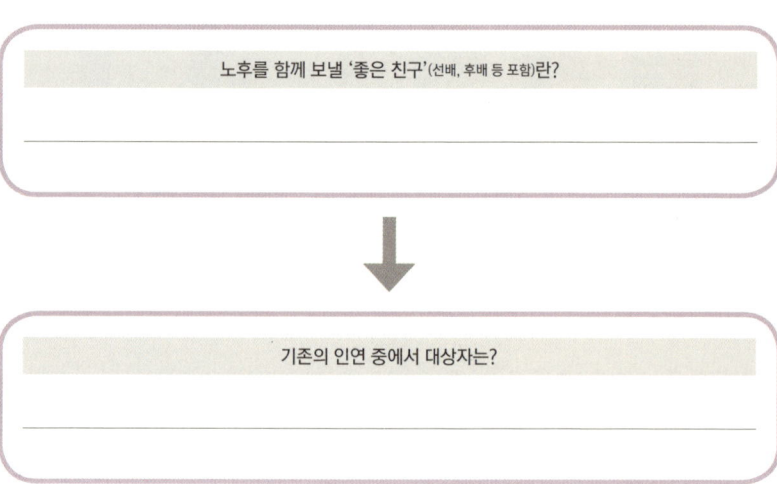

노후에 함께 보내고 싶은 친구에 대해 옥석을 가릴 때 다음과 같은 매트릭스를 활용해 보는 것도 좋다. 그래서 공을 들여 관리할 대상(A)과 유지할 대상(B, C), 그리고 과감히 정리해야 할 대상(D)을 구분하여 관리하는 것이 필요하다. 특히 노후에는 불필요한 인연 때문에 스트레스를 받을 필요가 없기 때문에 '함께 있으면 불편하고 도움도 안 되는 인연'은 과감하게 정리하는 것이 좋다. 오히려 편안하고 도움이 되는 '찐 친구', '깐부'와의 인연을 돈독하게 하는 데 더 많은 공을 들이는 것이 현명하다.

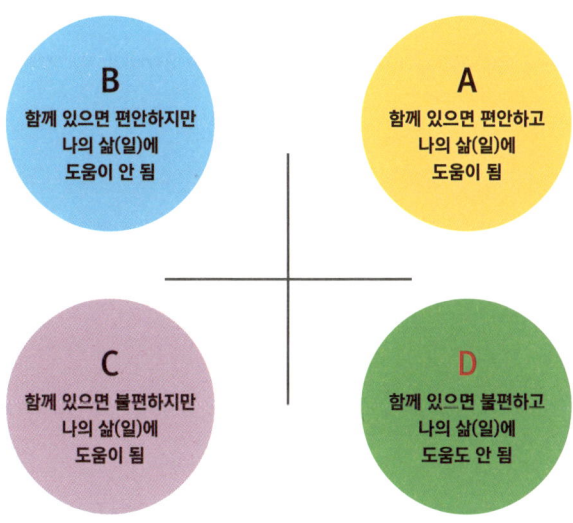

구분	대상자	관리 방법
A		
B		
C		
D		

새로운 친구 만들기

지금까지 맺어온 인연 중에서 진정한 친구에 대한 옥석 가리기를 통해 공을 들여야 하는 대상과 과감하게 정리할 대상과 관리 방법을 살펴보았다. 그러나 퇴직 이후에도 30~40년의 시간을 보내야 한다. 이와 같은 긴 시간을 보내기 새로운 일에 도전하기도 하고 취미나 여가 활동은 물론 봉사, 종교 활동 등 다양한 사회 활동을 하여야 할 것이다. 따라서 새롭게 맺어진 인연 중에서도 좋은 친구를 만날 수 있다. 퇴직 후 정부의 각종 지원 정책에 참여하면서도 새로운 인연을 만날 기회가 있다. 예를 들어, 퇴직하게 되면 실업급여를 받게 되고, 이 기간 동안 구직활동을 해야 하고 증빙을 고용센터에 제출한다. 고용센터나 중장년 일자리 희망센터에서는 다양한 형태의 노후 생애설계나 전직교육 프로그램을 만들어놓고, 이런 프로그램에 참석하면 구직 활동을 한 것으로 인정해준다. 이 외에도 노동부의 워크넷을 활용하면 생애경력설계 프로그램, 재도약 프로그램 등 다양한 프로그램에 참석할 수 있다. 이런 프로그램에 참석하게 되면 동병상련(같은 처지에 있는 사람끼리 서로 위로하고 격려하는 마음)의 심정으로 서로 위안이 되고 심리적인 안정을 통해 새로운 정보를 교류하면서 가깝게 지낼 수 있는 새로운 인연이 될 수 있다.

또 취미 활동을 함께하는 동호회를 통해 만나는 새로운 인연도 같은 취미라는 공감대가 있기 때문에 노후에도 좋은 친구가 될 수 있다. 사회에 공헌하는 다양한 봉사 활동을 통해 만나는 사람들도 의미 있고 보람 있는 일을 함께한다는 공감대가 있어 향후 함께 할 좋은 인연이 될 수가 있다. 이 외에도 종교 활동 및 지역 커뮤니티에 참여하여 맺게 되는 새로운 사람들은 지역성과 공감대가 있기 때문에 노후 생활의 좋은 친구를 만날 수 있는 텃밭이라고 하겠다. 즉 사는 곳과 관심사가 비슷하면 좋다.

노후에는 아무리 좋았던 찬구라도 자주 보지 못하면 멀어질 수밖에 없기 때문에 자주 만나서 공감대와 의미가 있는 활동을 함께 하는 인연들이 더욱 더 소중한 친구들이 될 가능성이 높다. 따라서 은퇴 후 새롭게 맺는 인연들도 먼저 다가가 잘 관리하여 노후 생활을 함께하는 좋은 친구가 되는 것도 바람직한 방법이라 하겠다.

친구 없이 고독하게 노년을 보내는 사람들의 특징

최근 통계청이 발표한 〈2020 국민 삶의 질〉 보고서에 따르면 지난해 우리나라 65세 이상 노인 중 독거노인은 158만9,000여 명으로 2000년 54만3,000명에서 100만 명 이상이 증가했다. 독거노인은 전체 노인의 19.6%에 달해, 노인 5명 중 1명은 혼자 사는 것으로 나타났다. 이 중 혼자 쓸쓸한 죽음을 맞는 노인 고독사의 비중도 증가 추세에 있고, 점차 심각한 사회 문제로 대두되고 있으며 '고독사 예방법'도 시행 중이다.

노후에 제대로 된 친구 하나 없이 외롭게 사는 모습은 참으로 비참하다. 노년에 친구 없이 고독하게 보내는 사람들의 특징을 살펴보고 타산지석으로 삼는 것도 '좋은 친구'를 만들기 위해 필요한 접근법이다.

친구없이 고독하게 노년을 보내는 사람들의 특징

1. 인색하다 : 친구와의 교류 시 물질에 대해 인색하다
2. 평소에 친구에게 절대 먼저 연락을 하지 않는다.
3. 무엇을 함께하려고 해도 핑계를 대고 빠지면서 민폐를 끼친다.
4. 친구 간에 말을 옮기면서 험담과 이간질을 일삼는다.
5. 툭하면 지적질과 훈수질을 남발하고 아는 체, 있는 체, 잘난 체 한다

자신에게도 해당되는 사항이 있는지 검토해보고 개선할 점을 기록

출처 : '친구 없이 고독하게 노년을 보내는 사람들의 특징', 원더풀 인생 후반전

노후에 '좋은 친구' 만들기

노후를 함께 보낼 '좋은 친구'(선배, 후배, 지인 등 포함)란?

기존 인연 중 선정 및 관리
- 좋은 친구(적극 관리)
- 친구(유지 관리)
- 정리

새로운 친구 만들기
- 지역 기반(종교/커뮤니티)
- 취미(동호회 등)
- 사회 활동(봉사 등)
- 일 활동(네트워크 등)

4 ─────── 반려동물과의 관계

반려동물이 노후의 삶에 미치는 긍정적 영향

의학자들은 반려동물과 함께 사는 것이 정신적으로나 육체적으로 인간에게 유익하다고 말한다. 이는 다양한 연구 결과에서 입증되었으며, 동물매개치료(AAT : Animal Assisted Therapy)라는 전문 분야까지 있다. 반려동물 중에서도 반려견이 사람과 가장 친숙하다고 할 수 있다.

영국 퀸스대학의 데보라 웰스 박사의 연구 결과에 따르면 애견인이 비애견인보다 병에 걸리는 빈도가 훨씬 낮다고 말한다. 즉 반려견과 함께 규칙적인 산책을 하기 때문에 콜레스테롤 수치와 혈압 수치가 낮고, 특히 심혈관계 질환의 예방과 회복(심장 발작 등 심각한 병에서 1년 이상 생존 확률이 8.6% 높음)을 하는데도 반려견이 상당한 도움이 되는 것으로 나왔다.

또 스트레스 해소에도 반려견이 직접적인 도움을 주는 것으로 나타났다. 반려견과 함께 살면 신체적이나 사회적으로 더 많이 활동하게 되기 때문이다. 반려견이 우울증과 외로움에 도움이 되는지에 대한 연구 결과를 보면 반려견 소유와 외로움의 지각 사이에 신체적 건강과 사회적 지지 수준의 매개 효과가 유의미하게 나왔다. 이는 반려견이 주는 고유의 정서적 지지 효과 외에 건강과 대인 관계를 촉진하여 정신적 건강에 긍정적 영향을 미친다.(반려견 소유와 외로움의 지각에서 신체적 건강, 사회적 지지의 매개 효과, 충남대학교 사회과학연구소, 2014)

노인이 되면 각종 질환이 신체적인 고통은 물론 육체적 활동을 제한시킨다. 사회 활동의 축소는 자존감을 위축시키며, 배우자와 친구들과의 사별은 정신적으로 큰 고통을 안겨준다. 또 핵가족의 심화로 자식들 및 손자들과의 접촉 기회도 줄게 됨으로써 정서적으로도 외로움이 커진다. 반려동물은 일상생활에서 활력소가 되며 노인들의 인간관계와 사회 활동을 촉진하는 윤활유(social lubricant)나 서먹함을 풀어주는(ice breaker) 역할까지 한다. 최근 영국에서 개와 산책하는 노인들을 관찰한 결과, 지나가는 사람들과 자연스럽게 나누는 대화가 대부분 반려견에 관한 것이었다. 따라서 반려견은 노후의 삶을 보다 건강하고 윤택하게 해주는 훌륭한 동반자다.

노인 건강에 큰 도움을 주는 동물매개치료

노인들의 심리적인 안정과 우울증 예방이 사회적 문제로 대두되면서 대안으로 반려동물을 통해 치유하는 동물매개치료가 주목받고 있다. 동물매개치료(ATT)는 사람과 동물과의 유대와 교감을 통해 환자의 심리적인 안정과 신체적인 질병을 개선하거나 보완하는 대체 요법을 말한다. 통상 일정 자격을 갖춘 동물매개심리상담사가 치료견을 활용하여 심리 치료와 재활 치료를 돕는 방식으로 진행된다. 심리 치료는 환자의 불안 감소, 우울감 감소, 자존감 향상 등의 효과를 기대할 수 있고, 재활 치료는 환자의 신체기능 향상, 운동기술의 향상, 기본적인 활동의 증가 등을 통한 일상생활 활력의 증가 등의 효과를 얻을 수 있다. 물고기와 새, 곤충에 이르기까지 치료 도우미의 종류는 다양하지만 가장 많이 활용되는 동물은 개다. 개는 사람과의 상호 교감이 가장 우수할 뿐만 아니라 치료 동물 도우미로 활용하기 위한 조건인 선발, 훈련, 위생, 동물복지의 4가지를 충족하기에 가장 용이하기 때문이다.

전문가들은 특히 노인들에게 동물매개치료의 효과가 더욱 클 것으로 판단하고 있다. 김옥진 원광대 동물매개치료학과 교수는 "동물매개치료는 대상자들이 보다 능동적이고 즐겁게 참여해 치료 효과가 빠를 뿐만 아니라 지속적인 것으로 알려져 있다"며 "특히 교감이 가능하고 따뜻한 체온을 가진 반려동물을 적극 활용하면 노인들의 자존감 저하와 우울감 증가 등의 문제를 해소할 수 있을 것"이라고 강조했다. ('동물매개치료, 노인건강 회복에 큰도움', 백세시대, 2015.05.04)

동물매개치료견 치로리 스토리

2006년 4월 30일, 일본 도쿄에서는 300여 명이 넘는 사람들이 모여 특별한 추모회를 가졌다. 사람에게 버림받았던 유기견이 오히려 사람들을

기적의 치료견 치로리

치유하는 치료견으로 살다가 암으로 세상을 떠난 '치로리'라는 볼품없는 잡종견을 추모하는 행사였다. 치로리는《치료견 치로리》라는 책으로 출간되어 많은 사람들을 감동시킨 일본 최초의 치료견이다. 치로리는 태어나자마자 다른 4마리의 강아지와 함께 쓰레기장에 버려졌는데 동네 아이들에게 극적으로 구조되어 요양원에서 지내다가 어른들의 신고로 유기견센터로 끌려가 안락사 직전에 구조되었다. 이후 치료견 훈련을 받고 13년간 마음을 닫고 힘들고 어려운 사람들에게 사랑을 전하고 치유의 기적을 남겼다. 치로리의 외모는 정말 볼품이 없다. 똥개라는 말이 딱 어울리는 외모로 한쪽 귀는 서고, 다른 귀는 접힌 짝귀에다가, 긴 허리에 비해 다리는 무척 짧고 인간에게 학대를 받아 다리는 절뚝거리기까지 했다. 이러한 치로리를 보고 많은 사람들이 치료견이 되지 못할 것이라 예상했으나 오히려 장애와 버려졌던 마음의 상처를 극복하고 되려 상처받은 사람들의 마음을 치료하는 아름다운 치료견이 되자 우려와 비웃음은 더 큰 감동으로 변화되었다.

치로리는 전신마비 환자를 움직이게 하고, 말을 잃은 노인들에게 말을 찾아주고, 은둔형 외톨이(히키코모리)들을 바깥 세상으로 이끌었다. 마음의 상처를 입고 삶의 희망을 잃은 많은 사람들도 치로리의 순박하고 천진하게 웃는 얼굴을 보고 다시 살고 싶은 의지를 되찾았다.

반려 동물 입양 전 체크리스트

반려동물 입양 전 체크리스트

1. 반려동물 입양에 대해 온 가족이 식구로 받아들이며 환영하는가?
2. 반려동물이 생활하는 데 불편하지 않을 주거 환경인가?
3. 경제적으로 반려동물을 책임질 수 있는가?
4. 반려동물과 함께할 수는 있는 시간이 하루 몇 시간이 되는가?
5. 반려동물과의 여행이 제한적이란 사실을 분명히 아는가?
6. 나의 일상은 반려동물에게 애정을 기울일 수 있도록 안정적인가?
7. 다른 가정에 입양을 보내지 않을 자신이 있는가?
8. 인내심을 가지고 반려동물의 변화를 기다릴 수 있는가?
9. 반려동물이 아프거나 온 가족이 먼 여행을 떠날 때 도움을 청할 사람이 있는가?
10. 반려동물에 대한 최소한의 지식, 지혜, 상식 등을 갖추었는가?
11. 나는 다른 생명을 책임지고 사랑하는 데 적합한가?
12. 반려동물은 재산이 아니라 가족이란 사실을 인식하는가?
13. 반려와 애완의 차이를 명쾌하게 설명할 수 있는가?
14. 최악의 경우에도 반려동물을 유기, 방치하지 않겠다고 맹세할 수 있는가?

〈출처: 반려동물 사랑 가이드북, 김건, 2014〉

반려동물도 하나의 생명체로서 존중되어야 한다. 따라서 반려동물을 입양할 때는 매우 신중해야 한다. 건강 상태, 거주 상황, 돌봐줄 수 있는 시간, 가족구성원, 경제적인 수준 등을 고려하여 자신에게 맞는 반려동물을 선택하고 가족의 일원으로서 사랑으로 함께 살아가야 한다.

반려동물과 좋은 관계 만들기

평소 반려동물에 대한 생각은?

나(부부)의 노후 생활에 반려동물의 필요성에 대한 생각은?

반려동물 입양 시 고려 사항에 대한 점검

- 나(부부)의 건강 상태
- 가족구성원 의견(설득)
- 함께 해줄 수 있는 시간
- 경제적 상태/주거 상태
- 끝까지 사랑할 수 있는 마음가짐

⬇

언제, 어떤 방법으로 반려동물을 입양하며, 어떻게 함께 지낼 것인가?

7장

여가, 취미, 자기계발 및 사회활동

1. 여가 잘 보내기를 통한 풍요로운 노후 만들기

행복하고 풍요로운 노후 생활을 보내기 위해 해결해야 할 과제를 세 가지로 압축해보면 건강한 몸과 마음, 충분한 노후 자금 그리고 남아도는 시간을 유용하게 잘 보내는 것이라고 할 수 있다. 노후를 준비할 때 대부분 건강과 노후 자금 마련에 대해서는 중요하게 인지하고 대비하지만, 노후에 여가를 어떻게 보내야 할지에 대해서는 그 중요성을 알지 못하거나 준비를 소홀히 하는 경우가 많다. 보건복지부와 국민연금공단이 노후 준비지표를 개발해 전국 성인 남녀 1,035명(35~64세)에게 적용해보니 노후 여가 활동 준비 점수가 100점 만점에 50점도 안 되는 48.1점에 불과했다. 그러나 노후에 여가를 어떻게 보내고, 사회적 관계를 어떻게 유지하느냐가 노후 삶의 질을 결정하는 중요한 요소가 된다.

남아도는 시간을 여가(餘暇)라고 한다. 좀 더 정확하게는 우리가 살기 위해 먹고 자는 생리적인 시간과 일이나 가사 활동 등에 보내는 시간을 포함한 일상생활에 소요되는 시간을 뺀 나머지 자유시간을 말한다.

하루 24시간 중 평균적으로 생리적인 시간 8시간과 일이나 가사 활동에 보내는 시간 8시간을 빼면 남는 시간은 8시간이 된다. 그러나 노후에는 일에 보내는 시간이 소멸되기 때문에 하루 중에 약 12~16시간이 남는 셈이다. 실제로 2021년에 노인을 대상으로 조사한 결과를 보면 노후를 보내는 현재의 삶에서 여가·취미활동이 37.7%로 가장 중요하다고 생각한 것으로 나타났으나 61%가 현재 여가 생활에 대해서는 불만족한 것으로 나왔다. 따라서 행복한 노후 보내기를 위해서는 여가 생활을 어떻게 보내느냐가 참으로 중요하다.

여가 생활에 대한 조사 결과를 살펴보면 하고 싶은 여가 활동의 1위는 여행이었으나 실제 1위는 TV 시청이었다. TV 시청이 99.3%으로 압도적이었고 뒤를 이어 산책(27.5%), 스포츠 참여(16.6%), 텃밭 가꾸기(12%), 종교 활동(10.9%)의 순이었다.

이와 같이 원하는 여가 생활과 실제 여가 생활의 차이가 나는 이유는 사전에 철저한 계획과 준비가 부족함을 둘 수 있다. 즉 본인이 무엇을 하고 싶은지, 할 수 있는지에 대한 탐색과 거기에 따르는 정보 수집과 실행을 위한 준비가 부족했기 때문이다. 그동안 일 중심의 생활에 길들여져 여가 생활에 익숙하지 않고, 은퇴 이후 갑작스러운 사회적 역할 상실에 따른 스트레스를 극복하지 못하면 무료함과 우울함, 외로움 등으로 인해 육체적, 정신적으로 매우 힘들어질 수 있다. 그러므로 행복하고 풍요로운 노후 생활을 보내기 위해서 여가 생활에 대한 사전 준비가 매우 중요하다. 아래의 여가 활동이 갖고 있는 6개의 긍정적인 기능을 잘 인식하고 활용하여 노후 삶의 질을 높이는 노력을 하여야 한다.

노후에 보내는 여가 활동의 긍정적 기능

구분	내용
신체적 기능	휴식 및 다양한 운동 등을 통해 스트레스를 해소시켜 피로 회복은 물론 노후 활력을 재충전할 수 있는 에너지를 보충한다.
심리적 기능	여가 활동을 통해 사회적 책임에서 오는 정신적인 스트레스를 해소하고 기분 전환을 할 수 있다. 노후에 찾아오는 무력감, 우울감, 외로움, 지루함 등을 어느 정도 해소함으로써 노후 생활에 심리적인 자신감과 활력을 충전할 수 있다.
자아실현 기능	노후에는 자신이 평소 하고 싶었던 것과 의미 있는 목표 등을 설정하고 여가 시간을 활용하여 실현해 나감으로써 자아실현을 할 수 있다.
사회적 기능 (다양한 사회적 관계 형성 기능)	여가 시간을 활용하여 다양한 문화 활동을 창조하거나 참여 경험을 통해 감성적인 만속으로 노후의 삶을 너욱 풍요롭게 한나.
교육적 기능	여가 시간을 활용하여 평소 배우고 싶은 것과 새로운 목표 달성을 위해 배워야 할 것들을 배움으로써 지적 역량을 향상하여 노후에도 사회적 역할을 일부 감당할 수 있다.

자료 참조 : Purple Sunday(https://cafe.daum.net/purplesunday)

2 ─ 여가의 어원과 의미

'여가(餘暇)'라는 낱말의 어원은 그리스어인 스콜(Scole)과 라틴어 리저(Licere)에서 유래되었다.

스콜(Scole)은 자기생활 공간으로부터의 해방과 자유를 뜻하며 조용함, 평화, 남는 시간(spare time), 자유시간(free time)등을 뜻하기도 하는데, 여기서 '남다'와 '자유'는 시간에 대한 개념이라기보다는 의무로부터 해방된 아무런 구속이 없는 '상태'를 의미한다.

라틴어 Licere는 '허락되다'(to be permitted), '자유롭게 되다'(to be free)라는 뜻으로 직업과 작업으로부터의 해방을 의미하며, 자유시간(free time)보다는 자유정신에 더 가깝다고 할 수 있다. Licere는 여가를 뜻하는 영어 레저(Leisure)의 어원이 되기도 했다.《여가론》, 서태양, 태양사)

한자의 의미는 '남을 여(餘)'와 '겨를 가(暇)'로 어떤 일 이외에 다른 일을 할 잠깐의 시간적인 여유를 갖는 것이며, 영어 레저(Leisure)는 일에서 해방되어 휴식하거나 즐길 수 있는 시간. 또는 그 시간을 이용하여 노는 일, 즉 허락된 여유 있는 시간을 의미한다.

여가란 '자유시간에 본인 스스로가 자발적으로 즐기는 모든 활동이다' 라고 할 수 있다. 결국 여가에 해당하는 어원들은 무료한 시간만을 뜻하는 것이 아니라 '평화, 조용함, 의무가 없는, 자발적인, 강제성이 없는' 등의 의미를 지니고 있다.

여가는 한가한 시간의 양(量)을 뜻하기보다는 시간의 내용과 질(質)에 깊은 연관이 있는 말로써 시간을 어떻게 이용할 것이며, 무엇을 해야 할 것인가 하는 문제가 관건이라 하겠다.

여가의 기능은 개인적 기능과 사회적 기능으로 나눌 수 있다.

먼저 개인적 기능은 정신적 및 육체적 노동으로 인한 피로와 스트레스를 해소시키면서 새롭고 활력 있는 에너지를 재충전해준다. 새로운 것에 대한 도전과 체험을 통해 잠재적 탁월성을 발견하고 개발함으로써 자아실현의 기쁨을 누릴 수 있다.

사회적 기능으로는 공동의 가치를 추구하는 집단을 형성하여 그 속에서 소속감과 일체감을 가지고 각 개개인의 자아실현에 상호 촉매 역할을 한다. 실제로 그 사회의 여가 생활의 수준과 문화가 진정한 선진국인지를 판단하는 척도가 된지는 이미 오래되었다.

3 ──── 여가 활동의 실태

문화체육관광부에서는 2년마다 〈국민 여가 활동 조사〉를 실시하여 공개를 한다. 본 조사는 2020년 9월 7일 ~ 11월 16일에 걸쳐 전국 17개 시·도에 거주하는 15세 이상 1만 명을 대상으로 실시한 결과이다. 또 하나의 조사는 보건복지부에서 실시하는 〈2021년 노인 실태 조사〉 중 여가 부문에 관련도 조사 결과이다. 두 가지 조사 결과를 통해 여가 활동의 실태를 파악하고 궁극적으로는 '노후 여가 계획'을 수립하는 데 참조하고자 한다.

여가 활동의 실태 (2020 국민 여가 활동 조사, 문화체육관광부)

여가 활동의 목적	개인의 즐거움을 위해(38.9), 마음의 안정과 휴식(20.1), 스트레스 해소(13.9), 건강 증진(7.5)

여가 시간	- 평균 여가 시간은 평일 3.7시간, 휴일 5.6시간임 - 평균 여가 시간은 전년 대비 증가, 2016년부터 증가 추세
여가 비용	- 평균 여가 비용은 15만6,000원이며, 희망 비용은 20만3,000원으로 약 4만 6,000원의 차이 발생
한 번 이상 참가한 여가 활동 실태	- 휴식 활동 : TV 시청, 산책 및 걷기, 낮잠 - 사회 및 기타 활동 : 친구 만남/이성 교제, 잡담/통화/문자 - 취미·오락 활동 : 쇼핑/외식, 인터넷 검색 - 한번 이상 참여한 여가 활동의 종류는 동거하는 가구원 수가 많을수록, 학력/소득이 높을수록 많다.
여가 활동 10순위별 참여 실태 및 만족도	- 가장 많이 한 여가 활동의 유형으로는 TV 시청(67.6), 산책 및 걷기(41.3), 인터넷검색(32.4), 잡담/통화(33)순 - 가장 만족한 여가 활동도 TV 시청, 산책 및 걷기, 만남 순 - 자신의 여가 생활 만족도는 52.5%이며 불만족 이유는 시간 부족과 경제적 부담으로 나타남
여가의 지속성	- 여가 활동의 지속성은 44.4%임 - 유형별은 스포츠 참여 활동과 오락 활동의 지속성이 높음
동호회 활동	- 동호회 활동은 9.6%로 3년간 지속적으로 감소 추세 - 구기 종목, 등산, 자전거 등 스포츠 동호회 활동이 높음
스마트기기 활용 시간	- 평균 이용 시간은 평일 2.0시간, 휴일 2.3시간 임 - '웹서핑'과 '모바일 메신저' 사용 비율이 가장 높음
사회성 여가 활동	- 자원봉사 활동 경험률은 7.0%로 전년 대비 2.3% 감소 - 참여 분야는 아동, 청소년, 노인, 장애자, 재소자 등과 관련

	여가 활동의 실태 (2021년 보건복지부 노인실태조사 결과) 현재의 삶에서 가장 중요하다고 생각하는 활동 중 1위는 여가, 취미 활동(37.7%)
여가 활동	- 노인의 80.3%는 여가문화 활동에 참여하고 있다. - 휴식 활동(52.7), 취미 오락 활동(49.8), 사회 및 기타 활동(44.4) 스포츠 참여 활동(8.1), 문화예술 참여 활동(5.1)의 순 - 휴식 활동 : 산책(34.1), 음악감상(5.2), 기타(13.4)의 순이며 휴식 활동의 증가는 코로나19로 인한 외부 활동 감소에 연유 추측 - 문화예술 활동과 스포츠 활동 등은 연령이 적을수록 높게 나타남
여가 문화시설 이용 실태	- 경로당이 28.1로 가장 높았으며 노인복지관(9.5), 종합사회복지관·장애인복지관·여성회관 등(6.0), 노인교실(1.8), 공공 여가문화시설(4.7), 민간 여가문화시설(0.8) 순 - 식사 서비스 이용이 경로당, 노인복지관 모두 증가함 - 건강증진 프로그램, 취미여가 프로그램 이용 증가
주요 프로그램	- 여가 활동: 음악 활동, 바둑 장기 교실, 문학/미술/공연 활동, - 건강 관리: 한방치료, 안마교실, 방문 간호 - 건강 운동: 웃음 교실, 요가, 명상, 건강 운동 등
사회 활동	- 평생교육 참여율은 11.9%이며, 참여 노인은 월 평균 9시간 사용 - 자원봉사 활동 참여율은 2.9%이며, 월 평균 6.3시간 참여 - 56.4%가 스마트폰 보유, 연령이 낮을수록 정보화 사용율 높음

4 여가 활동의 유형

여가 활동의 유형은 학자들마다 다양하게 분류한다. 앨런과 부캐넌(Allen &Buchanan)은 여가 활동을 실외 능동적 활동, 운동, 취미 및 가정적 활동, 사회적 교제, 기계 및 도구 사용 활동, 자연 관련 활동으로 나누었다. 또 틴슬리와 존슨(Tinsely&Johnson)은 여가 활동을 심리적 특성에 따라 지적 자극, 정화, 표현적 보상, 쾌락적 교제, 지지적 교제, 안전한 고독, 일상적이고 일시적인 탐닉, 절제하는 안전성, 표현적 심미 등 아홉 가지 영역으로 분류했다.

이 책에서는 정(靜)적인 면에서의 휴식 활동과 동(動)적인 활동인 취미, 오락 및 스포츠 활동, 사회참여 활동 그리고 자기계발(평생학습) 활동의 4가지 유형으로 분류한다.

휴식 활동

여가 활동의 참여 목적을 살펴보면 개인의 즐거움을 위해(37.1%), 마음의 안정과 휴식을 위해(16.9%), 스트레스 해소를 위해(14.0%), 자기만족을 위해(8.0%)의 순으로 여가 활동의 실질적인 비중이 가장 높은 활동이 휴식 활동이다. 휴식 활동은 일상생활에 피로해진 심신을 정상적으로 회복하기 위한 기분전환 활동으로 TV 시청, 운동이 아닌 단순 휴식 목적의 일상적인 산책, 낮잠, 뉴스, 음악 프로그램 등 라디오 청취, 음악 감상, 신문, 잡지 보기, 독서 등 주로 함께 어울려하는 것보다는 대부분 혼자서 하는 것이 특징이다.

흔히 노후에는 '혼자서도 잘 놀아야 한다'고 한다. 갈수록 혼자 있는 시간이 많아지기 때문이다. 혼자 있는 시간이 외롭다고 위축되기만 한다면 점점 더 허무함과 무력감에 빠질 수가 있다. 기존에 혼자서 하던 휴식 활동도 조금씩 변화를 주는 것도 한 가지 방법이다. 예를 들어 유튜브 동영상을 볼 때 테마별로 나누어 보기, 평소 하던 산책도 코스를 바꾸기, 바뀐 코스에서의 새로운 환경에 대해 깊게 느끼기, 걸음 속도와 자세를 바꾸기, 독서의 장르를 바꾸어보기, 독서하는 장소를 바꾸어 보기 등 실로 작은 변화지만 새로움을 줄 수 있기 때문에 혼자서도 즐길 수 있는 방법 중 하나다.

따라서 노후에는 혼자서도 즐길 수 있는 취미 활동을 갖는 것이 좋다. 방법으로는 기존의 취미 생활도 계속 발전시켜 가는 것과 평소 하고 싶었던 취미생활에 도전해보는 것을 병행하는 것이다.

아울러 휴식은 휴식다워야 한다는 차원에서 접근하는 것도 의미가 크다고 할 수 있다. 즉 명상을 통해 좀 더 자신의 내면을 성찰하면서 자신과 진지한 대화를 나누어보는 시간을 통해 진정한 힐링과 삶의 재충전을 얻는 것이다.

취미, 오락 및 스포츠 활동

취미, 오락 및 스포츠 활동은 휴식처럼 정적이지 않고 역동적인 것이 특징이며 전문성보다는 자신의 흥미에 중점을 두고 자유시간을 즐기는 다양한 활동을 하는 것을 의미한다. 취미 오락 활동의 유형으로는 등산, 낚시, 생활공예, 수집 활동, SNS 관리, 인터넷 검색 및 채팅, 유튜브 동영상 제작, 인터넷 게임, 모바일 게임, 보드 게임, 바둑/장기, 겜블, 복권 구입, 쇼핑, 외식, 미용 등이 있다.

스포츠 활동은 심신의 단련을 통해 운동 및 스트레스 해소와 교제의 목적으로 스포츠에 실제로 참여하는 것을 의미한다. 유형으로는 구기 스포츠(농구, 배구, 야구, 축구, 족구 등), 실내 스포츠(배드민턴, 스쿼시, 라켓볼, 탁구, 볼링, 당구, 포켓볼 등), 실외 스포츠(사이클링, 골프, 마라톤, 철인3종 경기 등), 수상 스포츠(수영, 윈드 서핑, 수상스키, 스킨스쿠버다이빙, 모터보트, 래프팅, 요트 등), 설상 스포츠(스노보드, 스키), 빙산 스포츠(아이스하키, 아이스스케이트), 산악 스포츠(등산, 암벽 등반, 산악자전거 타기 등), 격투기 스포츠(태권도, 유도, 합기도, 주짓수, 검도, 권투 등), 항공 스포츠(패러글라이딩, 스카이다이빙 등), 요가, 필라테스, 헬스 등이 있다.

여가 활동은 혼자서 하는 것보다는 친한 사람들과 함께 하는 것이 만족도와 행복 지수가 더 높다. 휴식 활동은 대부분 혼자서 시간을 보내는 것에 비해서 취미, 오락 및 스포츠 활동은 여러 사람과 함께할 수 있다.

먼저 배우자와 함께 하는 것이 바람직하다. 노후에는 배우자와 함께 하는 시간이 가장 많기 때문이다. 그러나 은퇴 후 남자는 배우자와 시간을 보내려고 하지만, 아내는 남편보다는 주로 친구들과 여가를 보내는 것을 선호하는 것으로 나타났다. 이는 아무래도 남편이 사회 활동을 하는 동안 친구들과의 여가 활동에 좀 더 익숙해져 있기 때문이다. 그러나 노후 생활 대부분을 매일 함께 지낼 부부와의 관계의 질을 높이는 것이 행복한 노후를 보낼 수 있는 가장 중요한 기반이다. 어느 날 갑자기 같은 취미 생활을 함께하자고 강요하는 것보다는 일단 작은 것부터 함께 시작해보는 것이 좋다. 예를 들어 서로에게 어떻게 여가 시간을 보내고 싶은지, 어떤 취미, 오락 및 스포츠 활동을 하고 싶은지에 대해 허심탄회하게 대화를 나누는 것부터 시작하는 것이 필요하다.

서로의 생각을 최대한 존중해주고 공감대가 있는 부분부터 함께 해보는 것이다. 자기가 좋아하는 것보다는 배우자가 원하는 것부터 시작해보는 것이다,

배우자가 원하는 TV 프로그램을 함께 시청하기, 집안일을 분담하여 해주기, 쇼핑을 즐거운 마음으로 적극적으로 동참하기, 경조사 함께 다니기, 부부 동반 친목 모임에 함께 적극 참여하기, 종교활동 함께하기를 통해 함께 하는 것에 대해 서로가 익숙해지는 것부터 시작한다. 배우자와의 함께 여가시간을 지내는 것에 대해 자연스러워지는 시점이 오면

이제 본격적으로 역동적인 활동을 함께하도록 다양한 시도를 해본다.

예를 들어, 새로운 취미활동 함께하기, 주말에 각자 응원팀을 정하고 함께 경기장에 가서 스포츠를 관람하면서 열정적으로 응원하기, 뮤지컬·공연·영화·문화 행사 관람하기, 맛있는 음식 먹으러 다니기, 여행하기, 등산하기, 오락하기, 스포츠 즐기기 등을 본격적으로 함께해 본다. 이와 같이 다양한 시도를 하다 보면 서로가 원하면서 공감대가 맞는 여가 활동이 자연스럽게 선택이 될 것이다.

따라서 행복한 노후 생활을 미리 준비하고자 한다면 은퇴 전부터 아내와 함께할 수 있는 취미 생활을 개발하고 함께 경험하면서 자연스럽게 은퇴 이후에도 이어지도록 한다. 가끔은 자녀와도 함께하는 시간과 양가 부모님과 형제, 자매들과의 교류를 함께 나누며 좋은 추억을 쌓는 여가 활동도 노후에는 풍요로운 삶의 기반이 되어준다.

또 친구들과 취미 생활을 함께하는 것도 바람직하다. 필자는 학사장교 동기들로 구성된 합창단에 속해 있다. 합창단의 활동 중의 하나는 전국에 있는 동기나 친구의 자녀 결혼식에 합창단이 가서 단장의 자작곡인 〈아빠의 축가〉를 불러주면서 마음껏 축하해 준다. 대부분 신랑, 신부의 친구들이 불러주던 축가에서 아빠의 친구들이 턱시도를 차려입고 감동적인 가사의 축가를 불러주니 결혼식장에 참가한 하객들로부터 감명 깊었다는 인사를 많이 받아 보람을 느낀다.

아울러 결혼식이 끝나면 합창단원들과 함께 그 지역의 관광지로 가서 함께 즐거운 추억을 쌓는 행복한 시간도 함께 하고 있다.

〈아빠의 축가〉 가사를 일부 소개한다.

"아빠의 축가" (딸 버전)

사랑하는 나의 딸아

네가 세상에 태어나던 그날

아빠는 세상을 모두 다 얻은 기분이었지

이제 자라 네 짝 만나

결혼을 하는구나

행복해라 나의 딸아

축하한다 나의 딸아

사랑하는 나의 사위

내 딸 사랑 고마워

부부로 맺은 연 변치를 말고 잘 살아주게

사돈 어른 감사하오

훌륭하게 키워줘서

행복해라 나의 사위

축하한다 내 사위야

행복해라 나의 딸아

축하한다 내 사위야

축하한다 나의 딸아

사회참여 활동

사회참여 활동은 친구와의 만남, 봉사 활동 등 관계 형성 및 사회공헌에 중점을 두고 하는 활동을 말한다. 유형으로는 아래와 같다.

문화예술 참여 활동	문화행사 참여, 문예 창작/독서 토론, 미술 활동, 악기 연주/ 노래 교실, 전통 예술 배우기, 사진 촬영, 춤/무용
관광 활동	문화 유적 방문, 자연 명승 및 풍경 관람, 산림욕, 국내 캠핑, 해외여행, 야유회, 온천/해수욕, 유람선 타기, 테마파크 가기, 지역축제 참가, 자동차 드라이브
문화예술 관람 활동	전시회 관람, 박물관 관람, 음악 연주회 관람, 연극 공연 관람, 무용 공연 관람, 영화 보기, 뮤지컬 관람, 예능 관람
스포츠 관람 활동	직접 관람(경기장 방문), 간접 관람(TV,DMB 등 매체), 격투기 경기 관람, 온라인 게임 경기 현장 관람
사회 봉사 활동	각종 행사 지원, 범죄 예방/교통 관련 봉사, 교육 봉사, 복지시설·종교단체 연계 봉사, 재해지역 돕기 봉사 등
종교 활동	혼자 또는 가족과 함께 예배 참석하기, 성경 공부, 종교 관련 CD 듣기, 신도들과 함께 종교 활동하기
사적 활동	가족 및 친지 방문 : 가족 행사에 참석 , 평소 방문 잡담/ 통화하기/ 문자 보내기 : 개인적 잡담, 통화, 문자 친구 또는 이성과 클럽, 나이트 가기 계 모임/ 동창회 참석하기 소개팅/ 이성과 데이트하기 친구 만남 / 동호회 모임 참석하기

출처 : 성공적인 은퇴를 위한 생애설계, KSA, 박문각,329~330p

자기계발 활동

나이가 들면서 가장 망설이고 두려워하는 것 중 하나가 새로운 변화에 대한 도전과 적응이다. 젊은 시절에는 새로운 환경에 대한 희망과 열정은 물론 무모할 정도로 자신감을 갖고 적극적으로 도전했을 것이다. 아무래도 나이가 들면 신체적·정신적인 어려움으로 현실에 안주하고자 하는 경향이 강해진다. 은퇴 후 일상생활에서 가장 큰 변화로 다가오는 것은 남아도는 긴 시간으로 인한 허무감과 무력감이다.

그러나 인생 전환기에 새로운 시작을 위한 도전과 변화는 피할 수 없는 숙명이다. 어떻게 하면 노후의 긴 시간을 의미 있고 보람 있게 보낼 것인가. 변화에 적응하며 의미 있게 보내는 방법 중에 하나가 배움을 멈추지 않는 것이다. "더 이상 배워 뭐해?"라며 배움을 중단하는 순간 바로 노인이 된다. '인생은 영원한 공부'이다. 배우고 익히지 않는 사람은 이미 늙은 사람이다. 쉼 없이 배우고 공부하는 자세는 뇌를 깨우고 정신을 건강하게 유지해줌으로써 청년 못지않을 젊은이로 남게 해준다. 늘 배움의 자세를 유지하며, 세상과 소통하고 교류하는 사람일수록 행복한 노후를 보낼 수 있다. 새로움에 대한 배움의 자세가 노화를 늦추는 지름길이다.

특히 고학력으로 무장된 베이비붐 세대가 본격적으로 은퇴하는 시점에 접어들면서 급격한 사회 변화에 적극적으로 적응하기 위한 평생교육에 대한 관심과 수요도 증가하고 있다. 한국방송통신대학교에 입학·편입하는 학생의 과반 이상이 학사 학위 이상의 40대 이상이며,

100세 시대를 살아가면서 퇴직 이후 인생 2모작의 재설계를 위해 입학하는 장년층이 급격히 증가하고 있다. '은퇴 후 가장 살고 싶은 장소로 대학가 주변'이라고 나온 조사 결과가 있다. 이는 대학에 기부도 하고 가끔 대학 캠퍼스에 가서 교육도 받고 낭만도 즐기고 싶은 욕구를 대변하는 결과다. 이처럼 나이에 상관없이 배움을 지속하는 평생학습 시대가 온 것이다.

은퇴 이후 새로운 공부나 기술을 배우는 등 새로운 영역에 도전하는 것은 행복한 노후를 위해 매우 좋은 전략 중의 하나다. 새로운 학습을 통해 지적 욕구를 충족시킬 수 있으며, 새로운 사회적 관계망의 확장이 가능하다. 즉 동년배들과의 교류를 통해 같은 공감대가 있는 관계도 의미가 있지만, 신기술 습득을 위한 학습의 장에서 만난 젊은이들과 교류하며 신선한 자극을 받을 수도 있고 또한 젊은이들에 대해서도 이해의 폭을 넓힐 수 있다. 또 은퇴 후 평생학습의 장점 중의 하나인 자신이 배우고 싶었던 관심 분야를 스스로 선택해서 배우는 기쁨을 누릴 수 있다.

그러나 우리나라의 노인 교육 실태를 살펴보면 시대의 요구에 따라주지 못하고 있는 것이 현실이다. 노인 교육은 세 가지 형태로 실시된다. 첫째는 노인을 위한 교육, 둘째는 노인의 역량을 사회에 환원하게 하는 노인에 의한 교육이며, 끝으로는 젊은이들을 대상으로 노인들을 이해시켜 주는 노인에 관한 교육으로 나눌 수 있다. 현 실태는 노인을 위한 교육을 시작하고 있는 정도다. 그 이유로는 전문성 부족, 지원 부족 그리고 법과 제도의 미비라고 할 수 있다. 이로 인해 본연의 노인 평생교육보다는 무료한 시간을 때우고 여가를 즐기는 수준에 머물러 있다.

따라서 은퇴자들이 보다 적극적으로 배움과 지원에 관한 정보를 탐색 (HRD-Net, 국비지원 교육정보센터 등 이용)하여 자신에 적합한 교육을 선택하는 것이 바람직하다. 정부나 지자체에서 운영하는 다양한 교육 및 훈련 제도를 적극적으로 활용해야 하며 이때 필수적인 것이 '국민 내일 배움 카드'다.

국민 내일 배움 카드 혜택

- 국민 내일 배움 카드는 국민 누구나 비용 부담 없이 직업능력개발훈련을 받을 수 있도록 직업훈련비(학원/아카데미 등)을 5년간 최대 500만원까지 지원해주는 제도
- 고용노동부로부터 적합성을 인정받아 공고된 훈련과정에 대해서 훈련비(45~85%)를 지원
- 대상은 재직자, 실업자, 특수형태근로자, 자영업자 등 모든 국민(단, 일부 대상은 제외)

디지털 시대에 걸맞는 학습을 통해 기회로 활용하자!

4차 산업혁명 기술이 세상을 바꿀 것이라고 한다. 4차 산업혁명에서 핵심 키워드를 하나만 꼽으라면 아마도 융합일 것이다. 다양한 제품과 서비스가 네트워크와 연결되고 사물이 지능화되며, 인공지능 기술·정보통신 기술이 3D 프린팅·무인 운송수단·로봇공학·나노 기술 등 여러 분야의 최첨단 기술들과 융합하게 된다. 4차 산업혁명은 이미 시작되었고, 우리 생활 속에 깊숙이 들어와 있다.

이미 4차 산업혁명의 핵심 기술인 인공지능의 발달로 일자리가 사라지기도 하고 새로운 일자리가 만들어지고 있다. 사라지는 일자리에 대한 공포와 두려움보다는, 변화의 핵심을 파악하고 제대로 준비를 하면

기회로 활용할 수 있다. 직업의 유형에 걸맞는 필요한 역량을 미리 학습과 훈련을 통해 준비하는 것이다.

물론 핵심 기술을 직접 습득하는 방법도 좋은 방법이지만, 한편으로는 핵심 기술을 통해 나오는 결과물을 지금 하고 있는 일에 적용하는 기술을 익히는 것도 노후에는 오히려 더 효과적일 수 있다.

디지털 노마드(Digital Nomader)가 되는 것이다. 디지털 노마드는 시간과 공간의 제약 없이 디지털 기반으로 일하는 사람을 뜻한다. 은퇴 이후에도 정보통신 기술을 활용하여 기존의 전통적 구조에서 디지털 구조로 전환하는 과정인 디지털 트랜스포메이션(Digtial Transformation)에 잘 적응하도록 노력해야 하는 이유다.

디지털 전환이 유발한 4대 메가트랜드 (중앙경제, 2022.1.6)

Virtualization(가상화): 가상현실을 기반으로 이용자와 공급자의 상호작용심화
Individualization(개인화): 데이터 알고리즘에 기반한 개인 맞춤형 의사결정 강화
Platformization(플랫폼화): 전 사업·사회의 플랫폼화 확산
Automation(자동화): 로봇·지능 정보기술이 생산자동화 가속

내 인생을 바꾸는 4가지 리부트 공식

1. 언택트를 넘어 '온택트'로 세상과 연결하라!
2. 디지털 트랜스포메이션으로 완벽히 변신하라!
3. 자유롭고 독립적인 인디펜던트 워커로 일하라!
4. 세이프티, 의무가 아닌 생존을 걸고 투자하라

출처: 김미경의 리부트, 김미경

여가 활동 계획 수립

여가 활동 계획 수립 시 고려사항

여가 활동 계획을 수립하기 위해 고려할 사항으로 다음 10가지를 들 수 있다.

1. 자신이 어떤 여가 활동을 원하는지 면밀하게 파악
2. 자신의 상황에 적합한 맞춤 여가 활동 찾아내기
3. 혼자 할 것과 함께할 것 분리
4. 함께할 활동은 누구와 함께할 것인지 결정
5. 여가 활동에 대한 시간 배분 및 시간 관리 계획 수립
6. 여가 활동을 하는 주기(매일, 주간, 월간, 연간 등) 결정
7. 새로운 활동에 도전하는 경우에는 학습 시간과 방법 결정
8. 여가 활동에 들어가는 비용 조달과 관리
9. 사회 활동이나 자기계발 학습을 위한 최적의 정보 탐색 방법
10. 여가 활동으로 맺은 새로운 인연들과의 관계 관리

여가 활동의 궁극적인 목표는 결국 여가 활동을 통해 자신의 만족과 행복을 추구하는 것이다. 그러기 위해서는 주변의 권유나 강요에 떠밀려서 마지못해 하는 여가 활동보다는 자신이 진정 좋아하고 간절하게 하고 싶었던 것을 해야 한다. 특히 노후에는 하기 싫은 것을 주변과의 이해관계 때문에 억지로 하는 활동은 과감하게 단절해야 한다. 따라서 자신이 무엇을 하고 싶은지 면밀하게 검토해야 한다. 방법으로는, 먼

저 다양한 정보를 탐색하고, 주변의 추천도 받아보고, 일정 기간 실제로 도전해본다. 그러면 스스로 지속적으로 할 수 있는 맞춤(자신의 상황에 가장 적합한) 여가 활동을 선택할 수 있다.

둘째는 합리적이고 효율적인 시간 관리다. 노후에는 결국 시간 관리 싸움이다. 시간을 어떻게 배분하고 관리하는 것이 효율적이고 가치 있느냐 하는 것이다. 여가 활동이 본연의 의미를 넘어서 본인이 감당할 수 없는 중독 수준이 되거나 비용 부담을 느끼면서까지 하는 것은 지양해야 한다.

따라서 연간 시간 계획 속에서 일일, 주간, 월간, 연간 활동으로 나누어 관리를 해야 한다. 특히 주간 단위를 기준으로 하루 일과표를 작성하고 이를 매일 잘 지켜나가는 것을 정착시키면 효과적인 시간 관리가 가능해진다.

셋째는 혼자서 하는 여가 활동과 누군가와 함께하는 여가 활동에 대해 잘 분리하고 관리하는 것이다. 노후에는 먼저 혼자서 활동하고 시간을 보내는 것에 강해져야 하고 익숙해야 한다. 그러나 관계 속에서 행복감을 더 느끼는 것이 인간의 본성이다.

따라서 부부, 가족, 친구와 같은 취미로 만나는 동호회원들 그리고 보람 있는 사회 활동이나 자기계발을 위한 학습 현장에서 만나는 새로운 인연들과도 좋은 관계를 가지도록 노력하는 것이 중요하다. 이 외에 여가 활동에 소요되는 되는 비용 관리도 합리적으로 관리하는 것도 여가 활동 계획 수립 시 고려사항이다.

인터뷰 (박광성, 한국방송예술교육진흥원 총장, 자기계발 전문가)

퇴직 전에 어떤 일을 하셨나요?

MBC, 한국방송광고진흥공사에서 광고교육원을 창설하여 현업 광고인은 물론 예비 광고인 육성에 기여했습니다. 공익광고협의회 총괄국장으로 건전한 사회를 만들기 위한 공익광고 제작 및 홍보 했고, 공익사업국장으로서 문화예술단체의 발전을 위해 1,000억원의 공익자금을 지원, 배부했습니다.

현재는 어떤 일을 하고 계십니까?

한국방송예술교육진흥원 총장으로서 학위 과정을 통해 방송계에 취업할 수 있도록 후진을 양성하고 있습니다. 국제라이온스 354-C지구에서 20년간 봉사하고 있으며, 지역사회에서도 장학회 이사장으로 어려운 환경에서도 열심히 공부하는 인재들에 대한 양성에 힘쓰고 있습니다. 시간을 할애하여 시 낭송, 성악, 도슨트 노래교실, 마술, 합창단으로 여가를 보내고 있습니다.

현재 하시는 일을 하게 된 동기는? 그 일을 하기 위해 어떠한 준비를 하셨습니까?

광고교육원을 운영하면서 광고교육 활성화 방안에 대한 석사 논문을 쓰면서 교육기관의 운영 노하우, 커리큘럼 작성, 강의 기법 등을 익히면서 체계적으로 준비할 수가 있었습니다.

은퇴 생활을 보내시면서 행복하고 보람 있었던 순간은? 노후를 잘 보내는 노하우는?

지금도 강의하는 것이 재미있고, 예전의 제자들이 찾아와서 함께 식사를 하면서 담소를 나눌 수 있어서 보람되고 행복감을 느끼고 있습니다. 앞으로도 부르는 곳이 있으면 찾아가서 정성껏 강의도 하고 또 좋은 강의를 하는 곳이 있으면 찾아다니면서 끝없이 배우도록 하겠습니다. 아울러 지역사회에서의 봉사도 꾸준하게 하도록 하겠습니다.

노후를 준비하는 후배들에게 해주고 싶은 조언은?

노후에는 모든 일에 서두르지 말고 상대를 배려하며 긍정적으로 생각하는 마음 가짐이 중요합니다. 꾸준하게 배우면 머리가 맑아집니다. 건강을 위해서는 꾸준히 몸을 움직여야 하고 건강식품도 챙겨먹어야 합니다. 절약을 통해서 노후준비 자금을 마련해두어야 하고, 자신에 맞는 취미 생활을 2~3개 만들어 놓아야 합니다.

여가 활동 계획 수립 시 고려사항

여가 활동 계획 수립
노후 여가 시간을 통해 무엇을 얻고 싶은가? 노후 여가 시간을 어떻게 보내고 싶은가?

↓

여가 유형	목표 및 달성 방법
휴식 활동	
취미, 오락/스포츠 활동	
사회 활동	
자기계발 (평생 학습)	

여가 활동 계획 Detail

혼자	휴식 활동	
	오락/스포츠 활동	
	사회 활동	
	자기계발	

함께	부부	오락 스포츠 활동
		사회 활동
		자기계발
	파트너 친구 동호회	오락 스포츠 활동
		사회 활동
		자기계발

8장

봉사 활동
(재능기부)

1 봉사를 통한 보람과 행복감 느끼기

최근 카카오 김범수 의장이 10조 원이 넘는 재산의 절반 이상을 사회에 기부하기로 하고 사회공헌재단인 브라이언임팩트가 공식 출범했다. 개인 명의로 5조 원 이상을 기부한 경우는 유래가 없다. 그가 이와 같은 기부를 결심할 수 있도록 그의 마음속에 새겨진 시 한 편이 있다.

바로 랄프 왈도 에머슨(Ralph Waldo Emerson)의 〈무엇이 성공인가〉이다.

무엇이 성공인가

자주 그리고 많이 웃는 것
현명한 이에게 존경을 받고
아이들에게서 사랑을 받는 것
정직한 비평가의 찬사를 듣고
친구의 배반을 참아내는 것

아름다움을 식별할 줄 알며

다른 사람에게서 최선의 것을 발견하는 것

건강한 아이를 낳든

한 평의 정원을 가꾸든

사회 환경을 개선하든

자기가 태어나기 전보다

조금이라도 살기 좋은 곳으로

만들어놓고 떠나는 것

자신이 한때 이곳에 살았음으로 해서

단 한 사람의 인생이라도 행복해지는 것

이것이 진정한 성공이다.

우리 모두는 삶이라는 한 번뿐인 여행을 하고 본향으로 돌아가게 되어 있다. 사람은 누구나 이 세상 왔다 가는 이유가 있지 않을까? TV 드라마 〈명성황후〉 주제곡 '나 가거든'에 "내가 이 세상을 왔다 간 그 이유를 눈 감을 때야 알겠지"라는 가사가 나온다. 그 이유가 무엇이든 "자기가 태어나기 전보다 조금이라도 살기 좋은 곳으로 만들어놓고 떠나는 것", "자신이 한때 이곳에 살았음으로 해서 단 한 사람의 인생이라도 행복해지는 것"이라면 족하지 않겠는가. 50세 이전까지는 남들의 평가 속에 자기 자신과 가족을 위한 이기적인 삶을 살아왔다. 이기적인 것은 인간의 본성이니 나쁘다는 것은 아니다. 그러나 오로지 이기적인 삶만을 살다가 가면 마지막 순간에 너무 공허하고 허탈하지 않을까.

밥을 얻어먹을 때보다 밥을 살 때 더 행복하다고 느낀 경험이 있을 것이다. 실제로 영국 행복연구소의 조사 결과에 의하면 남을 위해 이타적으로 베풀 때가 이기적인 욕망을 추구할 때보다 행복감이 8배가 높다는 것이다. 우리가 열심히 사는 이유도 궁극적으로는 행복하기 위해서가 아닌가.

이타적인 행위를 나타내는 대표적인 단어가 봉사다. 봉사를 사전에서 살펴보면 "국가나 사회 또는 남을 위하여 자신을 돌보지 아니하고 힘을 바쳐 애씀"이라고 되어 있다. 봉사 앞에는 자연스럽게 자원이 붙어 '자원봉사'가 된다. 자원봉사(Volunteerism)는 자유의지의 뜻을 가진 voluntas에서 유래한다. 아무리 좋은 의미의 봉사라도 스스로 원해서 자발적으로 하지 않으면 그 의미도 퇴색될 뿐 아니라 당연히 효과도 좋을 리 없다. 그래서 자원봉사는 본인이 좋아하면서 잘할 수 있는 것을 자발적으로 해야만 진정한 가치가 있다. 그런 의미에서 자원봉사를 이타적 행위를 통한 이기적인 활동이라고 한다.

> "나는 당신이 어떤 운명으로 살지 모른다.
> 하지만 이것은 장담할 수 있다.
> 정말로 행복한 사람은 어떻게 봉사할지 찾고
> 발견한 사람들이다."
> – 알베르트 슈바이처

2. 노후 생활에서의 봉사 활동과 기대효과

은퇴 후 노후 생활을 하다 보면 첫 번째로 마주하는 것이 자신의 존재가치가 상실되는 것에 대한 어려움이다. 사회나 가족으로부터 자신의 역할이 없어지거나 축소되는 것이다. 이로 인한 자존감의 상실은 소외감과 열등감으로 이어져 우울증으로 발전하여 건강을 해치게 된다. 그러므로 나를 필요로 하는 곳이 있고, 내가 할 일이 있어야 하는 것이다.

또 노후 생활은 시간과의 싸움이라고도 할 수 있다. 내가 좋아하는 취미 생활 만으로 그 긴 시간을 다 채울 수 있을까? 이 또한 한계에 봉착할 것이다. 인간의 행복함과 동기를 부여하는 핵심은 의미와 가치가 있는 것을 할 때다. 노후 생활에서 의미 있고 가치 있는 자기 역할을 찾아 시간을 보내는 방법은 무엇일까? 바로 그 방법은 자원봉사를 통해 사회에 기여하는 것이다.

노후 자원봉사의 효과

심리적 가치: 존재 가치	자신의 존재 가치에 대한 자긍심이 고취되어 존재감과 인정 욕구를 실현할 수 있다.
신체적 가치: 건강 증진	스트레스가 감소되고 면역체계가 강화되어 육체뿐만 아니라 정신적으로도 건강해진다.
시간적 가치: 시간 관리	자원봉사로 시간을 적절하게 관리함으로써 무료한 시간을 줄이고 보람을 느낄 수 있다.
자아실현 가치: 배움/학습	새로운 것에 대한 배움과 학습을 통해 자기계발 및 자기 성숙을 실현할 수 있다.
사회적 가치: 관계를 통한 행복 증진	다양한 사회관계망을 통한 교류를 통해 행복감이 증진된다.

〈출처: 노후자원봉사의 효과, 자원봉사론, 류기형 외, 양서원, 2018〉

실제 조사 결과에 의하면 자원봉사에 참여하게 된 동기가 '보람을 느끼고 싶어서'가 60% 이상으로 가장 많았다. 자원봉사를 하고 난 후 기대 효과로는 '삶의 보람을 느꼈다', '새로운 사람들을 만나 인맥이 넓어졌다', '관련 분야에 대한 교육을 받고 싶어졌다' 순으로 나왔다. 향후 자원봉사에 다시 참여하겠다는 비율은 60%로, 지난 1년간 봉사 활동 참여 경험자 중에서는 95.6%로 대부분이었다. 자원봉사를 하려고 하면 물질적인 것에 대해 걱정하는 사람이 많다. 그러나 물질이 없어도 봉사할 수 있는 방법은 아주 많다. 물질이나 전문성이 없을 때는 몸으로 할 수 있는 다양한 봉사를 하면 된다. 취약계층 직장여성의 아기 돌보기, 장애아동 통학보조 노약자·장애인 등의 목욕 보조, 가정 방문, 급식 지원, 도시락 전달, 행정 보조, 교통 환경 캠페인 등 마음만 먹으면 무수히 많다.

또 본인이 보유한 전문성을 사회에 환원하는 방법도 있다. 상담 봉사, 교육 봉사, 통/번역 봉사, 기술 봉사 등 재능 기부를 하는 것이다. 따라서 봉사 활동의 핵심은 망설이지 않고 일단 시작해보는 것이다.

무재7시(無財七施)

어떤 사람이 석가모니에게 와 "저는 왜 하는 일마다 안 되는 걸까요" 라고 묻자 석가모니는 "사람들에게 베풀지 않아서이네 " 라고 답변했다. 그러자 "저는 베풀고 싶어도 재물이 없으니 할 수가 없습니다"라고 말하자 석가모니는 물질이 없어도 베풀 수 있는 일곱 가지 방법을 제시했다.

안시(眼施)	부드러운 눈빛으로 상대방을 편하게 대하기
화안시(和顔施)	밝고 환하게 웃어 주기
언시(言施)	긍정적이며 공손하게 좋은 말 해주기
신시(身施)	친절하고 예의 바르게 행동하기
심시(心施)	진정성을 품고 포근하고 따뜻하게 대해주기
좌시(座施)	너그러운 마음으로 자리 양보하기
찰시(察施)	상대방의 입장에서 공감하고 마음 헤아려주기

3   자원봉사 활동의 구성 요소

자원봉사를 구성하는 요소는 자발성, 책임성, 이타성, 비보수성 그리고 공익성의 다섯 가지다.

먼저 자발성은 자원봉사를 구성하는 첫째 요소이자 가장 중요한 요소다. 자원봉사에 자발성이 상실되면 그것은 더 이상 봉사가 아니라 강제노역이 되기 때문이다. 스스로 충분히 평소의 관심 분야나 좋아하는 봉사 영역을 판단하고 선택하는 것이 무엇보다 중요하다.

주변의 권유나 순간적인 충동으로 너무 쉽게 결정하면 봉사를 하면서도 만족은커녕 불평이 늘어나면서 급기야 중간에 그만두기 십상이다. 따라서 충분하게 심사숙고하여 선택하고, 일단 선택하면 책임감을 가지고 성실하게 봉사에 임해야 한다.

둘째는 책임성이다. 봉사 활동은 봉사하는 사람도 있지만 봉사를 받는 대상(사람, 행정 등)도 있다. 상호 간에 기대 사항과 미치는 영향이 있는데 이것들이 지속되지 못하고 중간에 끊겨버린다면 문제가 심각해질 수도 있다. 따라서 예측 가능한 지속성을 가진 책임성이야말로 자원봉사 활동 주체 및 대상자 모두에게 바람직한 성과를 올릴 수 있는 기본이 된다.

셋째는 이타성으로, 자기 이익만 추구해서는 안 된다는 것이다. 물론 궁극적으로는 이타적인 봉사 활동을 통해 무엇보다 본인이 행복해지는 것은 부인할 수 없지만, 본인의 행복만을 위해 봉사 활동이 수단이 되어서는 안 된다. 인간의 존엄성을 바탕으로 어려움에 처한 이웃에게 진정성을 가지고 도움이 되도록 다가서고 노력하는 마음이 중요하다.

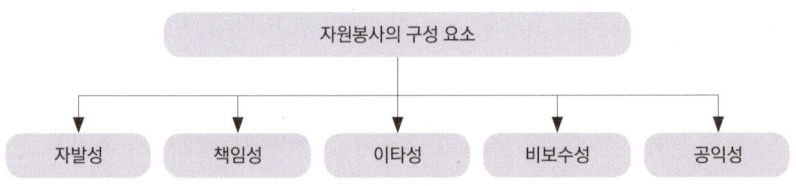

넷째는 비보수성이다. 봉사 활동의 기본 원칙은 보수를 바라지 않고 자기가 원하는 봉사 활동을 통해 만족과 보람을 얻는 것이다. 그러나 완전 무보수보다는 최소한의 경비와 수고료를 현금이나 현물 등으로 제공하는 것도 봉사 활동의 성과를 높이는 데 필요하다. 예를 들어 한국장학재단에서 운영하는 '대학생 멘토링 봉사'에서는 멘토들이 대부분 자기의 시간과 비용을 들여 멘토링 봉사를 하지만 장학재단에서 멘토와 대학생들과의 만남 시 식사 및 다과비 중 일부를 지원해준다. 다만 이 보수 자체가 봉사 활동의 목적이 되어서는 안 되고 봉사자들에게 조그마

한 성의와 격려 차원이면 바람직하다 할 것이다.

　봉사 활동 구성요소의 마지막은 공익성이다. 봉사 활동의 목적과 영역이 사적인 목적과 영역에서 벌어지는 것은 바람직하지 않다. 가끔 사적인 욕구를 채우기 위해 공적인 봉사 활동으로 포장하는 경우가 있어 사회에서 지탄의 대상이 되곤 한다.

　봉사 활동은 사회와 이웃과 더불어 삶의 질을 향상시키는 공익을 목적으로 추구하는 것이 매우 중요한 요소라 할 것이다.

〈한국장학재단의 차세대리더육성멘토링〉 봉사 활동

"모든 사람에게는 위대함을
이룰 수 있는 힘이 있다.
위대함은 봉사에서 이루어지기 때문이다."
- 마틴 루터 킹

4 자원봉사 활동의 범위
(자원봉사 활동 기본법 제 7조)

자원봉사 활동의 범위는 〈자원봉사 활동 기본법〉 제7조에 15가지 항목으로 명시되어 있으며, 각 항목별 주요 내용은 다음과 같다. 이와 같이 다양한 자원봉사 활동이 있으니 자신에게 맞는 활동을 선택하면 된다.

봉사 활동 항목	항목별 활동 내용
사회복지 및 보건증진에 관한 활동	• 의료기관의 업무 지원, 환자 대상의 간호·간병 서비스 • 건강교육 · 건강 증진 캠페인 행사 보조
지역사회 개발 발전에 관한 활동	• 지역사회 복지관의 업무 보조 및 행사 안내 등 • 지역봉사지도원으로 활동(노인복지법제34조) • 지역사회 발전을 위한 다양한 캠페인 안내 및 보조 • 지역(농·어촌) 일손 도와주기 참여 등
환경 보존 및 자연보호에 관한 활동	• 환경 정화(쓰레기 줍기, 벽 낙서 및 벽보 제거 등) • 환경 보존(산불 예방) 및 개선 활동(명예 환경감시원) • 환경 교육 활동 및 재활용 캠페인 참여

구분	내용
사회적 취약계층의 권익 증진 및 청소년 육성 보호에 관한 활동	• 사회적 취약계층을 대상으로 재능 기부(이, 미용 등) • 목욕, 나들이 지원, 노숙자 쉼터 봉사, 음식 제공 보조 • 취약계층 가정 방문 돌봄, 심리 상담, 심리 치료
인권 옹호 및 평화 구현에 관한 활동	• 새터민, 외국인 노동자 대상 인권 옹호 활동 지원 • 탈북민 자녀 대상 교육, 진로 상담, 진로 소개 • 인권 개선 및 모니터링 지원 활동
교육 및 상담에 관한 활동	• 방과 후 교육, 평생 교육, 특수 교육, 기능 훈련 지원 • 심리 상담, 그림 치료, 역할 치료, 전문 상담 • 진로 적성 상담 및 지도, 취업 상담, 창업 멘토링 등
범죄 예방 및 선도 활동	• 범죄예방 어린이/청소년 안전 범죄예방 선도위원 보호관찰 대상자의 범죄예방 활동, 교도소 교화 활동 • 보호 소년의 교화, 법정후견인, 상담보조원 등
교통질서 및 기초질서 계도	• 교통안전 봉사 활동, 혼잡시간 교통정리, 행사 교통정리 • 교통사고 가정 돕기, 안전운전 캠페인, 교통안전교육 • 교통사고 응급구조 현장 자원, 교통환경 영향조사 보조
재해 구조 활동	• 재난 지역 구조 및 구호 활동 • 재난 재해 지역 자율방재단 활동 • 재난 지역 보수 활동 지원
문화·관광·예술 및 체육 활동	• 문화행사 도우미, 관광 가이드 및 해설 활동, • 문화 예술 공연 봉사 활동, 공연장 안내 및 질서 유지 • 생활체육 활동 지원
부패 방지 및 소비자 보호 활동	• 피해 소비자 상담, 시장조사 활동, 통계조사 지원 • 소비자 보호, 부패 방지 모니터 활동 등 권익 옹호 • 소비자 권익 보호 활동 캠페인 지원
공명 선거에 관한 활동	• 선거운동 자원봉사, 선거 계시요원 봉사 • 선거운동 모니터링 활동, 부정선거 감시요원 활동 • 민주시민 교육 강사 및 지원 활동
국제협력 및 해외 봉사 활동	• 국제 활동 행사 통역, 번역 봉사 활동 • 외국어 홈페이지 번역, 해외 자원봉사 활동 • 국제행사 안내 및 행정 보조

국제협력 및 해외 봉사 활동	● 공공 행정 분야 사무 보조, ● 주민자치 활동 행사 지원, 행사 안내 및 보조 ● 자치 방범 활동 및 지원
공익사업 수행 주민복리 증진 활동	● 자원봉사 상담 및 멘토링, 자치 환경 가꾸기 ● 주민복리 증진 활동 홍보 및 지원 ● 청소년들 금연 지도 도우미, 자치 방범 활동

5. 자원봉사 활동 관리 체계
(자원봉사 활동 연결)

자원봉사 활동을 구체적으로 실천하기 위해서는 자원봉사 활동의 관리 체계에 대한 기본적인 이해가 필요하다. 자원봉사를 하기 위해 봉사 장소는 본인이 직접 수요기관에 요청하여 진행하는 방법도 있으며, 봉사 활동의 연결기관에 문의하여 본인이 원하는 수용기관과의 연결을 요청하는 방법을 활용할 수 있다. 봉사 활동 경험이 없거나 초기에는 연결기관과의 상담을 통해 적절하게 수요기관을 소개받는 것도 좋은 방법이다.

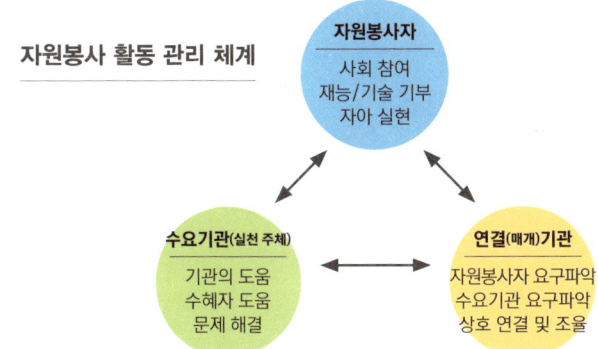

자원봉사센터 활용

봉사 활동의 대표적인 연결기관으로는 각 지자체별로 자원봉사센터가 있다. 자원봉사센터는 지역사회 문제해결을 위하여 자원봉사자들의 참여를 촉진하고 자원봉사자를 필요로 하는 기관과 단체들에 자원봉사자를 지원하는 등 자원 봉사 활동의 활성화를 목적으로 운영되는 기관이다. 신청 방법은 직접 방문하거나 전화, 홈페이지를 통해 신청하면 된다. 지역 자원봉사센터는 국번 없이 1365이며, 홈페이지는 www.1365.go.kr 이다. 신청 절차는 다음과 같다.

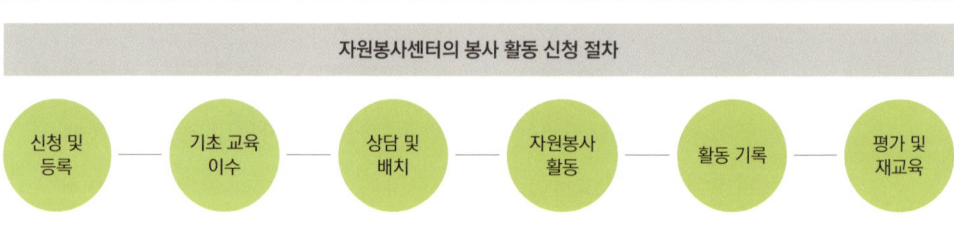

자원봉사센터의 봉사 활동 신청 절차

신청 및 등록 — 기초 교육 이수 — 상담 및 배치 — 자원봉사 활동 — 활동 기록 — 평가 및 재교육

6   자원봉사 활동의 실천 방법

먼저 자원봉사를 해야 하는 이유에 대해 스스로 생각해 본다. 자원봉사를 하는 동기가 무엇인지, 자원봉사를 통해 얻고자 하는 목표가 무엇인지 생각해본다.

다음은 평소 관심 분야와 하고 싶었던 일들을 상기해보면서 자원봉사 활동을 하고 싶은 영역을 선택한다. 이때 봉사 활동을 수행하는 기관이나 단체 등의 정보를 파악하면서 점차 활동 영역을 구체화한다. 이때 지역 및 장소가 접근이 가능한지, 시간이 용이한지 등을 고려하여 최종 결정한다. 봉사 활동 영역을 선택했으면 언제부터 할 것이지에 대해 결정한다. 봉사 활동의 성격에 따라 가능한 요일과 시간은 언제인지 고려하여 언제부터 시작할 것인지를 결정한다.

또 봉사 활동을 혼자 할 것인지 또는 가족이나 친구와 함께할 것인지를 결정한다. 이 모든 것이 결정되면 구체적인 활동 계획을 수립하고 절차가 필요한 봉사 활동인 경우는 사전에 적절한 절차를 밟아야 한다.

자원봉사활동 실천방법(5W 1H)

Why
자원봉사를 하는 이유는?
동기는? 목표는?

What
관심있는 봉사 활동 영역 선정
기관이나 단체 선정

Where/When
가능한 지역 및 장소 고려
가능한 시간 및 날짜 고려

Who
혼자서 할 것인가?
누구와 함께 활동할까?

How/When
어떻게 그 활동을 해낼까?
구체적인 활동 방법/절차,
언제부터 할 것인가?

7   자원봉사 활동 실천 계획 수립

내게 자원봉사란? 자원봉사는 나에게 어떠한 의미와 가치가 있는가?

⬇

평소 관심이 있는 자원봉사나 재능기부 분야는? 좋아하고 하고 싶었던 것은?

⬇

관심 분야와 하고 싶었던 것들을 자원봉사를 통해 이룬다면 나에게 어떤 기대 효과가 있을까? 또는 어떤 변화가 일어날까?

8   자원봉사 활동 실천 방안 (5W 1H)

Why 자원봉사를 하는 이유는? 동기는? 목표는?	
What 관심 있는 자원봉사 활동 영역은? 이유는?	
When 언제부터 할 것인지? 가능한 요일 및 시간 배분	
Who 혼자서 할 것인가? 누구와 함께 활동할까?	
How 어떻게 그 활동을 해낼까? 구체적인 활동 방법/절차	

자원봉사 활동을 실천하기 위해 지금 당장 취해야 할 나의 행동은?

9장

생애 마지막 준비하기

1 ─ 아름답게 삶을 마무리하기

누구나 때이 나면 이 세상과 작별히며, 어디인지는 잘 모르지만 그곳으로 돌아가야 한다. 여행처럼 왔다가 본향으로 돌아가는 시점에서의 아름다운 마무리는 한 사람의 삶 전체가 평가되고 조망될 뿐만 아니라 남아 있는 가족에 대한 최대의 배려가 된다. 우리는 살아오면서 웰빙(Well Being, 육체적·정신적 건강의 조화를 통해 행복하고 아름다운 삶을 추구하는 삶의 유형)에만 관심이 있었지 웰다잉(Well Dying, 살아온 날을 아름답게 정리하는, 평안한 삶의 마무리)에는 관심을 가질 여유도 없었고, 한편으로는 일부러 회피하기도 했다. 2020년 노인실태조사 중 '좋은 죽음'이란 '가족이나 지인에게 부담을 주지 않는 죽음'(90.6%)이라는 생각이 가장 많았고, 이어서 '신체적·정신적 고통 없는 죽음'(90.5%), '스스로 정리하는 임종'(89.0%), '가족과 함께 임종을 맞이하는 것'(86.9%) 순이었다. 좋은 죽음을 위해 노인들의 85.6%는 무의미한 연명 의료(임종 과정에 있는 환자에게 심폐소생술, 혈액 투석, 항암제 투여, 인공호흡기 착용 등 치료 효과 없이 임종 과정의 기간만을 연장하는 것)를 반대하고 있다. 죽음에 대한 준비는 수의, 묘지, 상조회 가입 등의 장례 준비(79.6%), 자기결정권에 따른 죽음에 대한 준비(27.4%), 상속처리 논의(12.4%), 사전 연명의료 의향서 작성(4.2%), 유서 작성(4.2%), 장기기증 서약(3.4%)의 순이었다. 희망 장례 방법으로는 화장(67.8%), 매장(11.6%), '아직 생각해보지 않았다'(20.6%)의 순이다.

주변에 보면 사랑하는 가족, 특히 부모님이 갑자기 사망했을 경우에 사전에 대비가 없으면 남아 있는 가족은 혼란에 빠지게 마련이다. 하지만 위 조사 결과에서 보듯이 사전 준비가 매우 미미한 것이 현실이다. 살아 있을 때 잘 사는 것도 중요하지만 마지막으로 아름답게 떠나는 뒷모습도 매우 중요하기 때문에 삶의 마지막에 대한 적절한 준비도 노후 준비에서 빼놓아서는 안 될 준비 요소다. 본인의 삶도 아름답게 마무리할 뿐만 아니라 사랑하는 가족에게 정신적·물질적 유산을 잘 남기는 것도 중요하다.

2 ── 재산 정리하기

재산을 정리할 때 독단적으로 혼자만 결정하기보다는 아내와 자녀들하고도 오해가 없도록 충분하게 소통하면서 준비하는 것이 매우 중요하다. 갑작스러운 사망에 대비하여 사전에 철저한 준비가 필요한 중요한 이유다.

재산 목록 기록하고 보관하기

사람마다 차이는 있지만 85세가 지나면서부터는 육체적·정신적으로 급격한 쇠락이 찾아온다. 기억력도 급격히 감퇴하여 평소 재산 목록을 기록하고 잘 보관해놓지 않으면 낭패를 당할 수 있다. 또 치매라도 걸리면 평소 자신이 원하던 바와 전혀 다른 결정이 나올 수 있다. 어느 가정에나 사후 일어날 수 있는 재산 상속 분쟁에 대해서도 사전에 자녀들과 충분한 대화로써 예방해야 하며 이를 위한 절차도 사전에 철저히 준비해놓아야 한다.

내 금융자산 찾아보기

금융감독원에서 운영하는 금융소비자 정보 포털사이트 파인(fine.fss. or.kr)을 활용하여 자신의 금융계좌, 보험 가입 정보, 대출 정보 등을 찾아보고 자산을 일목요연하게 정리해놓을 필요가 있다. 인터넷 주소창에 fine.fss.or.kr을 직접 입력하거나 네이버, 다음 등 포털 사이트에서 '파인'으로 검색하면 쉽게 접속할 수가 있고, 공인인증서나 휴대폰 인증 등 간단한 확인 절차를 통하여 이용할 수 있다.

내 보험 찾아보기

'파인'에서는 모든 보험사의 보험 가입 내역과 보험금 확정 지급 내역을 조회할 수 있다. 보험 가입 정보는 일부 제한이 있어 자동차보험, 화재보험, 배상책임(대물)보험 등은 별도로 조회하거나 해당 보험사 콜센터를 통해 확인한다.

내 주식 찾아보기

오래전에 우리사주 주식을 지급받았는데 잊고 있었다거나 무상증자, 주식 배당으로 주식을 지급받았으나 이사 등으로 통지를 받지 못해 잊고 있는 주식 등에 대해 찾아보고 정리해야 한다. 한국예탁결제원(www.ksd.or.kr)의 '주식 찾기'를 통해 이러한 주식들을 찾을 수 있고, 미수령 주식이 조회되면 신분증을 지참하여 한국예탁결제원(02-3774-3000)을 방문하여 안내를 받으면 된다.

내 부동산 찾아보기

'온나라 부동산정보 통합 포털'(seereal.lh.or.kr)에서 내 소유의 부동산을 확인할 수 있다. '온나라 부동산 포털'에 들어가 '부동산 종합정보' 메뉴를 선택하여 '내 토지 찾기 서비스 바로 가기'에서 개인정보 수집 및 이용에 대한 동의를 하고 본인 인증을 하면 본인 명의의 토지 및 주택, 아파트를 조회할 수 있다.

노후 관리를 위한 임의후견인 제도 활용

임의후견인은 본인을 대신하여 자산 관리 등의 의사결정을 해줄 사람을 의미한다. 장점으로는 온전한 판단 능력을 가지고 있을 때 최대한 자신의 의사를 반영하는 것과 치매나 갑작스러운 사고를 당했을 때도 본인의 의사대로 진행될 수 있다는 것이다. 절차로는 먼저 특정인에게 본인의 의사결정 대리권을 수여한다는 내용으로 계약서를 작성하고 공증을 받고 등기를 한다. 나중에 법원이 임의후견감독인을 선임하는 때부터 효력은 발생한다. (금융사기 예방과 노후자산 정리, 금융감독원, 2018)

상속과 증여의 사전 설계

사전 상속 설계의 필요성

상속은 본인의 사망 이후에 본인의 재산이 배우자나 자녀 및 다른 사람들에게 이전되는 것을 의미한다. 사전에 상속 설계를 해야 할 이유는 다음 두 가지로 요약된다. 첫째는 본인의 의도와는 전혀 다른 방향으로 재산이 이전되는 것을 미연에 방지할 수 있다. 둘째는 재산 분배로 인한 가족 간의 갈등이나 분쟁을 미연에 방지할 수 있다. 따라서 평생 일군 재산이 사후에 본인의 의도대로 이전되는 것과 사랑하는 가족이 공정한 재산 분배로 인해 더욱 화목하게 하는 것은 무엇보다 중요한 삶의 마무리이기 때문에 반드시 '사전 상속 설계'를 해야 한다.

사전 상속 설계의 방법

보건복지부의 〈2017년 노인실태조사 보고서〉에 따르면 65세 이상 노인 약 10명 중 6명은 '재산을 아들, 딸 구별 없이 모든 자녀에게 골고루 나눠주겠다'는 뜻을 가진 것으로 나타났다. '자신(배우자 포함)을 위해 쓰겠다'는 응답도 17.3%에 달했다. '자신(배우자)을 위해 사용한다'는 응답을 성별로 보면 남자 19.1%로 여자 15.9%보다 높았다. '장남에게 더 많이 주겠다'(9%)거나 '장남에게만 주겠다'(2%)는 대답은 비교적 적었다. 연령이 높을수록 '장남에게 더 많이 물려주겠다'는 전통적인 유형을 선호하는 응답이 높았고, 연령이 낮을수록 '자신(배우자)을 위해 사용한다'는 응답이 많았다. '장남에게 더 많이 물려준다'는 노인의 응답 비율을 거주지역별로 보면 농촌지역이 11.4%로, 도시지역 7.9%보다 많았다.

6.1%는 '형편이 어려운 자녀에게 재산을 물려주겠다'고 했으며, 3.5%는 '효도한 자녀에게 재산을 상속하겠다'고 했다. 교육 수준이 높을수록 자녀 균등 배분 응답이 많았고, 장남에게 더 많이 주겠다는 응답은 낮았다. 사회 환원의 뜻을 가진 노인은 2.6%로 소수에 그쳤다.

유언 상속

상속은 본인의 사망 이후에 본인의 재산이 다른 사람에게 이전되는 것이다. 상속에는 유언 상속과 법정 상속이 있는데, 유언 상속이 우선 적용된다. 유언이 없는 경우에는 법에서 징한 방식대로 이루어지는 법정 상속이 적용된다.

유언의 방식 5가지 〈민법1060조(유언의 요식성)〉

유언의 방식	내용
자필 증서	• 본인이 직접 자필로 작성하는 유언으로써 유언 전문과 작성 연월일, 주소, 성명을 모두 자서하고 날인하여야만 효력이 있다. • 본인이 직접 자신의 의도대로 작성할 수 있으나, 위조나 변조가 쉽기 때문에 민법에서 정한 형식을 엄격하게 적용하여야 함.
녹음	• 자필증서로 유언장을 작성하기 어려운 경우에는 본인의 육성으로 진술하고 이를 녹음한다. 유언의 내용과 취지, 성명, 연월일을 반드시 포함시켜야 한다. • 이를 증명하는 증인이 참여하여야 하며, 증인은 유언의 정확함과 성명을 구술할 수 있고 청취능력과 이해력이 있어야 한다.

공정 증서	• 유언자가 증인 2명이 참여한 공증인의 면전에서 유언의 취지를 구수하고 공증인이 이를 필기 낭독하여 유언자와 증인이 그 정확함을 승인한 후 각자 서명 또는 기명날인하는 방식. • 공정증서가 작성되면 이는 진정한 것으로 추정이 되므로 다른 유언 방식과는 달리 유언자의 사망 후 유언장의 존재와 효력을 검증하는 법원의 검인절차를 거치지 않아도 된다는 장점이 있다.
비밀 증서	• 유언자가 유언을 작성한 후 그 내용을 엄봉날인하고 이를 2인 이상의 증인의 면전에 제출하여 자기의 유언서임을 표시한 후 봉투 표면에 제출 연월일을 기재하고 유언자와 증인이 각자 서명 또는 기명날인하는 방식이다. • 작성된 유언봉서는 표면에 기재된 날로부터 5일 이내에 공증인 또는 법원서기로부터 봉인상에 확정일자를 받아야 한다.
구수 증서	• 유언자가 사망을 앞두고 위의 4가지 방식을 이용할 수 없는 급박한 경우에 취하는 방식으로 유언자가 2인 이상의 증인 앞에서 유언의 취지를 구수하고, 그 중 1명이 유언을 필기 낭독하여 정확함을 승인한 후 각자 서명 또는 기명날인한다. • 급박한 사유가 종료한 날로부터 7일 이내에 법원에 검인을 신청하여야 한다.

법정 상속의 순위와 방법

유언 상속이 없고 상속인들 사이에도 협의가 이루어지지 않은 경우에는 민법 제1009조에서 정한 상속의 순위와 비율 등에 따라 법정 상속이 적용된다.

• 법정 상속의 순위

법정 상속은 민법에서 정하고 있는 아래의 상속 순위에 의거하여 진행된다.

우선 순위	피상속인과의 관계	비고
제1순위	직계비속과 배우자	배우자와 자녀 생존 시
제2순위	직계존속과 배우자	자녀가 없는 경우
제3순위	형제 자매	배우자와 자녀가 없고 부모도 사망 시
제4순위	4촌 이내의 방계혈족	위 순위에 해당이 없을 때

법정 상속의 순위 (민법 제1009조)

● 법정 상속의 비율

법정 상속 비율은 같은 순위에서 자녀는 각각 비율은 동일하며, 다만 배우자는 50%를 가산하여 1.5지분이 된다. 예를 들어 상속 재산은 7억 원이고 자녀는 아들과 딸 2명이며 배우자가 있는 경우 아들과 딸 각각 2억 원(7억원×2/7씩)이고 배우자는 50%를 가산한 3억 원(7억×3/7)을 법정 상속분으로 받는다.

결혼은 했지만 자녀가 없는 경우에는 배우자가 1.5지분이고 시부모가 각각 1의 지분을 갖는다. 만약에 상속인이 결혼도 하지 않고 자녀도 없다면 부모가 각각 50%씩 갖게 된다. 그런데 부모도 사망했다면 형제자매들이 각각 동일하게 지분을 나누어 갖는다. 형제자매도 없다면 4촌 이내의 방계혈족이 동일 지분으로 나누어 갖는다. 보다 상세한 내용과 비율은 법을 참조하거나 전문가와 상담하여 처리한다.

증여

증여는 당사자의 일방이 재산을 무상으로 상대방(친족 또는 타인)에게 수여하는 의사를 표시하고 상대방이 이를 승낙하여 성립하는 낙성·무상·편무(諾成·無償·片務)의 계약을 말한다.

증여의 대상이 되는 재산

동산, 부동산 등 유형재산뿐만 아니라 권리의 양도나 채무 면제 및 노무 제공 등의 무형재산도 증여의 대상이 될 수 있고, 증여의 대상이 되는 재산은 반드시 증여자 자신의 것일 필요도 없다.

증여의 해제

서면에 의한 증여는 원칙적으로 이행해야 하지만, 증여 계약 후에 증여자의 재산 상태가 현저히 변경되고 그 이행으로 생계에 중대한 영향을 미치는 경우 등의 특별한 사정의 변경이 있는 경우에는 계약을 해제할 수가 있다.

또 수증자가 증여자 또는 그 배우자나 직계혈족에 대한 범죄 행위가 있거나, 증여자에 대하여 부양 의무가 있음에도 이를 이행하지 않는 경우에도 증여를 해제할 수 있다.

증여의 종류

우선 순위	피상속인과의 관계
정기 증여	정기적으로 어떤 급여나 물건을 주는 방식, 증여자나 수증자 중 한 사람이 사망하면 효력은 상실된다.
부담부 증여	수증자가 증여를 받는 동시에 일정한 부담, 즉 일정한 급부를 해야 할 채무를 부담할 것을 전제로 하는 증여.
사인 증여	생전에 증여 계약을 체결해두고 그 효력은 증여자가 사망한 때부터 발생하는 것으로 정한 증여
혼합 증여	다른 계약 유형이 혼합되어 정한 증여
기부	공익이나 공공을 위해 무상(無償)으로 재산을 제출하는 것

상속세와 증여세

상속세 산출 방법

사망으로 그 재산이 가족이나 친족 등에게 무상으로 이전되는 경우 당해 상속재산에 대하여 부과하는 세금이다.

납세 의무자	상속을 원인으로 재산을 물려받는 '상속인'과 유언이나 증여 계약 후 증여자의 사망으로 재산을 취득하는 '수유자'
과세 대상	거주자 : 국내 및 국외에 있는 모든 상속재산 비거주자 : 국내에 있는 모든 상속재산
연대납부 책임	상속인이나 수유자는 부과된 상속세에 대하여 각자가 받았거나 받을 재산을 한도로 연대하여 납부할 의무가 있다.
신고 납부 기한	거주자 : 상속개시일이 속하는 달의 말일부터 6월 이내 비거주자 : 상속개시일이 속하는 달의 말일부터 9월 이내

상속세액 계산 흐름도
(거주자 기준)

총 상속재산가액(상속개시일 현재 시가로 평가)
−
비과세 및 과세 가액 불산입액+공과금, 장례비용
(국가/지자체 유증재산, 공익법인에 출연한 재산)
+
사전 증여재산 (상속개시일 전 10년 이내에 증여한 재산)
=
상속세 과세 가액
−
상속 공제(기초, 배우자, 동거주택, 재해손실, 기업/영농)
(상속세 과세 표준 X 세율)−누진공제액

과세표준	1억 이하	5억 이하	10억 이하	30억 이하	30억 초과
세율	10%	20%	30%	40%	50%
누진공제	없음	1천만원	6천만원	1억6천만원	4억6천만원

=
상속세 산출 세액

출처: 국세청, 홈페이지

증여세 산출 방법

증여자로부터 재산을 증여받은 경우에 그 재산을 증여받은 수증자가 부담하는 세금이다.

납세 의무자	타인으로부터 무상으로 받은 수증자(개인, 비영리법인), 수증자가 영리법인 경우는 법인세로 부과함으로 증여세 제외
과세 대상	거주자 : 국내 및 국외에 있는 모든 증여 재산 비거주자 : 국내에 있는 모든 증여 재산
연대납부 책임	수증자가 납부하는 것이 원칙, 수증자의 거소가 불분명하거나 증여세를 납부할 능력이 없다고 인정되는 경우 증여자가 연대
신고 납부 기한	재산을 증여 받은 날이 속하는 달의 말일부터 3월 이내

증여세액 계산 흐름도 (거주자 기준)	증여재산가액 (국내외 소재 모든 재산, 증여일 현재 시가)
	−
	비과세 및 과세가액 불산입액+채무액
	(사회통념상 인정되는 피부양자 생활비, 교육비)
	+
	증여재산 가액
	=
	증여세 과세 가액
	−
	증여 공제(증여자, 배우자, 직계존속/비속, 기타 친족 등)
	(상속세 과세표준 X 세율)−누진공제액

과세표준	1억 이하	5억 이하	10억 이하	30억 이하	30억 초과
세율	10%	20%	30%	40%	50%
누진공제	없음	1천만원	6천만원	1억6천만원	4억6천만원

=

증여세 산출 세액

출처: 국세청, 홈페이지

재산 목록의 정리와 유산 분배

재산 목록	
금융자산	
주식/배당	
보험	
부동산	
기타	

9. 생애 마지막 준비하기

유산 분배 및 방법

3 ─────── 삶의 정리
(존엄하게 죽을 권리)

웰다잉

웰다잉은 살아온 날을 아름답게 정리하고 편안하게 죽음을 맞이하는 것을 말한다. 웰다잉이란 단순히 잘 죽는 것에서, 자기 성찰을 통해 자기 주변을 아름답게 마무리함으로써 죽음에 대한 두려움을 극복하는 해결책이 될 수 있다. 자신의 삶을 아름답게 마무리하는 과정을 미리 준비하는 것은 인간의 존엄성을 지키고 남겨진 가족에게도 도움을 준다는 면에서 매우 가치 있다고 할 수 있다.

장례 절차 미리 정해두기

죽음의 질이 가장 높은 나라 영국에서는 좋은 죽음을 네 가지로 정의한다. 익숙한 환경에서, 가족·친구와 함께, 존엄과 존경을 유지한 채, 고통 없이 죽어가는 것이 좋은 죽음의 조건이다. 일본의 대기업인 고마쓰의 전 사장 안자키 사토루는 "생전 장례식을 연다"는 신문 광고를 내어 화제가 되었다. "억지로 수명을 연장하기보다는 그동안 신세를 진 많은 사람들 한 분 한 분 직접 감사를 전하고 싶었습니다"라고 생전 장례식을 열게 된 이유도 함께 밝혔다.

사후에 가족이 당황하지 않도록 장례 절차에 대해 미리 가족과 자연스럽게 이야기를 나누는 것이 필요하다. 보건복지부에서는 장례문화 및 시설 등의 정보를 제공하는 장사정보 시스템 'e하늘(www.ehaneul.go.kr)'을 운영하고 있으니 참조하면 좋다. 기타 상조회사를 선택하여 준비하는 것도 방법이 되겠다.

> "이 세상에 죽음만큼 확실한 것도 없다.
> 그럼에도 사람들은 겨우살이는 준비하면서
> 죽음은 준비하지 않는다."
> – 톨스토이

존엄하게 죽을 권리

연명의료는 생명 연장이 목적인 항암제, 혈액투석, 인공호흡기, 심폐소생술의 네 가지 의료행위를 말하며, 연명의료 결정법은 환자가 임종에 다다라 연명 치료가 더는 효과가 없다고 판단될 때 생명 연장 중단 여부를 본인에게 물어보고 결정하게 하는 제도다.

존엄한 죽음을 위한 선언문

제가 병에 걸려 치료가 불가능하고 죽음이 임박할 경우를 대비하여 저의 가족, 친척, 그리고 저의 치료를 맡고 있는 분들께 다음과 같이 저의 바람을 밝혀두고자 합니다.

이 선언서는 저의 정신이 아직 온전한 상태에 있을 때 적어놓은 것입니다. 따라서 저의 정신이 온전할 때에는 이 선언서를 파기할 수도 있겠지만 철회하겠다는 문서를 재차 작성하지 않는 한 유효합니다.

- 저의 병이 현대의학으로 치료할 수 없고 곧 죽음이 임박하리라는 진단을 받는 경우, 죽는 시간을 뒤로 미루기 위한 연명 조치는 일체 거부합니다.
- 다만 그런 경우 저의 고통을 완화하기 위한 조치는 최대한 취해주시기 바랍니다. 이로 인한 부작용으로 죽음을 일찍 맞는다 해도 상관없습니다.
- 제가 오랫동안 혼수상태에 빠졌을 때는 생명을 인위적으로 유지하기 위한 연명 조치를 중단해주시기를 바랍니다.
- 죽은 후에 장기와 시신은 모두 대학병원에 기증을 하고 나머지는 흙으로 돌려 보내주시기 바랍니다.

이와 같이 저의 선언서를 통해 제가 바라는 사항을 충실하게 실행해주신 분들께 깊은 감사를 드립니다. 아울러 저의 요청에 따라 진행된 모든 행위의 책임은 저 자신에게 있음을 분명히 밝히고자 합니다.

20   년   월   일

본인 이름   (서명)
배우자 이름   (서명)

〈출처: 알폰소 데 켄, 죽음을 어떻게 맞이할 것인가〉

자신의 장례식 장면 상상하기 & 생애 마지막 준비하기

당신은 어떤 아버지, 아들, 남편 (어머니, 딸, 부인)이었다고 평가해주기를 바라는가?

당신은 어떤 친구, 직장 동료였다고 평가해주기를 바라는가?

당신은 자신이 지금까지 해온 공헌이나 업적 중에서 무엇을 기억해주기를 바라는가?

당신은 그들의 삶에 어떤 영향과 도움을 주고 싶었는가?

생애 마지막 준비점검	장례 절차	
	- 수의, 영정사진	
	- 화장, 매장, 수목장(선택)	
	- 상조회 가입	
	- 장지 결정	
	- 사망 알림 대상 리스트	
	상속/증여 처리	
	유서 적성	
	사전연명의료의향서 작성	

⬇

느낀 점 또는 앞으로의 삶에 대한 각오는?

유서 작성하기

'유서' (장례 절차, 유산 분배, 남기고 싶은 이야기 등) **작성해보기**

배우자를 대상으로 작성

___

자녀를 대상으로 작성

___

유서를 써 보고 느낀 점 또는 앞으로의 삶에 대한 각오는?

___

이거 알아요!

택시 기사와 삶의 마지막 정리하기(작자 미상)

어느 날, 한 택시기사가 콜을 받았습니다. 그리고 그날 그에게 일어난 일은 평생 잊지 못할 기억으로 남았습니다.

여느 때와 같이 콜을 받고 해당 주소로 가서 경적을 울렸지만 아무도 나오지 않았고 또 경적을 울렸지만 여전히 아무런 기척이 없었습니다. 이 손님이 그날 교대 전 마지막 콜이었기에 저는 마음이 급해져 얼른 포기하고 차를 돌릴까 하다가 일단 대문으로 가서 불러보기로 했습니다.

초인종을 누르자 노쇠한 노인의 목소리가 들려왔습니다.

"잠시만 기다려 주세요!"

시간이 꽤 지나 문이 열렸고 90 이상이 돼 보이시는 작고 연로하신 할머니 한 분이 문가에 서 계셨습니다. 손에는 작은 여행 가방을 들고 계셨고, 문이 조금 열려 집 안이 보였는데 깜짝 놀랐습니다. 집 안에는 사람이 산 흔적이 싹 지워진 듯 모든 가구는 천으로 덮여 있었고 휑한 벽에는 아무것도 걸려 있지 않았습니다. 단지 사진과 기념품이 넘쳐나는 상자 하나만 구석에 놓여 있었습니다.

"기사 양반 내 여행 가방 좀 차로 옮겨줄래요? 부탁해요!"

할머니 요청대로 가방을 트렁크에 싣고 할머니에게 돌아가 천천히 차까지 부축해드렸더니 도와줘서 고맙다고 말씀하셨습니다.

"아니에요. 모든 승객을 어머니처럼 대해야죠!"

"굉장히 친절하시네요!"

할머니는 택시에 탄 뒤 목적지 주소를 알려주며 시내를 가로질러 가지 말아 달라고 하셨습니다.

"음! 그럼 목적지까지 가는 지름길이 없는데요! 시내를 통과하지 않으면 많이 돌아가게 될 텐데요!"

할머니는 저만 괜찮다면 급할 게 없으니 돌아가도 된다고 말씀하시면서 한 말씀 덧붙이셨다.

"지금 요양원에 들어가는 길이랍니다. 사람들이 마지막에 죽으러가는 곳 말이죠!"

할머니는 부드러운 어조로 말을 이어갔습니다.

"의사가 말하길 저에게 남은 시간이 얼마 없다고 하네요."

그 말을 듣는 순간 저는 재빨리 미터기를 껐습니다.

"어디 가보고 싶은 데 있으세요?"

저는 그 후 두 시간 동안 할머니와 함께 시내 곳곳을 돌아다녔습니다.

그분은 젊은 시절 일했던 호텔을 비롯해 고인이 된 남편과 함께 살았던 예전 집 등등 그동안 인연이 있는 시내의 여러 곳을 돌아다녔습니다.

그동안 할머니는 호기심 가득한 어린아이처럼 바라보시기도 하고 때로는 물끄러미 바라보시며 눈물을 보이시기도 하셨습니다.

"이젠 피곤하네요. 목적지로 가 주세요."
도착한 요양원은 생각보다 작았고 차를 세우니 두 명의 간호사가 나와서 할머니를 휠체어에 태웠고, 나는 트렁크 속에 두었던 여행가방을 꺼내 들었습니다.
"요금이 얼마죠?" 할머니는 핸드백을 열며 제게 물었습니다.
"오늘은 무료입니다."
"그래도 이 사람아! 생계는 꾸려야지!"
"승객은 또 있을 테니까 걱정마세요. 괜찮아요!"
한순간의 망설임도 없이 나는 할머니를 꼬옥 안아드렸고. 그분 역시 절 꽉 껴안았습니다.

"이 늙은이의 마지막 여행을 행복하게 만들어줘서 정말 고마워요!"

저는 두 눈에 눈물이 가득 고인 채 할머니의 전송을 받으며 요양원을 나왔습니다.
교대 시간을 훌쩍 넘겼지만 정처 없이 차를 몰고 돌고 돌아다니면서 누구하고도 말을 붙이고 싶지 않았어요. 오늘 이 손님을 태우지 않았더라면…. 그날 밤 일은 인생을 살며 제가 해온 것 중 가장 뜻 깊은 일 중 하나였습니다.

10장

행복한 노후 만들기 종합 워크북

노후에 대한 자기 선언문

한 번뿐인 삶이다.
나의 삶을 마무리하는 노후는 나의 삶 중에서 가장 풍요롭고 행복해야지 않겠는가?
나는 행복한 노후를 보내야 할 권리가 있다.
지금부터 준비를 잘하면 충분히 행복한 노후를 보낼 수 있다는 것을 확신한다.
모든 것은 나의 생각과 선택 그리고 실천에 달렸음을 확신하며
나 스스로 당당하게 선언하고자 한다.

노후 생활에 대한 기존 생각	노후 생활에 대한 새로운 생각

행복한 노후를 위한 '자기 선언문'을 스스로 작성하여보자

나의 인생의 대차대조표를 작성해보자

지나온 나의 삶에 대해 100점 만점에 몇 점을 주고 싶은가? 그 점수를 준 이유는?

지나온 삶에서 이룬 플러스 요소는?

지나온 삶에서 버려야 할 마이너스 요소는?

⬇

**지나온 나의 삶을 정리한 결과
나의 행복한 노후를 위해 계속 활용해야 할것과 개선/보완하여야 할 것은?**

⬇

지나온 나의 삶을 정리한 결과 남은 삶(노후)은 어떻게 보내고 싶은가?

'나를 이해하기' 총정리

구분	검사 결과/특징
탁월성	
DISC	
MBTI	
흥미(Holland)	
재능	

⬇

검사 결과를 자신의 행복한 노후 만들기 계획 수립 시 활용 방안은?

내가 바라는 행복한 노후는? ❶

> 내가 바라는 행복한 노후의 목표는? 노후 목표를 달성한 후의 나의 모습은?
>
> _____

행복한 노후의 목표가 달성되었을 때 하루 일과표를 작성하여보세요.

시간	하는 일 & 모습
오전 06:00 ~ 12:00	
오후 13:00 ~ 18:00	
저녁 19:00 ~ 24:00	

내가 바라는 단계별 행복한 노후는? ❷

행복한 노후의 목표는?

단계	달성 목표 / 모습
1단계 활동 왕성기 (60~75세)	
2단계 자아 성찰기 (76~85세)	
3단계 간병 정리기 (86~)	

희망하는 은퇴 후 라이프스타일 그리기

구분	희망하는 은퇴 후 라이프스타일(달성 모습)
건강 (내가 바라는 건강 상태는?)	
재무 (원하는 노후 생활 수준은?) (필요한 자금은?)	
거주지 (어디서 누구와 어떤 집에서 살고 싶은가?)	
부부 관계 (내가 바라는 배우자와의 관계는?)	
자녀 관계 (내가 바라는 자녀와의 관계는?)	
친구 관계 (내가 바라는 친구와의 관계는?)	
여가 활동 (무엇을 하면서 시간을 보낼 것인가?) - 취미 - 사회 생활 - 자기계발	
봉사 (의미 있는 봉사 활동은?)	

내가 바라는 행복한 노후는(모습은)?

노후에 달성할 목표, 확언 & 핵심 전략 정하기

후반기 삶에서 반드시 이루고 싶은 3대 목표는?

3대 목표 중 가장 간절한 목표 1 선택 → 선택 이유는? / 달성 모습은?

목표 달성은 나에게 어떤 의미가 있는가?

확언(목표 달성 모습을 현재 완성된 상태로 진술)하기

목표 달성을 위해 지금부터 무엇을 해야 하는가?
(달성 방법 20가지 작성 → 핵심 전략 3가지 작성)

생활 습관 개선 방안 도출과 실천

현재 자기의 생활 습관 실태와 문제점 도출

식습관	
운동 습관	
스트레스 관리 습관	

⬇

생활 습관 개선 방안 및 실천 계획 수립

식습관	
운동 습관	
스트레스 관리 습관	

건강 관리를 위한 셀프 코칭

실천 사항

구분		무엇을(What)	어떻게(How)	점검 방법(How) 상/벌 계획
몸 건강	식습관 관리			
	운동하기			
마음 건강	스트레스 관리			

- 건강 관련 내용을 참조하여 스스로의 건강 관리를 위한 실천(What/How)계획 작성
- 식 습관 관리 : 물 마시기, 소식(小食, 30번 씹기), 균형 있는 식사 하기 등
- 운동하기와 스트레스 관리를 자기에 맞게 실천(What/How) 계획 작성
- 점검 방법 : 스스로 점검할 수 있는 방법 선택, 실천 결과에 따른 스스로에게 상/벌 계획 작성

거주지 선택 (누구와 어디서 살 것인가?)

노후 거주지 선택 시 구려사항	상	중	하
노후에 안정적으로 장기간으로 머무를 수 있는 곳인가?			
거주지 선택을 부부가 만족하고 있으며 상호 친화적인가?			
건강 관리를 위한 의료 시설(대형 병원)이 주변에 있는가?			
주변 환경이 자연 친화적이면서 도심 진입이 용이한가?			
경제적(주거비용, 자산가치 상승, 환금성)으로 용이한 곳이가?			
자녀, 친척, 친구들과 원활한 교류가 가능한 곳인가?			
전문직, 재취업 등 경제적인 활동이 가능한 곳인가?			
문화 활동 및 지역 활동이 가능한 커뮤니티가 용이한 곳인가?			
편리한 교통(역세권) 및 주변 편의시설이 용이한 곳인가?			

기존 주택 활용

| 리뉴얼 | 다운사이징/활용 |

Life Style에 따라 선택

| 귀농/귀촌 | 실버타운, 요양원 | 기타 |

노후 거주지 최종 선택/선택 이유

나의 은퇴 자산 산정해보기

총 자산

- 금융 자산(저축) _____
- 금융 자산(투자) _____
- 부동산 자산 _____

−

대출(담보, 신용 포함)
_____

=

순자산
_____

은퇴 자산

- 순자산 _____
- 연금 자산(국민, 퇴직, 개인) _____
- 기타 자산(종신/보장성보험) _____

↓

나의 은퇴 자산 실태 파악을 통한 향후 은퇴 자산 마련 전략은?

_____
_____
_____

나의 은퇴 자금 준비 자가 진단 / 리스트

문항별로 자신의 상태를 체크하고, 각각 배정되어 있는 점수를 합산하여 자신의 은퇴 자금에 대한 준비 상태를 진단해보자.

문항	점수		
	3	2	1
은퇴 자금에 대한 준비는 언제부터 하고 있는가? 또는 언제부터 하려고 하는가?	30~45세	46~55세	56세 이후
노후 자금 준비를 언제까지 정하고 준비 하고 있는가?	100세까지	90세까지	80세까지
자녀 교육(취업 전까지 보살핌 포함)에 대한 자금 운영은 어떻게 할 것인가?	소요 자금 준비 완료	적정 범위 내에서 운영	빚을 내서라도 운영
자녀 결혼(주택 포함)에 들어가는 비용은 어떻게 할 것인가?	소요 자금 준비 완료	적정 범위 내에서 운영	빚을 내서라도 운영
연금 체계는 어떻게 준비하고 있는가?	국민/퇴직 개인연금 모두 가입	국민/퇴직 개인연금 중 2개 가입	국민/퇴직 개인연금 중 1개 가입
의료비 관련 보장성 보험에 대한 가입은 했는가?	부부 모두 가입 완료	부부 중 1명만 가입	아직 가입이 안 되어 있음
퇴직금 수령 예상 금액은?	3억 이상	1~3억	1억 이하
퇴직 후 일은 언제까지 할 수 있는가?	66~70세	61~65세	60세 까지
부채(주택 관련 대출 포함) 현황은?	1억 이하	1억~3억	3억 이상
부동산 상황은?	자가 외 수익부동산 보유	자가 보유, 주택연금 대상	자가 미보유
합계			

17점 이하 : 불행한 노후 생활을 할 수 있으니 당장 준비 요망
18~25점 : 부족한 부문에 대한 보완 요망
26점 이상 : 노후 준비가 잘 되어 있으니 계속 관심을 갖고 관리 요망

진단 결과에 대해 느낀 점과 향후 노후 자금 준비에 대한 계획을 작성해보세요

희망하는 라이프스타일에 맞는 노후 자금 소요 금액 산출

노후 기간 산정(은퇴 시점~배우자 사망 예상 기간 포함) :

예상 소요 자금

- 생활비(월 생활비 × 노후 기간)

- 목돈(자녀 결혼, 의료비 등)

노후 자금 만들기 계획(연금 + 금융, 보험, 부동산)

연금 자산(현금 흐름 만들기) 준비

연금 유형	현재 상태 점검	향후 추진 계획
국민연금		
퇴직연금		
개인연금		
주택연금		

금융, 보험, 부동산 자산 점검 및 조달 계획

자산의 유형		현재 상태 점검	향후 추진 계획
금융 자산	현금		
	저축성(예금/적금)		
	투자(주식/채권/체인)		
보험 자산	보장성 보험		
	연금성 보험		
부동산 자산	임대 수익		
	시세 차익		

평생 현역 만들기

나의 DISC 특징 및 활용 방안

나의 MBTI 특징 및 활용 방안

나의 흥미/재능 검사 결과 및 활용 방안

직무 전문성/가치 파악 결과 및 활용 방안

내가 평소 꼭 해보고 싶었던 것, 잘할 수 있는 것 등을 적어 보세요

↓

내가 지금부터 하고 싶은 일(취업, 창업, 전문직)의 Top3 선택

N잡러 역량 자가 진단 및 활용 방안

기존에 갖고 있는 역량으로서 계속 경쟁력이 있다고 판단하는 나의 핵심 역량은? →

내가 하고 싶은 관심이 있는 영역과 이를 실현하는 데 갖추어야 할 역량은? →

시대의 흐름에 따라 반드시 새롭게 장착하여야 할 필수 역량은? →

↓

새롭게 시도해볼 수 있는 N잡러 영역(분야)과 갖추어야 할 역량은?
언제, 어디서, 누구와, 어떻게 시도를 해볼 것인가?

창업 아이템 선정을 위한 자가측정표

평가항목			가중치	후보 아이템 A	후보 아이템 B
항목		평가요소			
창업자 역량 평가	수행 역량 (20)	적성 및 자질(도전, 집념, 끈기)	7		
		경험 및 지식(경험, 실무 지식/역량)	6		
		리더십/수행 역량	7		
		소계	20		
후보 아이템 타당성 분석	상품성 (20)	상품의 적합성(시장 수요 효과)	12		
		상품의 독점성(희소 가치 효과)	8		
		소계	20		
	시장성 (20)	시장 규모 적정성(수요창출 효과)	6		
		경쟁 우위성(대 경쟁 우위요소)	8		
		성장 가능성	6		
		소계	20		
	수익성 (20)	자재 조달 및 생산의 효율성	8		
		적정 이윤 보장성	12		
		소계	20		
	안정성 (20)	위험에 대한 대처 역량 수준	7		
		자금 조달과 운영의 적정성	7		
		수요 공급의 안정성	6		
		소계	20		
		합계	100		

사업계획서 작성 양식 (표준 사업계획서/외부기관 제출용)

구분	항목	내용
사업 개요 및 기대 효과	계획 사업 내용(총괄 요약)	
	창업 동기 및 사업의 기대 효과	
	사업 전개 방향 및 향후 계획	
기술 현황 및 기술개발 계획	사업화 가능성 및 전망	
	핵심 기술 개요 및 개발 계획	
시장성 및 판매 계획	시장 현황 및 전망	
	경쟁사 현황 및 경쟁우위전략	
	표적시장 선정(STP)	
	마케팅 전략(4P)	
	연차별 판매 계획	
생산시설 및 생산 계획	생산 및 시설 현황	
	공정 계획, 시설 투자 계획	
	원, 부재료 조달 계획	
	연차별 생산 계획	
조직 및 인원 계획	조직 계획(조직도)	
	조직 및 인력 구성의 특징	
	종업원 현황 및 고용 계획	
	대표자 및 경영진 현황	
자금 조달 및 운영 계획	연차별 자금 계획(총괄)	
	자금 소요 계획(자금소요명세)	
	자금 조달 규모 및 방법	
	자금 수지(BS, PL) 계획	
이익 계획	연차별 이익 계획(총괄)	
	비용(원가) 계획	
	수익 계획	
추진 일정 계획	추진 일정 계획	
	추진 일정 지연/차질 시 대책	
첨부서류	정관, 사업자등록증, 경영진 프로파일, 공업 소유권, 신기술 보유 관련 증빙서류	

좋은 부부 관계 만들기 실습(사랑의 5가지 언어)

항목	배우자가 원하는 목록	실천 계획(방법)
인정 칭찬하는 말		
접촉, 스킨십		
함께하는 시간		
선물, 이벤트		
봉사		

자녀와의 좋은 관계 만들기 실습

아래 질문은 정답이 따로 있는 것이 아니며, 상황별로 어떻게 할 것인지를 미리 생각해보는 것에
의미가 있으며, 어떤 결론이 나도 자녀와의 소통을 통해 하는 것이 좋다.

		어떻게 하겠는가?	자녀와의 소통 방법은?
결혼 전	교육		
	진로		
결혼식	결혼 비용		
	주택 마련		
결혼 후	손자 양육		
	자금지원 요청시		
	증여 상속		

앞으로 자녀와의 소통과 관계 개선을 위해 무엇을 어떻게 하겠는가?

관계 대상 정리 매트릭스와 관리 방법

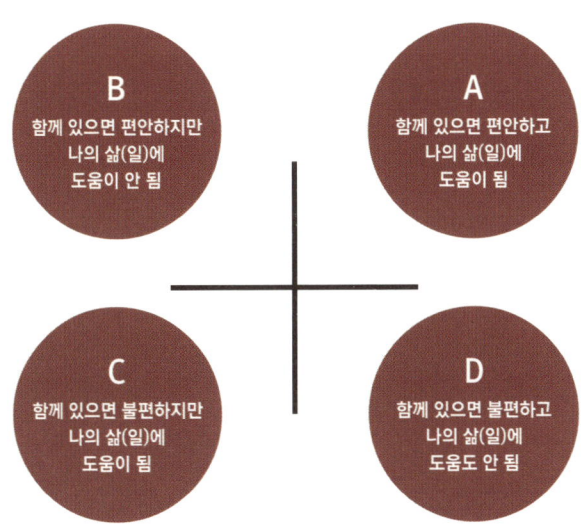

구분	대상자	관리 방법
A		
B		
C		
D		

노후에 좋은 친구 만들기 실습

노후를 함께 보낼 '좋은 친구'(선배, 후배, 지인 등 포함) 란?

기존 인연 중 선정 및 관리
- 좋은 친구(적극 관리)
- 친구(유지 관리)
- 정리

새로운 친구 만들기
- 지역 기반(종교/커뮤니티)
- 취미(동호회 등)
- 사회활동(봉사 등)
- 일 활동(네트워크 등)

반려동물과 좋은 관계 만들기 실습

평소 반려동물에 대한 생각?
_____

나(부부)의 노후 생활에 반려동물의 필요성에 대한 생각은?
_____

반려동물 입양 시 고려 사항에 대한 점검

- 나(부부)의 건강 상태
- 가족구성원 의견(설득)
- 함께 해줄 수 있는 시간
- 경제적 상태/주거 상태
- 끝까지 사랑할 수 있는 마음가짐

⬇

언제, 어떤 방법으로 반려동물을 입양하며, 어떻게 함께 지낼 것인가?
_____
_____

여가 활동 계획시 고려 사항

> 노후 여가 시간을 통해 무엇을 얻고 싶은가?
> 노후 여가 시간을 어떻게 보내고 싶은가?

여가 유형	목표 및 달성 방법
휴식 활동	
취미, 오락/스포츠 활동	
사회 활동	
자기계발(평생 학습)	

여가 활동 계획 Detail

혼자	휴식 활동	
	오락/스포츠 활동	
	사회 활동	
	자기계발	

함께	부부	오락 스포츠 활동	
		사회 활동	
		자기계발	
	파트너 친구 동호회	오락 스포츠 활동	
		사회 활동	
		자기계발	

자원봉사 활동 실천 계획 수립

내게 자원봉사란? 자원봉사는 나에게 어떠한 의미와 가치가 있는가?

⬇

평소 관심이 있는 자원봉사나 재능기부 분야는? 좋아하고 하고 싶었던 것들은?

⬇

관심 분야와 하고 싶었던 것들을 자원봉사를 통해 이룬다면 나에게 어떤 기대 효과가 있을까? 또는 어떤 변화가 일어날까?

자원봉사 활동 실천 계획 수립

Why 자원봉사를 하는 이유는? 동기는? 목표는?	
What 관심 있는 자원봉사 활동 영역은? 이유는?	
When 언제부터 할 것인지? 가능한 요일 및 시간 배분	
Where 어디서 (지역 및 장소) 어떤 단체와 활동할까?	
Who 혼자서 할 것인가? 누구와 함께 활동할까?	
How 어떻게 그 활동을 해낼까? 구체적인 활동 방법/절차	

⬇

자원봉사 활동을 실천하기 위해 지금 당장 취해야 할 나의 행동은?

_____

_____

_____

자신의 장례식 장면 상상해보기 & 생애 마지막 준비 점검

- 당신은 어떤 아버지, 아들, 남편(어머니, 딸, 부인)이었다고 평가해주기를 바라는가?

- 당신은 어떤 친구, 직장 동료였다고 평가해주기를 바라는가?

- 당신은 자신이 지금까지 해온 공헌이나 업적 중에서 무엇을 기억해주기를 바라는가?

- 당신은 그들의 삶에 어떤 영향과 도움을 주고 싶었는가?

생애 마지막 준비 점검

장례 절차	
- 수의, 영정사진	
- 화장, 매장, 수목장(선택)	
- 상조회 가입	
- 장지 결정	
- 사망 알림 대상리스트	
상속/증여 처리	
유서 작성	
사전연명 의료의향서 작성	

느낀 점 또는 앞으로의 삶에 대한 각오는?

재산 목록 정리와 유산 분배

재산 목록

금융자산

주식/배당

보험

부동산

기타

⬇

유산 분배 및 방법

유서(장례 절차, 유산 분배, 남기고 싶은 이야기 등) 작성 해보기

배우자를 대상으로 작성

자녀를 대상으로 작성

유서를 써 보고 느낀 점 또는 앞으로의 삶에 대한 각오는?

개념 공유

퇴직
현재 다니고 있는 일(직)을 그만두는 것
정년이 되어 그만두거나
정년 이전이지만 50세 이후에
그만두는 것

은퇴
실질적으로 일을 그만두는 시점
10% 정도 소일거리나
재능기부도 포함

노후
1차 노후 : 60~80세
2차 노후 : 80세 이후 영면 시까지

참고 문헌

- '신개념 기대수명', 고려대학교 통계학과 박유성교수팀, 2020
- '100세 인생, 저주가 아닌 선물', 린다그래튼 & 앤드루 스콧
- '경제활동인구조사(고령층)', 통계청, 2021
- '엑티브시니어 특징', 산업연구원(2016), NH투자증권100세시대연구소
- '퇴직이후 삶에 대한 준비상태', 한국경제비즈니스. 2020
- '대한민국 노인 백수들의 하루 노는 법', 작자미상
- '어느 95세 노인의 후회', 강 석규
- 'JoHari Model',
- 'DISC 행동유형 비교연구', 김나위, 인문사회21. 2017
- 'DISC 검사양식', 홍광수 DISC연구소, http://www.disc.or.kr
- 'DISC 평가서 프로파일', 비크만 코칭 연구소 홈페이지
- 'DISC 누구도 피할 수 없는 우리의 행동 4가지의 특성' 김 영희외 2인, 학이시습, 2012
- 'MBTI 검사 양삭', http://16personalities.com
- '홀랜드 검사 양식', www.work.go.kr, 성인용심리검사(S형)
- 긍정심리학, 마틴셀리그만, 물푸레, 2020
- '성공을 바인딩 하라', 강 규형, 지식의 날개. 2008
- '부와 명예의 3%의 비밀', 하버드 대학교 졸업생 대상 조사 결과 인용
- '종이위의 기적 쓰면 이루어진다', 헬리어트 앤 클라우저, 한엉출판사. 2004
- '부를 축적하는 법', 美 스톨리 블로토닉 연구소
- '노인 실태 현황, 2021년 노인실태조사' (2020년 3월 ~11월, 전국969개 조사구의 거주 노인 1만 97명 대상 면접 조사,
- '2020년 노인실태조사 보고서(전체), 보건복지부
- '지금 당신은 몇 살입니까', 김태호, 고령신문
- '건강'에 대한 정의 ,WHO(World Health Organization),

- '2020년 노인실태조사 보고서(건강관련)', 보건복지부
- '노화의 3대 비밀을 풀다', 월간 헬스 조선 7월호, 2014
- Richard W. MD, Warren Alpert Medical School of Brown University, https://www/msdmanuals.cpm
- '식단과 수명과의 연관성 연구',British Medical Journal
- '금연과 수명과의 연관성 연구', American Journal of Public Health
- 'The Healthy Eating Pyramid',Harvard University
- '장수 비결 7가지', 미 보스턴대 의과대학 연구팀. 오퍼피프티 앤퍼드 닷컴
- '건강한 수면을 위한 십계명', 대한수면연구학회, www.sleepnet.or.kr
- '긍정적인 태도와 장수와의 연관 연구', 미 듀크의대 정신과 연구팀
- '삶의 태도와 수명에 관한 연구', 호주 퀸즐리 대학 연구팀
- '행복의 비밀', 미 하버드대 그랜트 연구(Grant Study,75년간 추적 조사)
- '스트레칭의 정의와 종류', 서울대학교 병원 의학 정보
- '근력운동의 원리 효과', 네이버 지식백과
- '수명 1~3년 연장하기', 독일, 오스트레일리아 공동 연구 결과
- '건강을 위한 생활 습관 8가지', 英 Daily Mail
- K-water 공식 블로그 '맛 있는 수다',www.blogwater.or.kr
- '스트레스를 해소하는 방법', The Huffington Post
- '5분 이내로 스트레스를 해소하는 방법', 美 Health Dotcom
- 국민건강보험공단 홈페이지, www.nhis.or.kr
- 보건복지부 홈페이지, www.mw.go.kr
- '베리어프리 주택', http://blog.naver.com/cebien1004/221963438201
- '생애주기별 금융생활 가이드 북(은퇴기)', 금융감독원. 2021'
- 2019귀농 귀촌 실태조사', 귀농 귀촌 종합센터 통계, www.returnfarm.com
- '노후를 건강하고 행복하게', 금융감독원. 2021
- SDH 서울대효병원 홈페이지, www.seouldh.co.kr
- '요양원 선택 요령', 굼벵TV
- '은퇴설계 올가이드', 주간조선 1880호 은퇴 특대호 특별 부록, 조선일보사.
- '성공적인 은퇴를 위한 생애설계(재무/건강/여가 관리)', KSA, 박문각. 2018

- '성공적인 은퇴를 위한 생애설계(시니어라이프디자인)', KSA, 박문각. 2018
- '탄탄한 노후를 위한 금융생활 설계', 금융감독원. 2018
- '인생 후반기 준비를 철저하게', 금융감독원. 2021
- '금융사기 예방과 노후자산정리', 금융감독원. 2018
- '은퇴금융아카데미', 한국주택금융공사. 2018
- '보이스 피싱 등 금융사기 예방 10계명', 금융감독원, www.fss.or.kr
- '은퇴 5대 리스크 발생 가능성 및 경제적 영향',미래에셋 은퇴연구소
- 신혼부부 결혼비용실태 보고서', 듀오웨드, (최근 2년 이내 결혼한 1000명 대상)
- '미래에셋 은퇴리포트 No 42', 미래에셋 은퇴 연구소
- 국민연금관리공단 홈페이지, www.nps.or.kr
- 공무원 연금공단 홈페이지, www.geps.co.kr
- 군인연금공단 홈페이지, www.mps.mil.kr
- 사립학교 교직원연금공단 홈페이지, www.tp.or.kr
- 별정우체국 연금관리단 홈페이지, www.popa.or.kr
- 한국주택금융공사 홈페이지, www.hf.kr
- '2020년 1년간 카드 사용 연령별 소비 패턴 조사', KB 국민카드
- '할미가 용돈 줬다', 아시아경제, 2021.11.03
- '베이비부머 경력 경로 조사를 위한 질적 종단 연구보고서', 김은석 외, 2013
- '사무직 베이비부머 퇴직설계 프로그램 진행자 매뉴얼', 한국고용정보원. 2014
- '한국중장년 전직 성공노하우',커리어 Info 제9호, 한국고용정보원, 노사발전센터 서울센터 황영수 수석 칼럼
- '퇴직 후 1년 이내 일자리 유형',미래에셋 은퇴연구소
- '재 취업에 성공한 사람들의 유형별 특징',삼성생명 은퇴연구소
- '한국직업사전', 2021
- 중장년 일자리 희망센터
- 한국산업인력공단 홈페이지, www.hrdkorea.or.kr
- '가장 취업 잘되는 자격증은 지게차 운전', 중앙일보, 김기찬 ,2021.10.05
- 자격증 관련 정보, 큐넷(www.q-net.or.kr)
- 한국창직협회 홈페이지, www.jobcreation.or.kr

- '월급 만으로는 먹고 살기 어려워', 중앙 선데이, 2021.06.19
- N잡러 성공포인트
- '소자본 창업의 모든 것', 유재수, 팜파스. 2004
- 워크 넷, 직업가치관 검사. 직업 심리 감사(성인용) www.work.go.kr
- '은퇴 후 부부생활 그 이상과 현실', 박 영재의 친절한 은퇴스쿨,
- '아직도 상사인 줄 아는 남편, 그런 꼴 못 보는 아내, 호사카 다카시, 매일경제신문사. 2014
- '3분 안에 Yes를 이끌어 내는 대화의 기술', 이 동연, 평단 .2011
- '싸우지 않고 이기는 힘 따뜻한 카리스마', 이 종선, 갤리온. 2012
- '행복한 부부가 매일 하는 7가지 행동', 짐 워크업(Dr. Jim Walhup)
- '5가지 사랑의 언어', 개리채프먼, 랜디 서던 저, 박상은 역, 생명의말씀사. 2019. '5가지 사랑의 언어 검사지,
- '어느 60대 노부부의 이야기' 김광석,
- '경청', 조 신영, 박 현찬, 위즈덤하우스. 2007
- 'MZ 세대들의 특징, 이코노미 조선, 2021.05.31
- '파이어 족 사례', 중앙일보, 2021.09.22
- '행복한 아침 편지', 좋은 글 중에서
- '친구 없이 고독하게 보내는 사람들의 특징', 원더풀 인생 후반전
- '반려동물 사랑 가이드북', 반려동물사랑 협동조합 엮음, 도서출판 엔에코. 2014
- '반려견 소유와 외로움의 지각에서 신체적 건강, 사회적 지지의 매개 효과', 충남대학교 사회연구소, 2014
- 자료 참조 : Purple Sunday (https://cafe.daum.net/purplesunday)
- '여가론', 서태양, 태양사.1999
- 국민 내일 배움카드, www.hrd.go.kr
- '김미경의 리부트', 김미경, 웅진지식하우스. 2020
- '국민 여가 활동 조사', 문화체육관광부,(2020년 9~11월, 전국 17개 시도에 거주하는 15세 이상 10,000명 대상)
- '2017년 노인 실태 조사 보고서, 보건복지부
- '노후 자원봉사의 효과', 자원봉사론, 류기형외, 양서원. 2018
- '자원봉사 활동의 범위', 자원봉사 활동 기본법 제7조
- 자원봉사센터 홈페이지,www.1365.go.kr

- 한국장학재단 차세대리더 멘토링, 한국장학재단 홈페이지, www.kosaf.go.kr
- '유언의 요식성', 민법 1060조,
- '법정상속의 순위', 민법 제 1009조
- 금융감독원 금융소비자 포털 사이트, fine.fss.or.kr
- '금융사기 예방과 노후자산 정리', 금융감독원. 2018
- '죽음을 어떻게 맞이할 것인가?', 알폰소 더켄
- 국세청 홈페이지, www.nts.go.kr
- 장례문화 정보 제공 장사 시스템 'e하늘', 보건복지부, www.ehaneul.go.kr
- '실전 비즈니스코칭 매뉴얼', 정 재완, 매일경제신문사. 2014
- '코칭 리더십 실천노트', 정 재완, 매일경제신문사. 2015
- '50대 이후 당신의 영토를 확장하라', 데이비드 코버트, 이동은 옮김, 홍익출판사, 2007
- '무엇이 성공인가?', Ralph Waldo Emerson
- '마흔에서 아흔까지', 유 경, 서해문집. 2005
- '백세를 살아보니', 김형석, Denstory. 2018
- '대화 중 말이 차지하는 비중', 알버트 메라비언(Albert Mehrabian)
- Canfield and Dr. Peter Chee(2012), Coaching for Breakthrough Success, pp.196~198
- Mary Beth O'Neill(2007), Executive Coaching with Backbone and Heart, pp. 314
- 'Transitions', William Bridge,
- 워크넷 구인 광고 118만 건 분석 결과
- Allen & Buchanan, Tinsely & Johnson
- '2021년 5월 경제활동인구조사', 고령층 부가조사결과, 통계청
- '2019년 하반기 금융안전보고서', 한국은행
- '경제활동인구조사 고령층 부가조사', 통계청. 2021
- '5R 코칭스킬', ASIAcoach,2008
- '폴정의 코칭설명서', 폴정, 아시아코치센터 2012
- http://ctile237.ut.daum.net
- 삶을 움직이는 힘 코칭핵심, 최효진 외 2인, 새로운사람들, 2006

일자리 정보

- 중장년 일자리희망센터, www.nosa.or.kr
- 상상 우리 홈페이지, www.workwiz.kr
- 서울 50플러스센터, www.50plus.or.kr
- 부산 장노년 일자리센터, www.busan50plus.or.kr
- 경기도 일자리센터, www.gjp.or.kr
- 인천 고령화대응센터, www.inlife.or.kr
- 광주 평생교육진흥원, www.gie.kr
- 대전 인생 이모작 지원센터, www.daejeonssenior.or.kr
- 대구 달서 시니어클럽, www.dgcsc.or.kr
- 울산 내일설계지원센터, www.usnoinjob.org
- 강원 사회적협동조합 희망 리본, www.hopereborn.or.kr
- 충북 여성복지홈페이지, www.chungbuk.go.kr
- 충남 인생 이모작센터, www.cntcfol.co.kr
- 전북 일자리 종합센터, www.1577-0365.or.kr
- 전남 일자리 통합정보망, www.job.jeonnam.go.kr
- 경북 경제진흥원 경북일자리종합센터, www.gyeonbuk.work.go.kr
- 경남 인생이모작센터, blog.naver.com/life4060
- 제주 평생교육장학진흥원, jiles.or.kr/index.htm
- 직업훈련 포털 HRD-Net, www.hrd.go.kr
- 한국폴리텍대학, www.kopo.ac.kr
- 중소벤처기업부 창업보육센터, http://www.bi.go.kr
- 중소벤처기업부 K-stare up, www.k-startup.go.kr
- 소상공인시장진흥공단, www.semas.or.kr
- 경기지방 중소벤처기업청, www.mss.go.kr

- (재)여성기업 정보포탈, www.wbiz.or.kr
- 서울시 소상공인아카데미, www.edu.seoulsbdc.or.kr

귀농·귀촌 정보

- 전국농업기술자 홈페이지, www.kafarmer.or.kr
- 농촌진흥청 홈페이지, www.rdg.go.kr
- 농림수산식품 교육문화정보원 홈페이지, www.epis.or.kr
- 전국귀농운동본부 홈페이지, www.refarm.org
- 귀농귀촌종합센터 홈페이지, www.returnfarm.com
- 농촌진흥청 농촌인적자원개발센터 홈페이지, www.hrd.go.kr
- 농업인력포탈 홈페이지, www.epis.or.kr

'행복한 노후 만들기' 교육 과정 소개

노후 생애 설계(Life Portfolio Design) 구성 및 프로세스

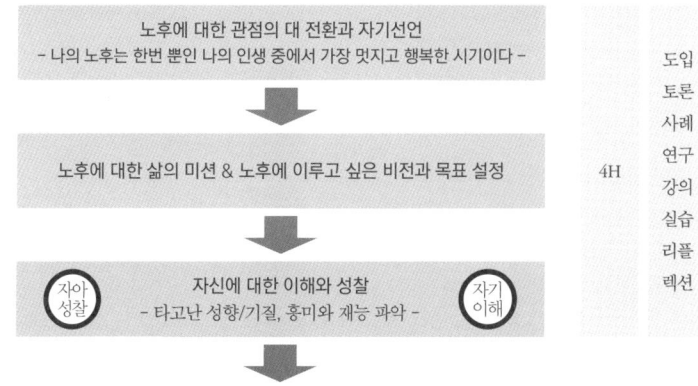

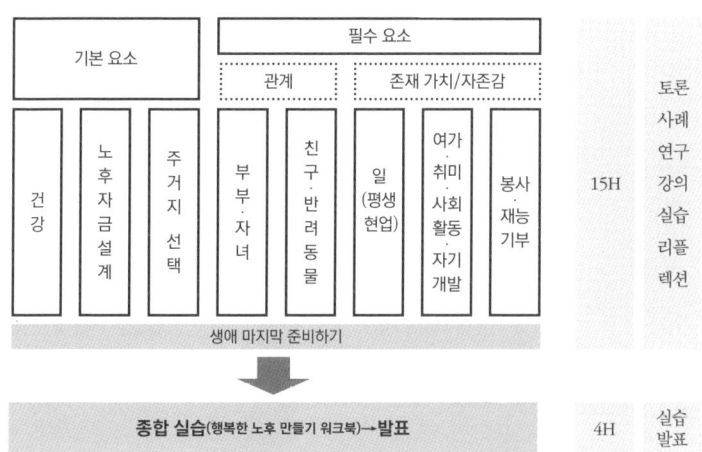

주요 정보
- ❖ 교육대상 : 행복한 노후 준비와 인생 2막 설계를 주도적으로 하고자 하는 분
- ❖ 학습 적정 인원 : 총 20여명 내외 (그룹 토의, 파트너실습 가능한 인원)
- ❖ 교육 시간 : (3 ~ 23H), 협의하여 진행

출강 및 강의 문의 : 010-3702-0857

당신이 생각한 마음까지도 담아 내겠습니다!!

책은 특별한 사람만이 쓰고 만들어 내는 것이 아닙니다.
원하는 책은 기획에서 원고 작성, 편집은 물론,
표지 디자인까지 전문가의 손길을 거쳐
완벽하게 만들어 드립니다.
마음 가득 책 한 권 만드는 일이 꿈이었다면
그 꿈에 과감히 도전하십시오!

업무에 필요한 성공적인 비즈니스뿐만 아니라 성공적인 사업을 하기 위한
자기계발, 동기부여, 자서전적인 책까지도 함께 기획하여 만들어 드립니다.
함께 길을 만들어 성공적인 삶을 한 걸음 앞당기십시오!

도서출판 모아북스에서는 책 만드는 일에 대한 고민을 해결해 드립니다!

모아북스에서 책을 만들면 아주 좋은 점이란?

1. 전국 서점과 인터넷 서점을 동시에 직거래하기 때문에 책이 출간되자마자 온라인, 오프라인 상에 책이 동시에 배포되며 수십 년 노하우를 지닌 전문적인 영업마케팅 담당자에 의해 판매부수가 늘고 책이 판매되는 만큼의 저자에게 인세를 지급해 드립니다.

2. 책을 만드는 전문 출판사로 한 권의 책을 만들어도 부끄럽지 않게 최선을 다하며 전국 서점에 베스트셀러, 스테디셀러로 꾸준히 자리하는 책이 많은 출판사로 널리 알려져 있으며, 분야별 전문적인 시스템을 갖추고 있기 때문에 원하는 시간에 원하는 책을 한 치의 오차 없이 만들어 드립니다.

기업홍보용 도서, 개인회고록, 자서전, 정치에세이, 경제 · 경영 · 인문 · 건강도서

모아북스 문의 0505-627-9784
MOABOOKS

행복한 노후 매뉴얼

1판 1쇄 인쇄	2022년 02월 15일	**2쇄** 발행	2022년 10월 20일
1쇄 발행	2022년 03월 02일		

지은이   정재완
발행인   이용길
발행처   모아북스 MOABOOKS

관리   양성인
디자인   장원석(본문 편집)

출판등록번호   제10-1857호
등록일자   1999.11.15
등록된 곳   경기도 고양시 일산동구 호수로(백석동)358-25 동문타워 2차 519호
대표전화   0505-627-9784
팩스   031-902-5236
홈페이지   http://www.moabooks.com
이메일   moabooks@hanmail.net
ISBN   979-11-5849-163-5   03320

·좋은 책은 좋은 독자가 만듭니다.
·본 도서의 구성, 표현안을 오디오 및 영상물로 제작, 배포할 수 없습니다.
·독자 여러분의 의견에 항상 귀를 기울이고 있습니다.
·저자와의 협의 하에 인지를 붙이지 않습니다.
·잘 못 만들어진 책은 구입하신 서점이나 본사로 연락하시면 교환해드립니다.
·본 도서의 출처 미기재로 인한 저작료는 지급함을 알려드립니다.

모아북스MOABOOKS 는 독자 여러분의 다양한 원고를 기다리고 있습니다.
(보내실곳 : moabooks@hanmail.net)